OLIVER FALCK / STEPHAN HEBLICH (Hrsg.)

Wirtschaftspolitik in ländlichen Regionen

Volkswirtschaftliche Schriften

Begründet von Prof. Dr. Dr. h. c. J. Broermann †

Heft 553

Wirtschaftspolitik in ländlichen Regionen

Herausgegeben von

Oliver Falck und Stephan Heblich

Duncker & Humblot · Berlin

Bibliografische Information der Deutschen Nationalbibliothek

Die Deutsche Nationalbibliothek verzeichnet diese Publikation in der Deutschen Nationalbibliografie; detaillierte bibliografische Daten sind im Internet über http://dnb.d-nb.de abrufbar.

Fremddatenübernahme und Druck:
Berliner Buchdruckerei Union GmH, Berlin
Printed in Germany

ISSN 0505-9372
ISBN 978-3-428-12640-8

Gedruckt auf alterungsbeständigem (säurefreiem) Papier
entsprechend ISO 9706 ♾

Internet: http://www.duncker-humblot.de

Für Gerhard D. Kleinhenz

Vorwort

In den vergangenen zwei Jahren sind am Lehrstuhl für Volkswirtschaftslehre mit Schwerpunkt Wirtschafts- und Sozialpolitik sowie an der angegliederten Forschungsstelle für Wirtschafts- und Sozialpolitik an der Universität Passau mehrere Projekte mit regionalökonomischem Fokus unter der wissenschaftlichen Leitung von Prof. Dr. Gerhard D. Kleinhenz entstanden. Es handelt sich um das Projekt „Probleme der Anpassung des Arbeitsmarktes in den bayerischen Ziel-2-Regionen an der Grenze zu Tschechien" im Auftrag des Bayerischen Staatsministeriums für Arbeit und Sozialordnung, Familie und Frauen, das Projekt „Das BMW Werk Regensburg. Wirtschaftliche und soziale Vernetzung in der Region" im Auftrag des BMW Werks Regensburg sowie um das Projekt „Die Niederbayerische Wirtschaft im Zuge der EU Osterweiterung" im Auftrag der IHK für Niederbayern. Ziel der drei Projekte war es, die Schwächen, insbesondere aber auch die Entwicklungspotenziale und deren treibenden Kräfte in ländlich geprägten Regionen herauszuarbeiten.

Während die Mitarbeiter der Projekte – global denkende junge Wissenschaftler – diesem Thema anfänglich häufig mit einem gewissen Abstand gegenüberstanden, gelang es Gerhard Kleinhenz schnell, die Mitarbeiter für dieses Thema zu begeistern. Hinter der durchschnittlichen makroökonomischen Entwicklung eines Landes stehen unterschiedliche Erfolgsgeschichten einzelner Regionen. Um die Triebkräfte der makroökonomischen Entwicklung eines Landes tatsächlich verstehen zu können, ist es daher unumgänglich in einzelne Regionen detailliert hineinzusehen. Dies betreibt Gerhard Kleinhenz seit vielen Jahren mit großem Erfolg. Das Ergebnis findet sich in einer Vielzahl von Studien der vergangenen Jahre.

Gerhard Kleinhenz emeritiert Anfang 2008. Er leitete den Lehrstuhl für Volkswirtschaftslehre mit Schwerpunkt für Wirtschafts- und Sozialpolitik an der Universität Passau seit der Gründung der Wirtschaftswissenschaftlichen Fakultät im Jahre 1978. So ist unter den Projektmitarbeitern die Idee entstanden, Gerhard Kleinhenz einen Band zu *seinem* Thema, der wirtschaftlichen Entwicklung in ländlich geprägten Regionen, zu widmen. Alle Mitarbeiter wollen damit ihrem akademischen Lehrer und Mentor danken.

Die Aufsätze in dem vorliegenden Buch wurden von den Mitarbeitern aus den oben genannten Projekten verfasst. Neben den beiden Herausgebern sind dies Stefan Bauernschuster, Florian Birkenfeld, Robert Gold, Andreas Holzer, Jutta Hübscher und Jakob Lenke.

Uns wurde im Zuge unserer Arbeit vielfältige Unterstützung von Ingrid Grübl und Angelika Wacker – den guten Seelen des Lehrstuhls – zuteil, für die wir ihnen zu größtem Dank verpflichtet sind. An dieser Stelle sei ebenso allen Mitarbeitern der Projekte für ihr Engagement sowie die konstruktive und fruchtbare Zusammenarbeit gedankt. Mit diesem Buch wird ein umfassender Beitrag zur Analyse der wirtschaftlichen Entwicklung in ländlich geprägten Regionen sowie einer adäquaten regionalen Wirtschaftspolitik in Deutschland vorgelegt. Es bleibt zu hoffen, dass die Beiträge in diesem Buch für Theorie und Praxis Anregungen für weitere Arbeiten und Projekte bieten.

München und Jena, im August 2007

Oliver Falck
Stephan Heblich

Inhaltsverzeichnis

Einleitung

Von Stephan Heblich

In einer zunehmend vernetzten Welt wird mit der Globalisierung oftmals die Vorstellung verbunden, dass Unternehmen – insbesondere sog. *multinational giants* – weltweit nach den für sie günstigsten Standortbedingungen suchen und damit ein *race to the bottom* hinsichtlich der Arbeitskosten sowie des institutionellen Rahmens für unternehmerisches Handeln forcieren. Daher geht mit dem steigenden Grad an Globalisierung vor allem in hoch entwickelten Industrienationen wie Deutschland die Sorge einher, dass diejenigen Länder die niedrige institutionelle Standards akzeptieren, um für das *global sourcing* der Unternehmen attraktiv zu sein, als Gewinner aus diesem Standortspiel hervorgehen könnten. Befürchtungen vor einem „Ausverkauf deutscher Arbeitsplätze" werden laut. Diese Einschätzungen der Globalisierung scheinen die realen Ängste vieler Personen vor Arbeitsplatzverlust, wachsender Arbeitslosigkeit und individuellem sozialem Abstieg so zu bündeln, dass sich die politischen Entscheidungsträger im demokratischen Prozess nicht vor diesen Ängsten verschließen können, ohne einen entsprechenden Verlust an Wählerstimmen zu riskieren. Es besteht offensichtlich Handlungsbedarf. Die strategischen Analysen, die Handlungskonzepte und damit auch die Wahl der (wirtschafts-)politischen Mittel sollten sich letztendlich aber nicht allein an den Forderungen von Anspruchsgruppen orientieren, sondern vielmehr auf einem eingehenden Verständnis um die Wirkungszusammenhänge in einer zunehmend globalen Wirtschaft basieren. Andernfalls könnten politische Eingriffe eine nicht intendierte, kontraproduktive Wirkung entfalten, weil die eigentlich maßgeblichen Abhängigkeiten übersehen wurden.

Die zunehmende Internationalisierung der wirtschaftlichen Aktivitäten macht sich darüber hinaus innerhalb eines industrialisierten Landes ganz unterschiedlich bemerkbar. Während sich einige Regionen national wie auch international zu prosperierenden Zentren entwickelt haben und somit zu den Gewinnern zählen, haben andere Regionen mit massiven wirtschaftlichen Problemen als Folge des beschleunigten strukturellen Wandels zu kämpfen. Das kommt besonders deutlich in den Unterschieden bei der regionalen Beschäftigungsentwicklung zum Ausdruck, die ihrerseits Rückwirkungen auf die regionale Bevölkerungsentwicklung und auch die Qualifikationsstruktur hat. Jüngere und darunter insbesondere hochqualifizierte Arbeitnehmer wandern aus wenig zukunftsträchtigen Regionen ab und lösen damit letztendlich eine Abwärtsspirale aus. Insbesondere peripheren Regionen wird im Vergleich zu Städten und verstädterten Räumen hierbei ein komparativer Nachteil nachgesagt, der sich in einer verminderten wirtschaftlichen Dynamik und einer negativen Beschäftigungsentwicklung bemerkbar macht. Betrachtet man statistische Daten, so manifestieren sich die Schwächen peripherer Gebiete oftmals in einem Bevölkerungsrückgang und einer Überalterung der Wohnbevölkerung, einer vergleichsweise geringen Kaufkraft, einem relativ hohen Anteil altindustrieller Betriebe, einer unterdurchschnittlichen infrastrukturellen Vernetzung sowie einem niedrigeren Ausbildungsniveau.

Dem stehen allerdings häufig ausgeprägte soziale Strukturen entgegen, die für periphere Gebiete kennzeichnend sind und der vorherrschenden kleinen und mittelständischen Unternehmensstruktur zugute kommen (Becattini 1979, Piore / Sabel 1984). Im Falle überschaubarer Betriebsgrößen ist davon auszugehen, dass gerade die sozialen Bindungen dazu beitragen, bestehende Beschäftigungsverhältnisse zu sichern. Die meisten Arbeitgeber sind gleichzeitig auch ein Teil der regionalen Wohnbevölkerung. Damit beeinflussen ihre Aktivitäten im wirtschaftlichen Umfeld gleichzeitig auch ihren Status innerhalb der regionalen Gemeinschaft, dem sozialen Netzwerk. Ihr Tun und Handeln unterliegt also nicht nur einer Kostenrestriktion, sondern auch umfassenden gesellschaftlichen Restriktionen. Unternehmer und Mitarbeiter verbindet in vielen Fällen über ihre Arbeit hinaus auch eine gewisse persönliche Bekanntschaft, die beispielsweise durch die gemeinsame Mitgliedschaft in Vereinen verstärkt wird. Arbeitgeber fühlen sich so der Region und vor allem ihren Mitarbeitern stärker verbunden und verpflichtet, was sie davon abhält, vorschnell an die Auflösung von Beschäftigungsverhältnissen zu denken. Umgekehrt können die Arbeitgeber aber auch eine höhere Loyalität von ihren Mitarbeitern erwarten, weil das Arbeitsverhältnis über die rein formalen vertraglichen Verbindungen hinaus oftmals auch auf informalen, sozialen Verbindungen beruht. Arbeitnehmer identifizieren sich in einem hohen Maße mit dem Betrieb und arbeiten gerne für ihr Unternehmen. Aus ökonomischer Sicht führen die sozialen Bindungen somit zu Vertrauensverhältnissen, die formale Bindungen ersetzen können und damit zu Transaktionskostenersparnissen führen. Unvollständige Verträge in Geschäftsbeziehungen sind hier über soziales Sanktionspotenzial abgesichert, sodass *moral hazard* Probleme weitestgehend entfallen. Vielmehr gewährleisten diese informalen Übereinkünfte zusätzliche Flexibilität und sind damit produktiv.

Die Ausprägung und der Wirkungsgrad der gesellschaftlichen Konventionen entscheiden letztendlich über die Intensität der sozialen und kulturellen Bindungen. Während die Bindungskraft gesellschaftlicher Strukturen und Normen in Großstädten aufgrund einer hohen Fluktuation und Anonymität und der damit verbundenen Heterogenität der Bevölkerung eine verhältnismäßig geringe Bedeutung hat, bestimmt sie in ländlicheren Regionen nach wie vor weite Teile des Zusammenlebens. Eine Mischung aus kulturellem Hintergrund, tradierter Verwurzelung sowie einem gewissen Lokalpatriotismus formt hier eine kollektive Identität, die den Zusammenhalt der regionalen Bevölkerung verstärkt (vgl. Tönnies 1935). Ellickson (1991) verdeutlicht die Bindungskraft von solchen gesellschaftlichen

Normen am Beispiel von *Shasta County* in Kalifornien. In dieser durch Farmer geprägten Gegend haben sich umfassende implizite Kodizes für den Umgang mit streunendem Vieh etabliert. Wird ein Rancher informiert, dass eines seiner Tiere auf fremdem Gebiet streunt, so wird von ihm erwartet, dass er sich entschuldigt, das Tier einfängt und Maßnahmen unternimmt, die solch eine Situation zukünftig verhindern. Versäumt es ein Farmer wiederholt seine Tiere am Streunen zu hindern, so steht ein umfassendes soziales Sanktionspotenzial zur Verfügung, das dem Viehbesitzer die verursachten Kosten spürbar macht. Obwohl grundsätzlich möglich, schließen die sozialen Normen in *Shasta County* einen Weg jedoch kategorisch aus, nämlich vor Gericht zu ziehen – *„Being good neighbors means no lawsuits"* (Ellickson 1991, S. 60–61). Das soziale Sanktionspotenzial wird als ausreichend erachtet und von daher ist es verpönt, eine externe Instanz einzuschalten.

Die für ländliche Regionen charakteristischen sozialen Strukturen haben offensichtlich eine hohe Bindungskraft, die in Form von impliziten Institutionen zum Ausdruck kommt. Granovetter (1973 und 1985) bezeichnet diese starken sozialen Bindungen als *strong ties* und führt *weak ties* als deren Pendant ein, das eher lose Bekanntschaften charakterisiert. *Weak ties* spannen daher ein größeres Netzwerk auf, das aber auch durch ein weniger intensives Vertrauensverhältnis geprägt ist. Stilisiert lässt sich der Unterschied als Stabilität versus Diversität beschreiben. Vor diesem Hintergrund lässt sich die in ländlichen Gebieten häufig anzutreffende geringere wirtschaftliche Dynamik wohl in erster Linie auf einen kleineren und weniger diversifizierten Pool an regional verfügbarem Wissen zurückführen. Die Industriestruktur ist einseitiger, sodass in peripheren Regionen eher intra-industrielle als inter-industrielle Verknüpfungen vorherrschen. Daraus ergibt sich eine Tendenz zur spezialisierten Produktion innerhalb einer Industrie mit einem Schwerpunkt auf Prozessverbesserungen, wohingegen grundlegend neue Innovationen infolge von Wissenszuflüssen aus anderen Industrien weniger zu erwarten sind. Die Stärke peripherer Regionen liegt demnach eher bei spezialisierter Produktion und deren Weiterentwicklung innerhalb so genannter *Industrial Districts.* Gleichzeitig manifestiert sich hierin aber auch eine entscheidende Schwäche. Die Spezialisierung kann zu einer einseitigen Wirtschaftsstruktur führen, die gegenüber Nachfrageschwankungen besonders anfällig ist. Vorübergehende Nachfrageschwankungen können zwar aufgrund der hohen Flexibilität und der engen Kooperation zwischen einzelnen Firmen gut ausgeglichen werden. Gegenüber anhaltenden und einschlägigen Veränderungen sind die kleinen und mittelständischen Unternehmen in diesen Regionen jedoch weniger gut gewappnet. So zeigt Pietrobelli (2000) am Beispiel von Italien auf, dass die engen sozialen Bindungen auch eine inhärente Tendenz zu verkrusteten Strukturen bergen und damit den originären Vorteil der *Industrial Districts,* die Flexibilität, konterkarieren.

Daraus ergibt sich zunächst die grundlegende Erkenntnis, dass sich die Auswirkungen globaler Trends nicht unisono auf die regionale Ebene übertragen lassen, sondern vielmehr vor dem Hintergrund regionaler Gegebenheiten und Besonderheiten zu bewerten sind. Die vorhandenen regionalen Besonderheiten weisen außerdem darauf hin, dass die im einleitenden Abschnitt stilisierten Sorgen vor einem Ausverkauf deutscher Arbeitsplätze differenzierter zu betrachten sind. Hierbei gilt es zunächst zu analysieren, welche Faktoren allgemein einen positiven Wachstumsbeitrag leisten können. Angesichts der unterschiedlichen regionalen Entwicklungspfade innerhalb eines Landes erscheint es darüber hinaus angebracht, die wirtschaftliche Entwicklung nicht nur über die Zeit hinweg, sondern auch nach Regionen differenziert zu betrachten und regionsspezifische Wachstumsdeterminanten zu bestimmen. Dieser Ansatz über „Raum und Zeit" führt unweigerlich zu aktuellen Entwicklungen in der endogenen Wachstumstheorie, die in vielen Bereichen Überschneidungen mit der Regionalökonomik aufweist. Dieser Zusammenhang wird im Folgenden nur kurz umrissen.

Über lange Jahre hinweg galt *physisches Kapital* als entscheidender Faktor in der Wachstumstheorie. In einer durch Massenproduktion geprägten Wirtschaft galt Kapital als entscheidender Faktor für das Wirtschafts- und Beschäftigungswachstum. Im Zuge dieses Wachstums entstanden große Konzerne, die genügend Kapital akkumulieren konnten, um in einen spezialisierten Maschinenpark zu investieren. Mit Hilfe der Maschinen war es ihnen dann wiederum möglich, standardisierte Produkte am Fließband unter Realisierung positiver Skalenerträge zu produzieren.[1] Aufgrund der günstigen Kostenstrukturen dominierten Großunternehmen die Produktmärkte (vgl. Piore / Sabel 1984). Sie verzichteten auf Produktvielfalt und boten stattdessen günstige Standardprodukte an, die damit auch für untere Einkommensschichten erschwinglich wurden. Verkäufer bestimmten durch ihre Produktionsentscheidung den Konsum. Henry Ford verkündete beispielsweise zu Beginn der Massenproduktion des Modells T, dass die Konsumenten das neue Fahrzeug in jeder erdenklichen Farbe kaufen könnten – solange es sich dabei um die Farbe schwarz handle (vgl. Landes 1973, S. 315). Robert Solow (1956) griff die vorherrschenden Vorstellungen einer primär vom Faktor Kapital bestimmten Wirtschaft in seinem neoklassischen Wachstumsmodell – dem Solow-Modell – auf und wurde dafür auch im Jahr 1987 mit dem Nobelpreis ausgezeichnet.

Der gesamtgesellschaftliche Anstieg des Wohlstandsniveaus sowie das aufkommende Streben nach Selbstverwirklichung haben allerdings zu einer Pluralisierung der Lebensstile und damit auch zu einer Individualisierung des Konsums geführt (vgl. Blickhäuser / Gries 1989). Die Konsumenten definierten ihren Status zunehmend über Produkte und Markennamen. Daraus erwuchs der Wunsch nach einer höheren Produktvielfalt und nach Alleinstellungsmerkmalen. Der aus der Haushaltstheorie bekannte Snobeffekt beschreibt dieses Verhalten: Die Konsumenten haben den Wunsch, ein möglichst einzigartiges Gut exklusiv zu besitzen. Der Nutzen eines „Snobgutes" verhält sich folglich reziprok zur Anzahl der Personen, die dieses Gut besitzen (vgl. Pindyck / Rubinfeld 2005, S. 190). Die Nachfrage nach einer größeren Produktvielfalt führte zu neuen Markteintritten – vor allem auch

---

1 So reichten in der amerikanischen Zigarettenindustrie um 1885 etwa 30 Maschinen aus, um den Markt zu sättigen (vgl. *Chandler* 1977, S. 249).

von Nischenanbietern – und die monopolistische Vormachtstellung der Massenproduzenten löste sich zunehmend auf.[2]

Um die einzelnen Kundenwünsche berücksichtigen und gleichzeitig angemessene Lieferzeiten einhalten zu können war nun eine individualisierte und reaktionsschnelle Produktion nötig. Der damit verbundene Anstieg der Komplexität veranlasste vormals vertikal integrierte Unternehmen zunehmend, sich auf ihre Kernkompetenzen zu beschränken und darüber hinausgehende Prozesse an Zulieferer auszulagern. Diese originär aus Japan stammende Verschlankung interner Prozesse ist auch als *lean managment* bekannt. Damit einher ging eine verstärkte Kooperation zwischen den jetzt vertikal desintegrierten Unternehmen entlang der Zuliefererkette. Mit jeder Stufe der Wertschöpfungskette steigt auch zugleich die Komplexität der Leistungen sowie der Grad der Zusammenarbeit an. Vor diesem Hintergrund erscheinen gemeinsame Entwicklungspartnerschaften unerlässlich und erhöht sich – entgegen dem allgemeinen Trend zum *global sourcing* – der Wert der geografischen Nähe und somit die Bedeutung der Region. „Paradoxerweise liegen [damit] die nachhaltigen Wettbewerbsvorteile in einer globalen Wirtschaftsordnung zunehmend in lokalen Faktoren: Wissen, Beziehungen, Motivation“ (Porter 1998).

Mit dem Ende der Massenproduktion und der Industriegesellschaft hielt die Informations- und Wissensgesellschaft Einzug. Einerseits konnten Konzerne aufgrund der Fortschritte in der Telekommunikationstechnologie jetzt weltweit Produktionsstätten errichten und diese weitestgehend zentral steuern. Kapital konnte also – von institutionellen Problemen abgesehen – verhältnismäßig leicht transferiert werden. Um jedoch implizites Wissen austauschen zu können und daraus gemeinsam neue Ideen zu generieren muss man auch heute noch am selben Standort sein. Das Internet ermöglicht es, Informationen über den aktuellen Goldpreis in Tokio oder das Wetter in New York immer und überall abzurufen; um neue Ideen zu verstehen und weiterentwickeln zu können, also von *spillovers* zu profitieren, muss man sich dagegen in räumlicher Nähe zum Ideengeber befinden.[3] Daraus ergibt sich die Bedeutung regionaler Agglomerationen – sie sind und bleiben auch im Zeitalter globaler Vernetzung die Drehscheibe für den Wissensaustausch. Mit dem Wandel zur Informations- und Wissensgesellschaft nahm auch die Bedeutung des Faktors Wissen als Treiber von Dynamik und Innovation zu. Romer (1986) trug dem im Rahmen seiner endogenen Wachstumstheorie Rechung, die neben physischem Kapital nun auch *Wissenskapital* berücksichtigte. Von nun an wurden der Wissensstock sowie dessen Verbreitung durch *spillovers* als Quelle des Wachstums angesehen. Der entscheidende Unterschied zur neoklassischen Wachstums-

---

2 *Carlton / Perloff* (2005, S. 216) verdeutlichen diesen Zusammenhang am Beispiel des Jeans Herstellers Levi's, der in den letzten Jahren seine Vormachtstellung zunehmend einbüßte und Anteile an andere Hersteller wie Lee oder Wrangler sowie exklusive Designer wie Calvin Klein oder Tommy Hilfiger verlor.

3 „Intellectual breakthroughs must cross hallways and streets more easily than oceans and continents„(*Glaeser / Kallal / Scheinkman / Schleifer* 1992, S. 1127).

theorie besteht darin, dass nun die Menschen und ihr Humankapital im Vordergrund stehen, die durch ihre Ideen und ihre Kreativität den Wissensstock nähren.

Audretsch und Keilbach (2004) gehen einen Schritt weiter und führen das Konzept des *Entrepreneurshipkapitals* ein. Der klassische Ökonom Jean Baptiste Say (1845) unterschied bereits drei Arten von Tätigkeiten, die nicht notwendigerweise von ein und derselben Person ausgeführt werden müssen. Zunächst gibt es die *Erfinder* bzw. Forscher und Entwickler, die neue Produktideen generieren und diese marktreif machen. Dabei greifen sie auf den vorhandenen Wissensstock zurück. Diese marktreifen Erfindungen schaffen sich ihren Absatz aber im Say'schen Sinne noch nicht von selbst. Sie müssen zunächst in den Markt eingeführt werden, es muss also ein Angebot geschaffen werden. Die Markteinführung kann entweder durch bestehende Unternehmen erfolgen oder aber auch durch *Entrepreneure,* Akteure die dieses neue Produkt selbstständig in den Markt einführen. Die Fähigkeiten und Kompetenzen dieser Entrepreneure subsumieren Audretsch und Keilbach unter dem Begriff des Entrepreneurshipkapitals. Zuletzt bedarf es dann noch derjenigen, die das Produkt produzieren. Der Produktionsprozess wird von *Managern* unter Einsatz des vorhandenen Sachkapitalstocks organisiert. Diese drei Prozessschritte charakterisieren auch heute noch den Werdegang eines Produktes. Vor diesem Hintergrund erscheint es vor allem für wissensbasierte Länder von besonderer Bedeutung, dass sie in der Lage sind, produziertes Wissen auch zu kommerzialisieren. Dies wird insbesondere am Beispiel von Deutschland deutlich, das zwar zu den forschungsintensivsten, gleichzeitig aber auch zu den eher wachstumsschwachen Ländern in Europa zählt. Diese offensichtliche Lücke zwischen Erfindung und wachstumsförderlicher Markteinführung (Kommerzialisierung) eines Produktes wird auch als „Europäisches Paradox" bezeichnet. Audretsch (2007) zufolge liegt die Lösung eben dieses Paradoxes im Entrepreneurship. Es bedarf kreativer und innovativer Akteure, die bereit sind, neue Märkte zu schaffen und so für ihr Angebot die entsprechende Nachfrage zu generieren. Das Entrepreneurshipkapital einer Region bemisst sich daher an der Gründungsneigung ihrer Bewohner. Wie Audretsch und Keilbach (2004) für Deutschland zeigen, hat die Ausstattung mit Entrepreneurshipkapital einen signifikanten Einfluss auf die wirtschaftliche Entwicklung der Region.

Putnam (2000) hat sich mit dem Thema Wachstumsdeterminanten nochmals aus soziologischer Sicht beschäftigt und ist hierbei zu dem Ergebnis gekommen, dass die alleinige Konzentration auf traditionell ökonomische Produktionsfaktoren nicht ausreichend ist, um wirtschaftliches Wachstum zu erklären. Vielmehr gilt es auch und insbesondere die soziale Vernetzung der Akteure zu berücksichtigen. Wie weiter oben bereits ausgeführt, sind persönliche Bindungen eine Grundvoraussetzung für die als zentral erachteten Wissensflüsse, die spillovers. Diese Bindungen beinhalten ein gewisses soziales Sanktionspotenzial, das klassischen Interaktionsproblemen wie Trittbrettfahrerverhalten und *moral hazard* entgegenwirkt und damit die Transaktionskosten senkt. Diese positive Externalität des sozialen Netzwerkes, die auf Vertrauen und Reziprozität basiert, bezeichnet Putnam als *Sozialkapital.*[4]

Die zunehmende Bedeutung des Faktors Wissen sowie seine regionale Bindung an soziale Netzwerke und Personen zog auch ein Umdenken in der Wirtschaftspolitik nach sich. Politiker zeigten sich zunehmend angetan von einer auf den Vorschlägen Porters basierenden Politik, die sich auf die Bildung, Identifikation und Förderung von (regionalen) Clustern konzentriert.[5] Nach Porter (1998, S. 198) handelt es sich bei einem Cluster um eine geographisch abgegrenzte Ansammlung von (verbundenen) Unternehmen, spezialisierten Zulieferern, unternehmensnahen Dienstleistern, Unternehmen in verbundenen Branchen und anderen Institutionen wie etwa Universitäten, Forschungseinrichtungen oder auch Verbände. Charakteristisch für die Struktur des Clusters ist, dass die Unternehmen miteinander konkurrieren *und* kooperieren. Beides sorgt letztendlich dafür, dass das Cluster sich im Wettbewerb mit anderen Regionen behaupten kann. Die Attraktivität des Clusteransatzes liegt zweifelsohne in seinem Potenzial, die für die Erfordernisse der heutigen Zeit notwendigen Produktionsfaktoren miteinander zu vereinen. Das Cluster beschreibt ein regionales Netzwerk, das durch Sozialkapital zusammengehalten wird und somit den Fluss von *Wissenskapital* begünstigt. In einer dynamischen Betrachtung sorgt innerhalb des Clusters der Wettbewerb um neue Ideen für anhaltende Innovation. Ganz im Sinne Schumpeters erachtet Porter hierbei auch die schöpferische Zerstörung von ineffizienten Unternehmen durch neue, innovative Unternehmen als elementar. Baumol (2002) verweist in diesem Zusammenhang darauf, dass gerade kleine Unternehmen und Neugründungen (start-ups und spinoffs) als Garant für fortlaufende Innovationen zu sehen sind. Hierin spiegelt sich also das regionale Entrepreneurshipkapital wider.

Porters Clusteransatz ist *ein* Weg, die verschiedenen Wachstumsdeterminanten auch räumlich zu verorten. In einer ähnlichen Weise haben beispielsweise Glaeser et al. (2001) und Florida (2002) sich damit beschäftigt, welche regionalen Gegebenheiten und soziokulturellen Angebote die für die heutige Zeit zentralen Produktionsfaktoren anzuziehen vermögen. Dabei kommt deutlich der eingangs beschriebene komparative Vorteil von Städten gegenüber ländlichen Regionen zum Ausdruck. Infolgedessen konzentrieren sich theoretische Ansätze überwie-

---

4 *Putnam* ist nicht der Erste, der den Begriff des Sozialkapitals verwendet. In diesem Zusammenhang bietet *Nan Lin* (2001) eine gute Übersicht über die Entstehung und Verwendung des Begriffes Sozialkapital.

5 In diesem Zusammenhang sei darauf verwiesen, dass Porters Clustertheorie aus wissenschaftlicher Sicht „alter Wein in neuen Schläuchen" ist. Das Konzept basiert in erster Linie auf *Marshalls* (1890) Überlegungen zu industriellen Agglomerationen, die *Krugman* (1991) mathematisch formalisiert und in der Neuen Ökonomischen Geografie weiterentwickelt hat. Auch die Gedanken von *Jacobs* (1969) zu Urbanisierungsvorteilen spiegeln sich in vielen Bereichen der Theorie wider. Die zentrale Leistung von Porters Theorie liegt wohl darin, die theoretischen Überlegungen zu regionalen Vorteilen in einer zunehmend globalisierten Welt in eine allgemeinverständliche, Politikern und Unternehmen zugängliche Sprache zu übersetzen. In manchen Bereichen nimmt Porter dabei einen *trade-off* zwischen theoretischer Akuratesse und Allgemeinverständlichkeit in Kauf. Wie *Martin* und *Sunley* (2003) detailliert aufzeigen, liegt dabei die Gefahr in einer allzu euphorischen und unkritischen Anwendung der Clustertheorie.

gend auf die Entwicklung der urbanen Zentren, der Leuchttürme, wohingegen die Entwicklung peripherer Regionen oftmals außen vor bleibt bzw. lediglich an die Entwicklung der Städte gekoppelt wird. Vor diesem Hintergrund ist es das Ziel der folgenden Beiträge, den Fokus hin zu den peripheren Regionen zu lenken, auf deren Stärken und Schwächen einzugehen und daraus Empfehlungen für eine *Wirtschaftspolitik für periphere Regionen* abzuleiten.

Der Beitrag von *Jakob Lenke* in diesem Band beleuchtet daher zunächst nochmals die verschiedenen Theorieströmungen zu regionalem Wachstum und zeigt auf, inwieweit diese Ansätze mögliche Anknüpfungspunkte für eine Wirtschaftspolitik für periphere Regionen bieten. Die darauf folgenden Beiträge konzentrieren sich dann auf die Ausstattung peripherer Regionen mit den genannten Wachstumsdeterminanten – Sachkapital, Wissenskapital, Humankapital, Entrepreneurshipkapital und Sozialkapital. *Jutta Hübscher* beschäftigt sich mit Investitionen in ländlichen Gebieten und möglichen Determinanten. Angesichts der eingangs beschriebenen Schwächen ländlicher Regionen, insbesondere im Hinblick auf das Qualifikationsniveau sind diese Regionen durch eine geringere Ausstattung mit modernen Standortfaktoren gekennzeichnet. Welche Art von Unternehmen investiert also in ländlichen Regionen und was könnten deren Beweggründe sein? Folgt man neueren ökonomischen Modellen zur räumlichen Agglomeration, so wirken innerhalb eines Landes zentripetale Kräfte auf eine räumliche Konzentration hin (vgl. Fujita / Thisse 2002). Die Standortentscheidungen der Unternehmen hängen dabei von den regionalen Standortfaktoren ab, sodass qualitativ hochwertige Produktion eher zu den Zentren hin tendiert während die standardisierte Produktion in ländliche Räume wandert. De facto würde das bedeuten, dass die Peripherie zur verlängerten Werkbank der Zentren wird (oder bereits geworden ist). Entsprechend würden diese Regionen dann auch einen besonders starken Globalisierungsdruck verspüren, weil sie direkt mit Standorten in Niedriglohnländern konkurrieren würden. *Andreas Holzer* wird in seinem Beitrag dieses Szenario durchspielen und der Frage nachgehen, welche Gründe Unternehmen dazu veranlassen, ihre Produktion zu verlagern. Zusammen beleuchten die beiden Beiträge damit einerseits die Stärken peripherer Regionen, die entsprechende Investitionen nach sich ziehen, aber auch die Schwächen, die zu Verlagerungen führen. Aus dem hieraus erstellten Stärken- und Schwächenprofil lassen sich erste Implikationen für eine regionale Wirtschaftspolitik und geeignete Fördermaßnahmen ableiten. In diesem Zusammenhang untersucht der Beitrag von *Jutta Hübscher* auch das endogene Wachstumspotenzial peripherer Regionen in Form von Unternehmensgründungen.

Das regional verfügbare Wissens- und Humankapital hat einen entscheidenden Einfluss auf die regionale Entwicklung. Da der regionale Wissensstock wiederum an Menschen gebunden ist, weisen Wissens- und Humankapital im Vergleich zu Sachkapital eine geringere Mobilität auf – sie haften in dem Maße an bestimmten Regionen, wie die Menschen sich der Region verbunden fühlen (von Hippel 1994). Nun zeigen verschiedene Statistiken, dass periphere Regionen in einer intratemporalen Sicht mit dem Problem konfrontiert sind, dass Hochqualifizierte tendenziell abwandern während weniger qualifizierte Arbeitskräfte in der Region verbleiben. Entsprechend ist das Qualifikationsniveau der Erwerbsbevölkerung unterdurchschnittlich. Weiter zeigen aktuelle Studien auf Basis von Schülertestdaten, dass insbesondere in Deutschland die schulische Leistung vom familiären Hintergrund der Schüler abhängig ist (vgl. Schütz et al. 2005 und Wößmann 2007). Bei gegebenen schulischen Institutionen kann das Problem des geringeren Qualifikationsniveaus in ländlichen Regionen somit zu einem Dauerproblem werden. In einer intertemporalen Betrachtung könnte das letztendlich dazu führen, dass sich bestehende qualifikatorische Defizite auch in Zukunft nicht merklich ändern werden. Vor diesem Hintergrund beschäftigt sich *Florian Birkenfeld* in seinem Beitrag mit der intertemporalen Perspektive von Bildung und Qualifikation und untersucht die Charakteristika von Schülern, Eltern, Lehrern und Schulen in ländlichen Gebieten, während der Beitrag von *Stefan Bauernschuster* sich auf die aktuelle Qualifikation der Erwerbsbevölkerung konzentriert und die Weiterbildungsmöglichkeiten in peripheren Regionen untersucht. Beide Beiträge zielen darauf ab, unter Berücksichtigung der speziellen Charakteristika und der Wirtschaftsstruktur peripherer Regionen Ansätze für Politikmaßnahmen zu entwerfen, die das Qualifikationsniveau der gegenwärtigen und zukünftigen Beschäftigten erhöhen.

Der Beitrag von *Oliver Falck* und *Stephan Heblich* geht nochmals vertiefend auf die Besonderheiten der ländlichen Regionen ein und grenzt unterschiedliche Formen regionaler Agglomerationen als *Industrial Districts, Industrial Agglomerations* und *Urban Agglomerations* voneinander ab. Wie der Beitrag zeigt, lassen sich diese drei Regionstypen anhand verschiedener Standortvariablen charakterisieren, die geographische Besonderheiten, die regionale Firmenstruktur, das regionale Wissenskapital und andere Umfeldfaktoren abbilden. Vor diesem Hintergrund wird überprüft, inwiefern die Ausstattung mit unterschiedlichen Standortfaktoren den Entwicklungspfad der jeweiligen Region beeinflusst. Der zentrale Fokus des Beitrags liegt hierbei auf dem Entrepreneurshipkapital der unterschiedlichen Regionstypen. Es zeigt sich, dass die Gründungsaktivitäten in *Urban Agglomerations* und *Industrial Districs* höher sind als in *Industrial Agglomerations,* welche in erster Linie durch großbetriebliche Beschäftigung geprägt sind. Weiter lassen die Untersuchungen darauf schließen, dass es sich bei den Gründungen in *Urban Agglomerations* vor allem um wissensbasierte Neu- und Ausgründungen handelt, die von den *spillovers* der Forschungs- und Entwicklungseinrichtungen großer Konzerne profitieren und oftmals bahnbrechende Neuerungen hervorbringen. In den ländlichen Gebieten haben Gründungen dagegen eher den Charakter von routinierten Kleinbetrieben, die sich auf bestimmte Bereiche spezialisieren und Nischenmärkte abdecken.

Aufgrund der überwiegend kleinbetrieblichen Strukturen sowie der regionalen Verwurzelung der Arbeitgeber ergeben sich für eine clusterähnliche Vernetzung in ländlichen Regionen spezielle Anforderungen. Die Verbindungen zwischen den regionalen Akteuren basieren in erster Linie auf persönlichen, informellen Kontakten, die auch über den beruflichen Alltag hinaus über private Verbindungen gepflegt werden. Diese Netzwerke sind in sich stabil, aber auch regional stark begrenzt. Eine regional weiter gefasste Vernetzung solcher kleinen, eigentümergeführten Unternehmen scheitert häufig an einem mangelnden Vertrauensverhältnis, was auch auf einen Mangel an Informationen über die Besserstellungsmöglichkeiten durch eine weitläufigere Vernetzung zurückgeführt werden kann. Darüber hinaus stellt häufig die Zeitkomponente einen restriktiven Faktor dar. Kleine Unternehmen können es sich nicht erlauben, übermäßig viel Zeit für überregionale Vernetzungsaktivitäten zu entbehren. Für sie gilt ein *trade-off* zwischen dem notwendigen Kerngeschäft und möglichen Erträgen einer stärkeren Vernetzung, der gewöhnlich zu Gunsten der sichereren Erträge aus dem Kerngeschäft ausfällt. Vor diesem Hintergrund beleuchtet schließlich der Beitrag von *Robert Gold* die Möglichkeiten der politischen Entscheider, in ländlichen Regionen die Vernetzung und damit die Produktion regionalen Sozialkapitals zu fördern.

Literaturverzeichnis

Audretsch, D. (2007): The Entrepreneurial Society, New York: Oxford University Press.

Audretsch, D. / *Keilbach,* M. (2004): Entrepreneurship Capital and Economic Performance, Regional Studies, 38, pp. 949–959.

Baumol, W. (2002): The Free-Market Innovation Machine: Analyzing the Growth Miracle of Capitalism, Princeton: Princeton University Press.

Becattini, G. (1979): Dal Settore Industriale al Distreto Industriale. Alcune consideración sull'unitá di indagine dell economía industriale, Revista di Economia e Politica Industriale, 1, pp. 1–8.

Blickhäuser, J. / *Gries,* T. (1989): „Individualisierung des Konsums und Polarisierung von Märkten als Herausforderung für das Konsumgütermarketing", Marketing ZFP, 11. Jg., Heft 1, S. 6.

Carlton, D. / *Perloff,* J. (2005): Modern Industrial Organisation, 4. Aufl., Boston u. a.

Chandler, A. (1977): The Visible Hand: The Managerial Revolution in American Business, Cambridge (MA).

Economic Action and Social Structure: The Problem of Embeddedness, American Journal of Sociology, 91, 481–510.

Ellickson, R. (1991): Order without Law, Cambridge: Harvard University Press.

Florida, R. (2002): The Rise of the Creative Class, New York: Basic Books.

Fujita, M. / *Thisse,* J.-F. (2002): Economics of Agglomeration; Cities, Industrial Location and Regional Growth, Cambridge: Cambridge University Press.

Glaeser, E. / *Kallal,* H. / *Scheinkman,* J. / *Schleifer,* A. (1992): Growth of Cities, Journal of Political Economy, 100, S. 1126–1152.

Glaeser, E. / *Kolko,* J. / *Saiz,* A. (2001): Consumer City, Journal of Economic Geography, 1, pp. 27–50.

Granovetter, M. (1973): The Strength of Weak Ties, in: AJS, 78 (6), S. 1360 – 1380.

Hippel, E. von (1994): Sticky Information and the Locus of Problem Solving: Implications for Innovation, Management Science, 40, 429 – 439.

Jacobs, J. (1969): The Economy of Cities, New York: Random House.

Krugman, P. (1991): Geography and Trade, Cambridge (MA).

Landes, D. (1973): Der entfesselte Prometheus. Technologischer Wandel und industrielle Entwicklung in Westeuropa von 1750 bis zur Gegenwart, Köln.

Lin, N. (2001): Building a Network Theory of Social Capital, in: Lin, N. / Cook, K. / Burt, R. S. (Hrsg.): Social Capital: Theory and Research, New York: Aldine de Gruyter, S. 3 – 29.

Marshall, A. (1890): Principles of Economics, London: Macmillan.

Martin, R. / *Sunley,* P. (2003): Deconstructing Clusters: Chaotic Concept or Policy Panacea, Journal of Economic Geography, 3, 5 – 35.

Pietrobelli, C. (2000): Competitiveness and its Socio-Economic Foundations: Empirical Evidence on the Italian Industrial Districts, in: Bagella, M. / Becchetti, L. (eds): The Competitive Advantage of Industrial Districts – Theoretical and Empirical Analysis, Heidelberg, New York (NY): Physica-Verlag, pp. 3 – 20.

Pindyck, R. S. / *Rubinfeld,* D. L. (2005): Mikroökonomie, 6. Aufl., München.

Piore, M. / *Sabel,* C. (1984): Das Ende der Massenproduktion, Berlin.

Porter, M. E. (1998): On Competition, Boston: Harvard Business School Press.

Putnam, R. (2000): Bowling Alone: The collapse and revival of American community, New York: Simon and Schuster.

Romer, P. (1986): Increasing returns and long-run growth, in: Journal of Political Economy, 94(5), S. 1002 – 37.

Say, J. B. (1845): A Treatise on Political Economy, translated by C. R. Prinsep, 4th edition, Philadelphia: Grigg & Elliot.

Schütz, G. / *Ursprung,* H. / *Wößmann,* L. (2005): Education policy and equality of opportunity, IZA Discussion Paper Nr. 1906.

Solow, R. (1956): A Contribution to Theory of Economic Growth. Quarterly Journal of Economics, 70, 65 – 94.

Tönnies, F. (1935): Gemeinschaft und Gesellschaft. Grundbegriffe der reinen Soziologie, 8. Aufl., Leipzig.

Wößmann, L. (2007): Fundamental Determinants of School Efficiency and Equity: German States as a Microcosm for OECD Countries, Program on Education Policy and Governance Working Paper 07 – 02.

Regionalpolitik in ländlichen Regionen: Erklärungsbeiträge verschiedener ökonomischer Forschungsrichtungen für die regionale Entwicklung

Von Jakob Lenke

I. Einleitung

Die zunehmende Vernetzung der Welt („globales Dorf"), Informations- und Kommunikationstechnologien (IKT) sowie eine Globalisierung der Wirtschaftsbeziehungen können zu dem Trugschluss führen, dass Distanz bzw. die Dimension Raum an Bedeutung verlieren (Cairncross 2001). Räumliche Nähe und regionale Standortvorteile sind jedoch auch in einer Zeit zunehmender Globalisierung von Bedeutung. Porter (1998) bezeichnet dieses Phänomen als *locational paradox*. Sozialwissenschaftler verwenden in diesem Zusammenhang den Neologismus „Glokalisierung", der außer einer ökonomischen auch eine kulturelle, politische und soziologische Dimension hat. Im Rahmen des globalen Wettbewerbes wird häufig befürchtet, dass insbesondere die wirtschaftliche Entwicklung ländlicher Regionen im Vergleich zu Ballungszentren schwach ausfällt oder gar abnimmt. Dem lässt sich allerdings entgegenstellen, dass auch periphere Regionen über endogene Potenziale und damit komparative Vorteile verfügen, die zur wirtschaftlichen Dynamik beitragen und die mit Hilfe einer geeigneten Regionalpolitik zusätzlich gefördert werden können.

Dieser Beitrag gibt einen Überblick darüber, wie verschiedene ökonomische Forschungsrichtungen die regional unterschiedliche Verteilung von Wirtschaftskraft erklären und welche Relevanz diese Ansätze für eine speziell auf ländliche Regionen abzielende Wirtschaftspolitik haben. Im Folgenden werden dafür Porters Clusterkonzept, die endogene Wachstumstheorie, die Neue Ökonomische Geographie (NÖG), die Entrepreneurshipforschung sowie der evolutionsökonomische Ansatz regionaler Innovationssysteme näher beleuchtet. Insbesondere Cluster gelten in der gegenwärtigen (wirtschafts-)polischen Diskussion als geeigneter Ansatz zur Entwicklung regionalpolitischer Instrumente zur Wachstumsförderung. Dabei bleibt jedoch unklar, ob und inwieweit eine solche Clusterpolitik auch in ländlichen Regionen angewendet werden kann. Gewöhnlich verfügen ländliche Regionen nämlich nicht über Clusterstrukturen im Sinne Porters. Wenn Cluster darüber hinaus wie in der Neuen Ökonomischen Geographie als Agglomeration wirtschaftlicher Aktivität aufgefasst werden, so stehen sie sogar im Gegensatz zu ländlichen Regionen bzw. peripheren Gebieten. Das ergibt sich daraus, dass die Größen- und

Urbanisierungsvorteile eines Clusters, das sich in einem Ballungszentrum befindet, in ländlichen Regionen nur bedingt realisiert werden können.

II. Agglomerations- und Wachstumstheorien

1. Porters Clusterkonzept: Cluster als Motor für die regionale Entwicklung

Porter (1990) vergleicht Faktoren, die die Wettbewerbsfähigkeit von Regionen und daraus abgeleitet auch von Nationen bestimmen. Er identifiziert spezialisierte Wachstumsregionen bzw. Cluster als Motor für regionale Entwicklung. Durch Porter ist der Begriff Cluster in der Öffentlichkeit und Politikberatung populär geworden. Er definiert Cluster wie folgt:

> „Clusters are geographic concentrations of interconnected companies; specialized suppliers; service providers; firms in related industries, and associated institutions (for example, universities, standard agencies, and trade associations) in particular fields that compete but also cooperate." *Porter* (1998, S. 197 f.)

> „A cluster is a geographical proximate group of interconnected companies and associated institutions in a particular field, linked by commonalities and complementarities." *Porter* (1998, S. 199)

> „A cluster is a form of network that occurs within geographic location, in which the proximity of firms and institutions ensures certain forms of commonality and increases the frequency and impact of interactions." *Porter* (1998, S. 226)

Cluster zeichnen sich demnach durch zwei Merkmale aus: Erstens gibt es unterschiedliche Verbindungen zwischen Firmen. Wirtschaftliche Beziehungen zwischen Akteuren in einem Cluster bestehen direkt, indirekt, vertikal (Zulieferer-Abnehmer) und / oder horizontal (innerhalb der gleichen Produktionsstufe). Im Cluster ansässige Firmen nutzen daher spezialisierte Faktoren, Technologien und Institutionen gemeinsam. Unternehmen in einem Cluster kooperieren in einem Netzwerk, das ihnen gegenseitigen Nutzen stiftet. Dabei spielen die in einem solchen Netzwerk ebenfalls relevanten sozialen Beziehungen zwischen den Akteuren nur eine untergeordnete Rolle. Porter bezeichnet sie als sozialen Klebstoff, der das Netzwerk zusätzlich stabilisiert und zu einer Atmosphäre aus Kooperation *und* Konkurrenz (Koopetition) beiträgt. Die Kooperation innerhalb des Clusters ist mit gleichzeitiger Rivalität insofern vereinbar, als die Firmen auf dem (überregionalen) Absatzmarkt im Wettbewerb stehen.

Die räumliche Nähe miteinander verbundener Unternehmen ist das zweite wichtige Merkmal von Clustern. Geographische Nähe verstärkt die angesprochenen Vorteile, die Unternehmen innerhalb eines Clusters realisieren können. Grafisch verdeutlicht Porter die Interaktionsbeziehungen innerhalb eines Clusters mit Hilfe eines Diamanten, der die Grundlage für sein wettbewerbsbasiertes theoretisches Clustermodell bildet (vgl. Abbildung 1):

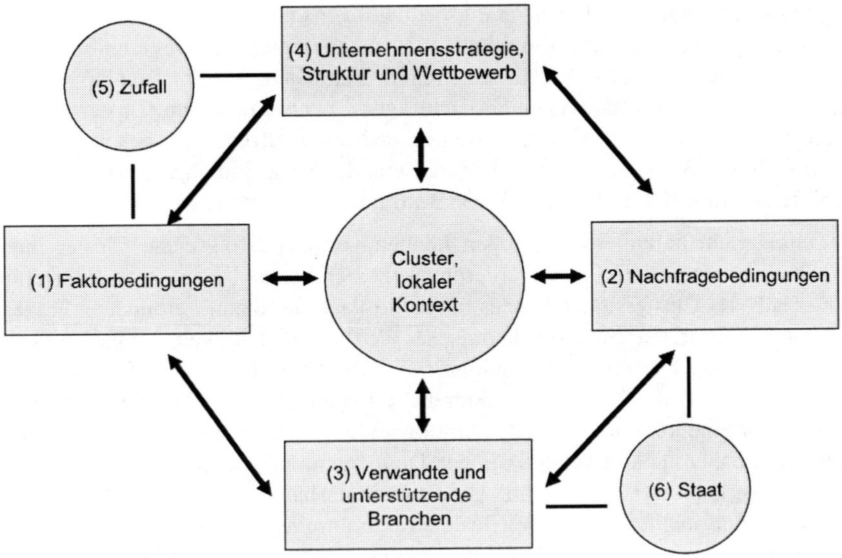

Quelle: in Anlehnung an *Porter* (1998, S. 211).

Abbildung 1: Porters Diamant

Je intensiver die vier Bestimmungsfaktoren (Rechtecke) des Diamanten miteinander verbunden sind, desto höher ist die Wettbewerbsfähigkeit der Firmen. Dank räumlicher Nähe von Unternehmen, Nachfragern nach Final- und Zwischengütern und Zulieferern ist ein Cluster ein Ort hoher Produktivität. Die dort angesiedelten Unternehmen können sich im Wettbewerb besser positionieren und sind innovationsfreudiger. Vermeintlichen (kurzfristigen) Nachteilen aufgrund einer erhöhten Konkurrenz innerhalb des Clusters, stehen hierbei (langfristige) Clustervorteile in Form von Kooperationen gegenüber. Cluster liefern also Bedingungen, die einen wettbewerbsfähigen Porterschen Diamanten unterstützen.

Porter (1998, S. 206–208) baut seinen Ansatz auf Überlegungen von Marshall (1890) zu *Industrial Districts* auf. Marshall identifiziert (1) Vorteile eines größeren qualifizierten Arbeitsmarktpools, (2) Netzwerkvorteile aus Lieferanten- und Kundenbeziehungen (*„input output transactions“*) und (3) positive externe Effekte durch Wissensübertragung als Grundlagen für regional auftretende externe Skalenerträge. Diese drei Vorteile gelten daher als klassische Agglomerationseffekte.

Die Qualität der Produktionsfaktoren ist ein wichtiger Eckpfeiler für ein Cluster. Porter (1998, S. 74) betont hierbei dynamische „zu schaffende“ Faktoren (*factor creating*). Hier unterscheidet er sich von Vertretern der traditionellen Außenhandelslehre, die mit statischen komparativen Vorteilen (Ricardo 1817) oder Faktorausstattungen (Heckscher 1919, Ohlin 1933) argumentieren. Unternehmen erhalten also Wettbewerbsvorteile durch einen lokalen Arbeitsmarktpool qualifizierter Arbeitskräfte à la Marshall, gute Finanzierungsbedingungen und eine gute lokale Infrastruktur (z. B. Informations- und Kommunikationstechnologie). Die weiteren Eckpfeiler des Diamanten sind inländische Nachfragebedingungen. Anspruchsvolle Kunden, die z. B. eine hohe Produktqualität nachfragen,[1] verschaffen dem Cluster Wettbewerbsvorteile. Genauso wirken verwandte und unterstützende Branchen in einem spezialisierten Branchencluster. Der Zufall und der Staat sind ergänzende Elemente (vgl. Kreise in Abbildung 1), aber keine Bestimmungsfaktoren für ein Cluster.

Durch nicht kalkulierbare Größen können vormals erfolgreiche Cluster ihren Wettbewerbsvorteil aber auch verlieren: Setzt sich beispielsweise eine Innovation außerhalb des Clusters oder Landes durch, so kann der damit verbundene Prozess schöpferischer Zerstörung die heimische Wettbewerbsfähigkeit gefährden. Laut Porter steht dies aber nur zu befürchten, wenn das Cluster bereits an Dynamik eingebüßt hat und die flexiblen Strukturen verhärten. Andernfalls sorgt der Wettbewerb für eine kontinuierliche Weiterentwicklung des Clusters. Politiker und der Staat sind daher auch nicht direkt in den Diamanten eingebunden. Das Konzept ist *nicht* als verkappte Industriepolitik gedacht und deshalb sollen die politischen Entscheider auch nicht aktiv in die Clusterstrukturen eingreifen und deren Entwicklung beeinflussen. Der Wirtschaftspolitik kommt lediglich die Aufgabe zu, geeignete Rahmenbedingungen zur Unterstützung der Cluster zu schaffen, um die nationale bzw. regionale Wettbewerbsfähigkeit von Unternehmen in Clustern zu wahren. Trotz dieser geringen Einflussmöglichkeiten des Staates erfreut sich Porters Clusterkonzept aber gerade in der Politik großer Beliebtheit.

Die Hauptschwäche von Porters Ansatz liegt in einer relativ vagen theoretischen Fundierung seines Modells. Martin und Sunley (2003) kritisieren beispielsweise, dass die unklare geographische Abgrenzung von Clustern zu viel freien Raum für widersprüchliche Interpretationen lasse. Für die Politikberatung sei es daher fragwürdig, ein solches Modell zu verwenden, das vorgebe, erfolgreiche Cluster seien beliebig reproduzierbar. Die zahlreichen Fallstudien unterschiedlicher Branchen in unterschiedlichen Ländern und mit ungleichen räumlichen Ausbreitungen seien in erster Linie informativ. Modelle könnten auf dieser Grundlage jedoch kaum entwickelt werden.

Das Verdienst Porters ist es, auf die Dynamik von Clustern hinzuweisen. Er kritisiert andere Clusterkonzepte als statisch. Mit zunehmender Globalisierung und der Tendenz zu einer Wissensgesellschaft müsse ein Clusterkonzept aber gerade die dynamische Komponente der Wettbewerbsfähigkeit betonen. Lerneffekte innerhalb eines Clusters implizieren hierbei eine hohe Rate an Innovationen und sichern damit die wirtschaftliche (Weiter-)Entwicklung einer Region und eines Landes im internationalen Wettbewerb. Porters Konzept hat bis heute eine hohe Anziehungs- und Ausstrahlungskraft auf Forscher verschiedener Disziplinen, die seine Ideen als Fundgrube und Quelle zur Inspiration ihrer Modelle benutzen. Für

---

[1] In den USA spielen beispielsweise anspruchsvolle Militäraufträge eine wesentliche Rolle für die Entwicklung von *infant industries* (*Alesina/Giavazz* 2006, 65 ff.).

ländliche Regionen sind Porters Konzepte ebenfalls relevant, da er den Begriff Cluster verhältnismäßig breit auslegt. In seinen Fallstudien bezieht sich Porter z. B. auf die so genannten italienischen Cluster. Dies sind dünn besiedelte Regionen in Norditalien, wo klein- und mittelständische Betriebe der Modebranche Cluster bilden. Solche Cluster gelten als Motor einer erfolgreichen wirtschaftlichen Entwicklung in diesen ländlichen Gebieten.

2. Endogene Wachstumstheorie: Die Bedeutung von Wissen für regionales Wachstum

Maßgeblich geprägt durch Romer (1986) ist die endogene Wachstumstheorie Ende der 1980er Jahre als Antwort auf neoklassische Erklärungsdefizite entstanden. Sie entwirft modellendogen dauerhaftes Pro-Kopf-Wachstum und erweitert den Kapitalbegriff um Wissenskapital. Endogene Wachstumsmodelle verschiedener Ausprägungen erklären heute im Gegensatz zu neoklassischen Modellen à la Solow (1956) stetiges Wachstum modellendogen, wobei regional divergierende Wachstumsraten dauerhaft bestehen können.

Aus wirtschaftspolitischer Sicht sind eine allgemeine Bildungspolitik (vgl. Birkenfeld 2008 in diesem Band), FuE-Förderungen sowie Aus- und Fortbildungsmaßnahmen zur Erhöhung des firmenspezifischen Wissens eine Grundvoraussetzung für eine prosperierende regionale Entwicklung. Wissen und daraus resultierende Innovationen sind dabei der Schlüssel für Wachstum, wobei der grundsätzlichen Nichtrivalität bei der Nutzung des Faktors Wissens eine besondere Rolle zukommt. Wenn z. B. ein Unternehmen bestimmte neuartige Prozesse einsetzt, so verlieren diese Prozesse *an sich* nicht an Wert, wenn Dritte sie ebenfalls verwenden. Trotzdem kann eine zu schnelle Wissensdiffusion aufgrund mangelnder Ausschließbarkeit von der Nutzung aber die (private) Wissensproduktion beeinträchtigen. Grundsätzlich besteht der Innovationsanreiz in dem vorübergehenden Wettbewerbsvorteil des innovierenden Unternehmens. Wenn Imitatoren neue Ideen jedoch zu schnell kopieren und vermarkten können, so ist es dem Innovator nicht oder zumindest nicht mehr im vollen Umfang möglich, sich die Schumpetersche Pionierrente bzw. eine ihm durch Patentschutz zustehende Monopolrente anzueignen. Der Innovator wird das in sein Kalkül einbeziehen und entsprechend nur in dem Umfang F&E Anstrengungen tätigen, wie diese sich auch amortisieren.

Im Extremfall gilt für Wissen völlige Nichtausschließbarkeit (z. B. Erkenntnisse aus der Grundlagenforschung), sodass es ungehindert zirkulieren kann und öffentlich zugänglich ist. Das neu geschaffene Wissen hat dann den Charakter eines öffentlichen Gutes. Aus Sicht eines Innovators heißt das, dass Imitatoren seine Erfindung kopieren können, ohne sich an den Forschungskosten zu beteiligen. Aus gesamtwirtschaftlicher Perspektive ist dies bedenklich, da die Anreize zu unternehmerischer FuE-Aktivität damit sukzessive abnehmen und im Extremfall unterbleiben die FuE-Aktivitäten vollständig – mit entsprechend negativen Auswirkungen auf das Wachstum und die Dynamik der Volkswirtschaft. Realiter verhindern jedoch Informations- und Kommunikationsprobleme sowie unterschiedliche Ausbildungen, Humankapitalausstattungen und Fähigkeiten von Individuen eine vollständige Wissensdiffusion. Tatsächlich zirkuliert bestimmtes spezifisches Fachwissen daher oft nur in kleinen Kreisen bestimmter Experten, die über entsprechendes Vorwissen (Bildung / Humankapital) verfügen (*absorptive capacities*).

Der andere Extremfall ist völlige Ausschließbarkeit von Wissen, z. B. in Form kompletter Geheimhaltung von Ideen oder eines umfassenden Patentschutzes. Da Unternehmen aus ihrem Wissen neue Produkte entwickeln und absetzen, ist eine komplette Geheimhaltung als ein weiteres Extrem zwischen vollständiger Ausschließbarkeit und völliger Nichtausschießbarkeit auch nur schwer vorstellbar: Spätestens nach der Markteinführung des innovativen Produkts ist es nicht mehr geheim und Konkurrenten können das Produkt untersuchen (*reverse engineering*). Sie werden dann versuchen, es zu imitieren. Wissen wird bei der Vermarktung innovativer Produkte ungewollt bzw. „automatisch" offenbart. Ein funktionierender Patentschutz sichert dem Erfinder daher zunächst eine temporäre Monopolstellung, sodass er die FuE-Ausgaben refinanzieren und evtl. Gewinne realisieren kann. Nach Ablauf des Patents wird allerdings durch erfolgreiche Imitatoren die Monopolstellung des Innovators zunehmend erodieren. Allerdings können Innovatoren oft durch die in der Patentphase aufgebaute Reputation weiterhin Gewinne realisieren (z. B. Bayers Reputation für Aspirin-Tabletten).

Polanyi (1958), Nonaka / Takeuchi (1995) sowie von Krogh et al. (2000) setzen sich mit der Entstehung und Diffusion verschiedener Wissensarten auseinander. Sie argumentieren auf Firmenebene und unterscheiden implizites und explizites Wissen. Implizites Wissen ist überwiegend personengebunden bzw. an seinen Wissensträger gebunden. Diese Wissensart setzt räumliche und kulturelle Nähe der Akteure voraus. Bei *tacit knowledge* handelt es sich daher um *sticky knowledge,* das lokal gebunden ist und somit nur schwer diffundieren kann (von Hippel 1994). Explizites Wissen liegt hingegen vor, wenn eine Dokumentation und Vervielfältigung von Wissen leicht fällt. Die räumliche Diffusion dieser Wissensart ist z. B. mit Internet und Informations- und Kommunikationstechnologien (IKT) kostengünstig und dank einer einheitlichen Kodifizierung einfach. Im Folgenden wird kodifiziertes Wissen (*codified knowledge*) als Gegensatz zu *tacit knowledge* verstanden. Kodifiziertes Wissen kann relativ einfach niedergeschrieben werden und ist nicht an ein Individuum als Wissensträger gebunden. Die Wissensdiffusion ist bei kodifiziertem Wissen erheblich einfacher, da ein Wissensinteressent keinen persönlichen Kontakt zum Wissensträger aufnehmen muss. Kodifiziertes Wissen ist leicht übertragbar, wohingegen nicht kodifiziertes Wissen schwer übertragbar ist und möglicherweise nur im engeren Umfeld, also in räumlicher Nähe des Wissensträgers zirkulieren kann. Jacobs (1969) argumentiert mit höheren Grenzkosten der Übertragung von *tacit knowledge* im Vergleich zu kodifiziertem Wissen. *Tacit knowledge* und kodifiziertes Wissen sind jedoch oft komplementär: Arbeitern und Forschern, die über ein hohes Maß an Humankapital verfügen, wird beispielsweise auch ein hoher Bestand an *tacit knowledge* unterstellt, was sie für

Unternehmen besonders wertvoll macht und die Bedeutung von Humankapital unterstreicht.

Der Grad der Ausschließbarkeit hängt letztendlich von der zugrunde liegenden Wissensart ab: Bei Annahme einer idealtypischen „Wissensgesellschaft" wäre Wissen unverzögert abrufbar, z. B. via Internet. Selbst in diesem Extremfall bliebe aber *tacit knowledge* ausschließbar. Der attestierte „Tod der Distanz" bedingt durch neue IKT erweist sich jedoch als voreilige und falsche Schlussfolgerung. Räumliche Nähe spielt auch weiterhin eine wichtige Rolle (Dohse et al. 2005).

Typisch für die endogene Wachstumstheorie sind räumlich (national bzw. regional) begrenzte positive technologische externe Effekte in Form von Wissensspillovers. Solche firmeninterne externe Effekte identifiziert bereits Arrow (1962), indem er positive Lerneffekte mikroökonomisch fundiert. In seinem Modell gewinnen Arbeiter mit zunehmender Produktion Routine (*learning by doing*). Dadurch kann mit zunehmender Ausbringungsmenge effizienter produziert werden, was steigende Skalenerträge impliziert. Als klassisches Beispiel gilt die Flugzeugproduktion. Serienproduktion bedeutet Größenvorteile (*economies of scale*) aufgrund von Fixkostendegression. Die gleiche Wirkung zeitigen Verbundeffekte in Netzwerken (*economies of scope*), wobei Knotenpunkte z. B. als Informationsverteiler dienen, was zu Effizienzsteigerungen bei Prozessen und Produktgestaltungen führt. Durch Kooperation der Akteure innerhalb eines Clusters entstehen positive technologische externe Effekte. Clusterinterner Wissensaustausch und Wissensdiffusion (von clusterspezifischem *tacit knowledge*) spielen dabei eine Hauptrolle.

In einer Region (oder einem Cluster) existieren persönliche Kontakte, die zu einem intra-regionalen Wissensaustausch führen. Um auch auf Wissen außerhalb der Region zugreifen zu können, muss eine Region aufnahmefähig sein und sowohl externes Wissen als auch fremde Wissensträger leicht integrieren. Heblich (2007) beschreibt zwei Extremfälle: Eine komplette Abschottung nach außen ist für eine Region langfristig schädlich, da keine externen Impulse in die Region gelangen. Eine komplette Öffnung der Region ist hingegen auch nicht unbedingt wünschenswert, da zu lockere soziale Beziehungen (*social ties*) einen effizienten intra-regionalen Wissensaustausch behindern. Es müsse daher einen optimalen (moderaten) Offenheitsgrad für eine Region geben, der sowohl eine hohe intraregionale als auch inter-regionale Wissensübertragung ermöglicht.

Krugmans (1991, S. 53) berühmtes Zitat *„knowledge flows ... are invisible; they leave no paper trail by which they may be measured and tracked"* betont die Messprobleme von Wissensübertragungen bzw. Wissensspillovers. Als möglichen Indikator für Wissensspillovers verwenden Jaffe et al. (1993) die räumliche Verteilung von Patentzitaten, d. h. Patenten, die sich auf andere Patente beziehen. Die Autoren stellen eine signifikante geographische Häufung von Patentzitaten fest. Krugmans unsichtbare Wissensspillovers werden also sichtbar und die geographische Komponente der Wissensdiffusion bzw. lokale positive Effekte spielen eine wichtige Rolle. Das wird auch in einer aktuelleren Untersuchung zu Patentzitaten von Thompson und Fox-Kean (2005) bestätigt.

Als Defizit der endogenen Wachstumstheorie kann die Monokausalität ihrer Erklärung wirtschaftlichen Wachstums durch Wissen gesehen werden. Mess- und Abgrenzungsprobleme von Wissensspillovers sieht Krugman (1991) als gravierend an. Neuere Forschungsergebnisse liefern jedoch viele Anhaltspunkte, die auf die Existenz regionaler *spillovers* schließen lassen. Lissoni (2001) kritisiert bspw. die empirischen Belege für Wissensdiffusion, die er für oft schlecht modelliert hält. Er untersucht die Wissensdiffusion in einem Maschinenbau-Cluster in Breschia. In seiner Untersuchung stellt sich heraus, dass Wissen zwischen Facharbeitern stark zirkuliert, unabhängig von der geographischen Nähe. Seiner Meinung nach spielt also die Aufnahmefähigkeit von Wissen eine wichtigere Rolle als geographische Nähe. Die endogene Wachstumstheorie unterstreicht diese Einsicht ebenfalls: Nur Länder bzw. Regionen, in denen die Wirtschaftssubjekte über genügend Humankapital verfügen, sind in der Lage, neues und fremdes Wissen zu erkennen und zu verwenden. Überregionale Wissensspillovers treten oft in Form von kodifiziertem Wissen bzw. Informationen auf. Länder und Regionen nehmen international frei zugängliche Informationen auf und können diese ökonomisch verwerten (*appropriability*). Jones (2002, S. 80) sieht daher in der Kausalkette „Ideen → Nichtrivalität von Wissen → steigende Skaleneffekte z. B. via Wissensspillovers → Unvollkommene Konkurrenz" die zentralen Eigenschaften neuer Wachstumstheorien.

Zusammenfassend ist festzuhalten, dass Unterschiede in der regionalen wirtschaftlichen Dynamik mit regional unterschiedlichen Wissensausstattungen erklärbar sind. Die Wirtschaftskraft ländlicher Regionen ist abhängig von der Humankapitalausstattung, die dort oft geringer als in städtischen Ballungszentren ist. Trotzdem können gerade ländliche Regionen Vorteile aus dem Austausch kodifizierten Wissens und der schnelleren Zirkulation von *tacit knowledge* zwischen stark vernetzten Akteuren ziehen. Baumol (2002) und Audretsch (1995) legen dar, dass kleine Firmen innovativer als Großunternehmen sind. Innovationen diffundieren und in diesem Wechselspiel entsteht Wachstum. Einige international erfolgreiche mittelständische Unternehmen in ländlichen Regionen agieren als Nischenanbieter wie z. B. der Schraubenfabrikant Würth im nördlichen Württemberg. Wissen ist also der Schlüssel für regionales Wachstum. Eine erfolgreiche wirtschaftliche Entwicklung in ländlichen Regionen ist daher auf Wissensträger, z. B. in Form von Entrepreneuren, angewiesen.

3. Neue Ökonomische Geographie: Positive Skalenerträge und Transportkosten

Vertreter der Neuen Ökonomischen Geographie (NÖG) erklären anhand mikroökonomischer Modelle die räumliche Verteilung der Wirtschaftsaktivität auf globaler, nationaler und regionaler Ebene. Dabei lehnen sie sich an Erkenntnisse aus der Industrieökonomik und der Neuen Außenhandelstheorie an. Krugman (1991) prägt den nicht unumstrittenen Begriff NÖG für ökonomische Modelle zur Erklärung von Agglomerationen / Ballung und Dispersion / Peripherie. Ländliche Regionen gelten demnach als Peripherie und werden von städtischen wirtschaftlichen Ballungszentren abgegrenzt. Als Einflussgrößen verwendet die NÖG Agglomerations- und Dispersionskräfte, die in einem Spannungsfeld zueinander stehen. Vormals symmetrische Regionen zerfallen in eine Kernregion und eine periphere Region, wenn der Grad der Handelsfreiheit steigt bzw. Transportkosten abnehmen. Sektoren, die steigende Skalenerträge (*increasing returns to scale* oder *irs*) realisieren, werden auch als *irs*-Sektoren bezeichnet. Hier bilden sich Agglomerationen, die durch pekuniäre, agglomerationsförderlich wirkende externe Effekte zusätzliche Größenvorteile erzielen. Die NÖG argumentiert nachfrageseitig mit *home market effects.*

Ein wichtiger Mechanismus in der NÖG sind Skalenerträge und Transportkosten (TK) bzw. die Handelsfreiheit (Grad der Leichtigkeit des Warenaustausches). Skalenerträge geben an, wie die Produktionsmenge auf einen proportionalen Mehreinsatz (analog: Mindereinsatz) aller variablen Faktoren reagiert. Steigt die Produktionsmenge bei einem proportionalen Mehreinsatz aller variablen Faktoren überproportional an, so weist die Technik steigende Skalenerträge auf. Bei einem proportionalen Anstieg der Produktionsmenge handelt es sich um konstante Skalenerträge (*constant returns to scale* oder *crs*), die mit dem sog. Replikationsargument begründet werden (vgl. hierzu Wied-Nebbeling / Schott 2001). Steigende Skalenerträge werden dagegen auf Größenvorteile, Lerneffekte, Verbundeffekte sowie externe Effekte zurückgeführt.

Krugman (1995, Kapitel 3) zufolge lassen sich hierbei vier Fälle unterscheiden:

(1) *crs* mit TK: Positive TK wirken dispersiv. Wenn die Produktion in räumlicher Nähe zur Nachfrage erfolgt, können TK gespart werden. Firmen haben also ein Interesse, sich in der Nähe ihrer Absatzgebiete anzusiedeln. Im Extremfall müssten sich Kleinstfirmen in unmittelbarer Nähe ihres Absatzgebiets ansiedeln. Eine zentralisierte Produktion würde hingegen unnötige TK verursachen. In diesem Fall entsteht ein sog. *backyard capitalism.*

(2) *crs* ohne TK: Ohne TK ist eine strategische Standortwahl zur Minimierung der TK nicht sinnvoll. Dieser Fall spiegelt die neoklassischen Standardannahmen vollkommener Konkurrenz, abnehmender Grenzproduktivitäten, *crs* und kostenloser Transportmöglichkeiten wider. Wenn von physischen Standortfaktoren (*first nature*) abgesehen wird, kann die Agglomeration wirtschaftlicher Aktivitäten nicht erklärt werden (Fujita / Thisse 2002, Kapitel 1).

(3) *irs* ohne TK: Ohne TK würde eine zentralisierte Produktionsstätte an einem beliebigen Ort entstehen, die das gesamte Absatzgebiet versorgt. *irs* können voll ausgeschöpft werden, wenn die Produktion zentralisiert erfolgt.

(4) *irs* mit TK: Hier findet eine Abwägung (*trade-off*) zwischen agglomerativen und dispersiven Kräften statt. Agglomerativ wirken *irs;* dispersiv wirken positive TK. Betriebswirtschaftlich ausgedrückt steht das Marktversorgungsmotiv (horizontales Motiv) im Spannungsfeld mit dem Ausnutzen von firmeninternen Effekten in Form von Standort- und Größenvorteilen in der Produktion (vertikales Motiv). Dieser Fall ist für die NÖG relevant.

Typisch für die NÖG ist, dass sie sich auf sog. *Second-nature*-Effekte konzentriert. Damit sind endogene Agglomerationskräfte gemeint, die standortunabhängig sind. Die traditionelle Wirtschaftsgeographie beschäftigt sich hingegen v. a. mit sog. *first nature*-Effekten bzw. physischen Standortfaktoren. So können der Zugang zu Wasserwegen, eine zentrale Lage, Klimabedingungen etc. einen wichtigen Erklärungsbeitrag zur Entstehung von Agglomerationen liefern. Der große Unterschied zwischen NÖG und klassischer Wirtschaftsgeographie ist der, dass die NÖG formale mathematische Modelle verwendet, während die klassische weniger formale (oft verbale) Modelle der Wirtschaftsgeographie heranzieht.

Fujita / Thisse (2003) verbinden ein „klassisches" Zwei-Regionen-Kern-Peripherie-Modell aus der NÖG mit Erkenntnissen aus der endogenen Wachstumstheorie: In einem ersten Schritt zerfallen zwei symmetrische Regionen in eine Kernregion und eine periphere Region. Anschließend wird den asymmetrischen Regionen ein endogenes Wachstumsmodell „aufgesetzt". In einem solchen „Huckepack"-Modell entstehen relativ hohe technologische *spillovers* innerhalb der Kernregion. Es stellt sich heraus, dass die periphere Region zwar kurzfristig durch die industrielle Abwanderung verliert, sich aber bereits nach kurzer Zeit besser stellt. Grund dafür ist, dass die Kernregion Vorteile aus *irs* realisiert, welche bei geringen TK auch der Peripherie in Form niedrigerer Güterpreise zugute kommen. Eine Kern-Peripherie-Situation ist demnach kein Nullsummenspiel, sondern nutzt beiden Regionen, wobei die Kernregion überproportional profitiert. Der Wohlstand in ländlichen Regionen nimmt also zu, aber im Vergleich zu städtischen Agglomerationen nur unterproportional. Eine Wirtschaftspolitik, die Konvergenz zwischen den Regionen herzustellen versucht, wäre demnach aus volkswirtschaftlicher Sicht pareto-inferior und wachstumsschädlich. Der Abstand zwischen ländlichen und städtischen Regionen nimmt somit absolut zu, was aus Sicht der NÖG ökonomisch unbedenklich ist.

In der NÖG Modellwelt rücken positive interne Skalenerträge sowie Transportkosten im Zusammenspiel mit pekuniären Externalitäten in den Mittelpunkt der Analyse unterschiedlicher regionaler Entwicklungen. Ländliche Regionen sind in diesem Zusammenhang gegenüber Agglomerationen zwar benachteiligt, allerdings können sie von der positiven Entwicklung in Kernregionen indirekt profitieren.

4. Entrepreneurship und regionale Wissensspillovers

Die Entrepreneurshipforschung widmet sich der kleinsten wirtschaftlichen Einheit, dem Schumpeterschen Unternehmer. Die Dimension Raum spielt darin eine wichtige Rolle, da Unternehmer oft immobil sind, z. B. aufgrund ihrer sozialen örtlichen Beziehungen. Sachzwänge wie z. B. Kinder in der Schule, Trägheit, der Freundeskreis und gute Nachbarschaftsbeziehungen behindern die individuelle Mobilität. Für ländliche Regionen sprechen vor allem weiche Standortfaktoren wie eine niedrige Kriminalitätsrate oder ein hoher Freizeitwert. Weiche städtische Standortfaktoren sind das vielfältige kulturelle Angebot und der urbane Lebensstil

(Florida 2002). Offenbar befinden sich viele kreative Unternehmer nicht zufällig in als touristisch attraktiv eingestuften Städten und Regionen.

Hat ein Erfinder in einem Forschungs- und Entwicklungsbereich eines etablierten Unternehmens eine neue Idee, der er einen hohen Marktwert beimisst, so muss diese Idee aber nicht zwangsläufig vom etablierten Unternehmen kommerzialisiert werden (vgl. Acs et al. 2003). Dahinter steht die Überlegung, dass der angestellte Forscher die Position des Agenten einnimmt, während das Unternehmen die Rolle des Prinzipals übernimmt. Hat der Agent nun einen Informationsvorsprung gegenüber seinem Unternehmen und bewertet daher die Erfolgswahrscheinlichkeit seiner Idee entsprechend höher, so kann er diese Informationsasymmetrie nutzen und die Idee selbständig im Rahmen einer Neugründung weiterverfolgen. Andere typische Gründe hierfür sind, dass die Hierarchieebenen den Informationsfluss behindern und es dem Erfinder nicht gelingt, seine Idee zu vermitteln bzw. die Firma die Tragweite der Idee unterschätzt. Der Erfinder steht dann noch vor der Wahl, seine Idee wiederum selbständig im Rahmen einer Neugründung umzusetzen. Er wird dabei die ihm zufallenden (potentiellen) zukünftigen Einkünfte aus der Vermarktung seines Wissens mit dem diskontierten Einkommen im etablierten Unternehmen vergleichen. Misst er den diskontierten Zahlungsströmen aus seiner Erfindung einen höheren Wert als dem diskontierten Arbeitseinkommen aus abhängiger Beschäftigung bei, so versucht er, ein Unternehmen zu gründen. Aufgrund seiner Risikoeinstellung und seines Informationsvorsprunges wird er möglicherweise die erwarteten Gewinne aus der Vermarktung der neuen Idee höher einschätzen als das etablierte Unternehmen[2]. Darüber hinaus besteht ein Anreiz, das neu gegründete Unternehmen in der Nähe der Forschungseinrichtung anzusiedeln, um weiterhin seine sozialen Kontakte zu erhalten und so von Wissensspillovers profitieren.

Wirtschaftspolitisch eröffnet die Entrepreneurshipforschung folgende Handlungsspielräume: Potentiellen Entrepreneuren sollten keine bürokratischen Hürden in den Weg gestellt werden. Regionale Starthilfen für Unternehmensgründer, eine unbürokratische Verwaltung, Finanzierungshilfen und / oder ein funktionierender Kapitalmarkt für Venture Capital, Steueranreize für Selbständige und Infrastrukturmaßnahmen können unternehmerische Aktivitäten der Entrepreneure stimulieren. Wagner (2005) fordert in diesem Zusammenhang ein spezielles „Jugendschutzgesetz" für junge Unternehmen. Diese Mittel reichen aber sicher nicht aus. Letztlich ist die Entscheidung, ein Entrepreneur zu werden auch von persönlichen Neigungen und Einstellungen abhängig. Theoretisch und empirisch sind „Unternehmergeist" und das Konzept von „Freiheitsliebe" nur schwer fassbar. Neuere Forschungen beziehen daher psychologische Erkenntnisse in die Entrepreneurshipforschung mit ein (vgl. Audretsch / Monsen 2007).

---

2 Die Risikobereitschaft von Individuen kann z. B. durch Sozialsysteme beeinflusst werden. *Kleinhenz* (1992) spricht in diesem Zusammenhang von einem „Sicherheitsnetz" im „offenen Zirkuszelt" der Risiken und Chancen.

Die Arbeiten im Bereich Entrepreneurship machen deutlich, dass gute Rahmenbedingungen, wenig Bürokratie, Subventionen in Form von kostenloser Infrastruktur und / oder Zuschüssen die Anreize für Entrepreneure zwar verbessern können. Selbst die beste Regionalpolitik stößt jedoch an ihre Grenzen, wenn es an Unternehmergeist mangelt. Oft entscheiden daher Entrepreneure und deren zufällig gewählter Wohnsitz über die Ansiedlung neuer Unternehmen.

Neuere Entwicklungen verbinden die Entrepreneurshipforschung mit Erkenntnissen aus der Neuen Institutionenökonomik und sehen im Sozialkapital und Entrepreneurshipkapital einer Region einen zusätzlichen Produktionsfaktor (vgl. Aulinge 2006). Die Forschungen zu Innovationssystemen und Entrepreneurship ergänzen sich hier. Unternehmer profitieren von regionalen *spillovers* und Charakteristika ländlicher Regionen, die jedoch in Konkurrenz zu Urbanisierungsvorteilen in Agglomerationen stehen. Letztlich beeinflussen insbesondere individuelle Präferenzen die Standortwahl eines Entrepreneurs, der einem *trade-off* zwischen städtischen und ländlichen Standortvorteilen gegenübersteht. Eine geeignete Regionalpolitik kann hier individuelle Entscheidungen beeinflussen.

5. Regionale Innovationssysteme

Innovationen werden in der Wirtschaftswissenschaft als Neuerungen verstanden, die mit technischem, sozialem und wirtschaftlichem Wandel einhergehen. Es existiert bisher kein geschlossener, allgemein gültiger Innovationsansatz, bzw. keine allgemein akzeptierte Begriffsdefinition. Viele Definitionen heben (1) Neuheiten oder Neuerungen von Produkten oder Prozessen und (2) Veränderungen, bzw. Wechsel, die durch die Innovation zustande kommen, hervor.

Als erstes beschäftigen sich Freeman (1987, 1994) und Lundvall (1988) mit Innovationssystemen. Regionale Innovationssysteme stellen die Beziehungen der Individuen zueinander und zu Institutionen dar. Die Grenzen zur Entrepreneurshipforschung sind hierbei fließend. Durch Einbeziehung soziologischer Elemente und die soziale Einbettung – von Granovetter (1985) als *embeddedness* bezeichnet – in ein Innovationssystem wird die in der Entrepreneurshipforschung vorherrschende Mikro- um eine (regionale) Mesoebene erweitert. Fritsch (2000, S. 104) argumentiert, dass es aufgrund der Einbettung von Innovationsprozessen in ein Innovationssystem für viele Fragestellungen wenig sinnvoll sei, Innovationsaktivitäten nur eines Akteurs isoliert von diesem Innovationssystem zu analysieren. Ein Innovationssystem könne nämlich einen wesentlichen Beitrag zum Erfolg bzw. zur Effizienz der individuellen Anstrengungen leisten.

Edquist (2005) zählt folgende sechs Stärken von Innovationssystemen auf, die sie von anderen Ansätzen unterscheiden: (1) Innovationen entstehen in einem Lernprozess, (2) der Ansatz ist ganzheitlich und interdisziplinär, (3) Optimalitätskonzepte sind irrelevant, da Innovationssysteme eine historische und evolutionärökonomische Perspektive einnehmen, (4) Nichtlinearität, das Denken in evolutionären Wellen und Pfadabhängigkeiten sowie Interdependenzen, (5) Innovationen werden i.w.S. betrachtet (Produkt- und Prozessinnovationen sowie Unterkategorien davon) und (6) Innovationssysteme betonen die Rolle von Institutionen und Organisationen.

Fritsch (2003) ordnet einem regionalen Innovationssystem verschiedene Typen von Akteuren zu, die bestimmte Aufgaben im Rahmen arbeitsteiliger Innovationsprozesse übernehmen: Industriebetriebe (Zulieferer und Endprodukthersteller), Anbieter unternehmensnaher Dienstleistungen und öffentliche Forschungs- und Ausbildungseinrichtungen wie Universitäten, Fachhochschulen oder öffentlich finanzierte Forschungsinstitute. Genau solche Forschungsrichtungen sind in ländlichen Regionen selten anzutreffen. Somit sind periphere Gebiete im Nachteil gegenüber städtischen Agglomerationen. Abbildung 2 stellt in diesem Zusammenhang nochmals die Akteure (in Rechtecken) und Interaktionen (gestrichelte Linien) innerhalb eines idealtypischen regionalen Innovationssystems graphisch dar.

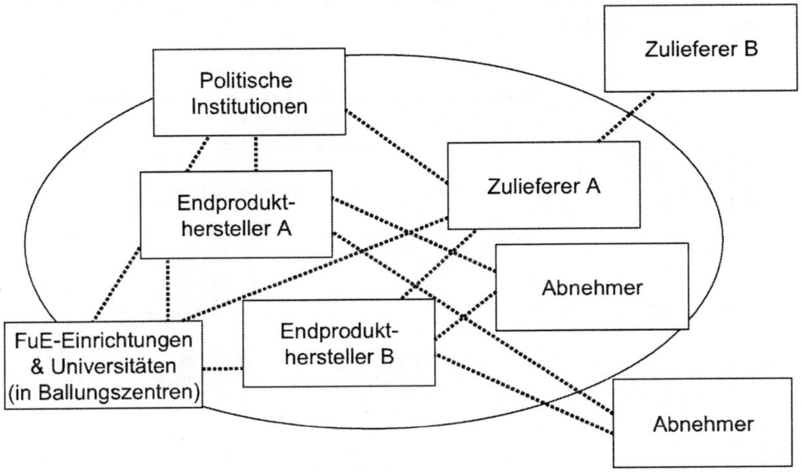

Quelle: in Anlehnung an *Heiduk* (2005, S. 198).

Abbildung 2: Idealtypisches regionales Innovationssystem: Akteure und Interaktionen

Innovationssysteme verdeutlichen die Interdependenz der Akteure, die zu Innovationen führt. Innovationen entstehen oft in Lernprozessen durch Kooperation verschiedener Akteure innerhalb eines arbeitsteiligen Innovationssystems. Verwandte Ideen sind kreative Milieus bzw. innovative Milieus, die Aydalot (1986) in Frankreich identifiziert, und die Überlegungen zu italienischen Clustern von Piore / Sabel (1984) sowie Pyke / Sengenberger (1992).

Als Schwächen dieser Forschungsrichtung nennt Edquist (2005) unklare Definitionen von Institutionen und damit zusammenhängend eine unklare räumliche

Abgrenzung. Innovationssysteme seien (noch) *undertheorized.* Unklare Definitionen und Abgrenzungen erschweren empirische Arbeiten und wirtschaftspolitische Aussagen. Unklar ist, welche Bedingungen für das Entstehen von Innovationen hinreichend sind. Viele Umstände überlagern sich und offenbar gehören auch Glück und Zufall dazu, dass bestimmte Ideen am richtigen Ort zur richtigen Zeit zusammentreffen.

Wirtschaftspolitisch ist eine staatlich verordnete Bildung von Innovationssystemen wenig Erfolg versprechend. Die engmaschige Vernetzung der Akteure trägt zur Innovationskraft eines regionalen Innovationssystems bei. Ländliche Regionen haben so gesehen Vorteile, da gerade dort soziale Vernetzungen stärker als in städtischen Ballungszentren sind.

6. Zusammenfassung

Abbildung 3 stellt die Beziehungen und Verknüpfungen der vorgestellten Forschungsrichtungen nochmals graphisch dar.

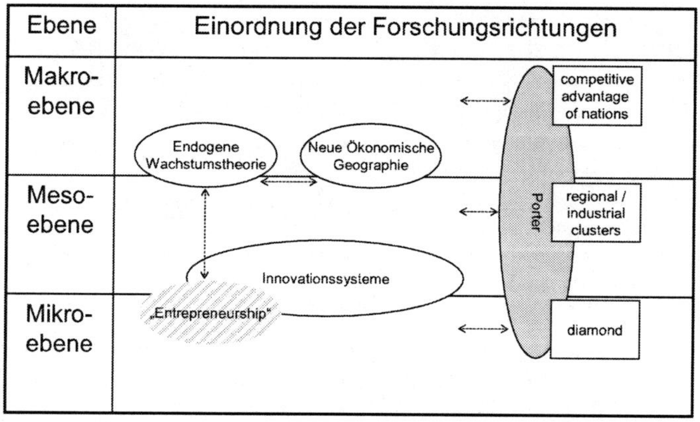

Abbildung 3: Einordnung der Forschungsrichtungen

Die Vertikale ist in eine Mikro-, (regionale) Meso- und (nationale) Makroebene unterteilt. Pfeile repräsentieren Verbindungen zwischen zwei Forschungsrichtungen, welche durch Ellipsen gekennzeichnet sind. Porters Ansatz ist grau unterlegt, um seine Sonderrolle zu betonen. Entrepreneurship ist weiß-grau schraffiert, da diese Forschungsrichtung betriebs- und volkswirtschaftliche Ansätze kombiniert. Die anderen drei weiß unterlegten Forschungsrichtungen sind volkswirtschaftlichen Ursprungs.

Porters Argumentation mit Wettbewerbsvorteilen in Clustern ist schwer in eine bestimmte Ebene oder wissenschaftliche Kategorie einzuordnen, da er viele etablierte Konzepte miteinander verbindet. Seine Aussagen zu Wettbewerbsfähigkeit sind auf allen Ebenen relevant, worauf die rechteckigen Kästen hinweisen. Auf der Makroebene lässt sich Porters (1990) *„The Competitive Advantage of Nations“* ansiedeln, die Mesoebene beinhaltet Porters (1998) Ausführungen zu *regional clusters* bzw. *industrial clusters* und das Diamantmodell (vgl. Porter 1990) zielt schließlich auf die Mikroebene ab.

Die endogene Wachstumstheorie ist im Gegensatz zu Porter ein klassischer modelltheoretischer Ansatz aus der Makroökonomie, der jedoch auch auf Mesoebene gilt. *Spillover* sind in vielen endogenen Wachstumsmodellen der Motor für Wachstum. Diese Theorie betont den Faktor Wissen, argumentiert aber im Gegensatz zu den Innovationssystemen mit traditionellen ökonomischen Gleichgewichtsmodellen.

Auf einer Mikroebene argumentiert die Entrepreneurshipforschung, die eng mit der Theorie der Innovationssysteme verbunden ist und die endogene Wachstumstheorie durch den Perspektivenwechsel ergänzt. Die Anreize für die Gründungs- und Standortentscheidung von (mobilen) Wissensträgern sowie Interaktionen der Individuen und Wissensaustausch bzw. Diffusionsmechanismen sind ein Leitmotiv dieser Forschungsrichtungen. Innovationssysteme sind im Gegensatz zur endogenen Wachstumstheorie keine Gleichgewichtsmodelle, sondern unterstellen in Schumpeterscher Tradition evolutorische Prozesse.

Die NÖG nimmt schließlich mit ihrer komparativ-statischen Sichtweise eine Außenseiterrolle gegenüber den anderen Forschungsrichtungen ein. Es gibt allerdings einzelne Ansätze, die die NÖG und die endogene Wachstumstheorie verbinden. Es erweist sich offenbar als theoretisch und empirisch schwierig, die positiven externen Effekte des Produktionsfaktors Wissen mit den pekuniären Externalitäten aus den Ballungsmodellen der NÖG zu verbinden.

Die vorgestellten wirtschaftspolitischen Aussagen der einzelnen Forschungsrichtungen konzentrieren sich oft auf städtische Ballungszentren. Ländliche Regionen werden dagegen nur selten explizit analysiert. Eine politisch gewünschte dynamische Entwicklung peripherer Regionen ist dank der vorgestellten Vorteile möglich und kann regionalpolitisch auch unterstützt werden. Erfolgreiche multinationale Konzerne (z. B. Toyota, Adidas) haben dünn besiedelte Regionen für ihre Firmenzentralen gewählt. Automobilcluster in Südostbayern (BMW, Audi und deren Zulieferer) sind beispielsweise außerhalb von Ballungszentren in einem Zusammenspiel aus betriebswirtschaftlichen und regionalpolitischen Motiven entstanden. Die Wirtschaftspolitik kann also dazu beitragen, die inhärenten Vorteile ländlicher Regionen durch Infrastrukturverbesserungen und gezielten Förderprogrammen zu flankieren.

II. Wirtschaftspolitische Implikationen

Die Standortvorteile urbanisierter Agglomerationen sind auch im Lichte der vorgestellten theoretischen Strömungen stark. Es besteht aber der politische Wille, dass annähernd gleiche Lebensbedingungen in den Regionen vorherrschen sollten. Dies entspricht dem Verfassungsauftrag, gleichwertige Lebensverhältnisse zu schaffen (vgl. Artikel 72 II Grundgesetz). Die Entstehung von Innovationszentren wird in ländlichen Regionen daher oft aus politischen Gründen gefördert. So spielen Cluster à la Porter in der regionalpolitischen Praxis auch für ländliche Regionen eine immer größere Rolle. Das britische Wirtschaftsmagazin *„The Economist"* beschreibt einen internationalen Wettlauf der Regionen um die Ansiedlung eines Clusters mit dem Wortspiel: *„Silicon envy – They all want a valley of their own."* (Economist 1999).

Innovationen sind der Schlüssel für Wachstum. Sie entstehen in einem schwer zu fassenden Zusammenspiel aus räumlich dicht konzentrierten Faktoren wie Kapital, Arbeit und Wissen. Cluster sind Orte, an denen Individuen und Institutionen vielfältig interagieren und es somit zum Austausch von Wissen und Informationen kommt und verschiedene Arten von externen Effekten zirkulieren. In einem Cluster spielen darüber hinaus Transaktionskostenersparnisse sowie Reziprozität, Vertrauen und Fairness bedingt durch räumliche Nähe eine große Rolle. Genau dies sind auch wichtige Merkmale von ländlichen Regionen. Es gibt jedoch noch kein Netzwerk- bzw. Clusterkonzept, das sich speziell ländlichen Regionen widmet. Immaterielle Vorteile ländlicher Regionen wie eine höhere Lebensqualität (Sicherheit, enge nachbarschaftliche Beziehungen, wenig Umweltverschmutzung, schöne Landschaft) sowie psychologische und soziologische Aspekte als weiche Standortfaktoren können ländlichen Regionen Vorteile gegenüber Ballungszentren verschaffen. Die Zentralen der international erfolgreichen Sporthersteller Adidas und Puma befinden sich z. B. in einem „Cluster" in Herzogenaurach, einem ländlichen Gebiet in Franken. Die soziale Verantwortung und die Mitarbeiterzufriedenheit ist hier gerade wegen der höheren Verbundenheit der Mitarbeiter und anderer weicher Standortfaktoren sehr hoch (vgl. Spiegel 2006).

Vormals strukturschwache Regionen erleben dank einer erfolgreich umgesetzten Clusterpolitik wirtschaftliche Dynamik, wie regionale Wachstumskerne in den Neuen Ländern zeigen. Sie finden breite Akzeptanz vor allem bei mittelständischen Unternehmen, so das BMBF (2004) und BMBF (2006, S. 12 f.). Eine Imitation bzw. Kopie erfolgreicher Cluster auf Initiative der Politik gelingt aber nur in seltenen Fällen, wie viele erfolglose Clusterprojekte oft in Form von größtenteils leer stehenden Gewerbeparks belegen. Die Politik kann nicht im Alleingang eine erfolgreiche Clusterbildung induzieren, sondern spielt wie bei Porters Diamant *nur* eine ergänzende Rolle.

Literaturverzeichnis

Acs, Z. / *Audretsch,* D. / *Braunerhjelm,* P. / *Carlsson,* B. (2003): The Missing Link: The Knowledge Filter in Endogenous Growth, CEPR Discussion Paper No. 4783.

Alesina, A. / *Giavazzi,* F. (2006): The Future of Europe: Reform or Decline, Cambridge: MIT Press.

Arrow, K. J. (1962): The Economic Implications of Learning by Doing, in: Review of Economic Studies, Vol. 29, 1962, S. 155–173.

Audretsch, D. / *Feldman,* M. (1996): R / D Spillovers and the Geography of Innovation and Production, in: American Economic Review, Vol. 86, No. 3 (June 1996), S. 630–640.

Audretsch, D. / *Monsen,* E. (2007): Entrepreneurship Capital: A Regional, Organizational, Team, and Individual Phenomenon, in: Discussion Papers on Entrepreneurship # 0607, Growth and Public Policy from Max Planck Institute of Economics, Group for Entrepreneurship, Growth and Public Policy, Jena.

Aulinger, A. (2006): Entrepreneurship und soziales Kapital. Netzwerke als Erfolgsfaktor wissensintensiver Dienstleistungsunternehmen, Marburg: Metropolis-Verlag.

Aydalot, P. (1986): Milieux innovateurs en Europe, GREMI, Paris.

Baumol, W. J. (2002): The Free-Market Innovation Machine: Analyzing the Growth Miracle of Capitalism, Princeton: Princeton University Press.

BMBF (2004): Innovative regionale Wachstumskerne – Ein Förderprogramm des Bundesministeriums für Bildung und Forschung für die Neuen Länder, Bonn / Berlin.

– (2006): Wachstumskerne eröffnen Perspektiven, in: Artikel in Unternehmen Region, Ausgabe 02 / 2006, BMBF Innovationsinitiative Neue Länder, ergänzend im Internet: www.unternehmen-region.de, Zugriff am 12. 03. 2007.

Cairncross, F. (2001): The death of Distance: How the Communications Revolution Will Change Our Lives, 2. Aufl., London: Texere Publishing.

Carlton, D. W. / *Perloff,* J. M. (2005): Modern Industrial Organisation, 4. ed., Boston et al.

Cooke, P. / *Heidenreich,* M. / *Braczyk,* H.-J. (2004): Regional Innovation Systems. The role of governance in a globalized world, Second Edition, London / New York: Routledge.

Dohse, D. / *Laaser,* C. / *Schrader,* J. / *Soltwedel,* R. (2005): Raumstruktur im Internetzeitalter: Tod der Distanz? Eine empirische Analyse. Kieler Diskussionsbeiträge 416 / 417, Institut für Weltwirtschaft Kiel.

Dohse, D. / *Schertler,* A. (2003): Explaining the Regional Distribution of New. Economy Firms – A Count Data Analysis; Dezember 2003, Kiel Working Paper 29–1193.

Economist (1999): Silicon envy.

Edquist, C. (2001): The systems of Innovation Approach and Innovation Policy: An account of the state of the art. Lead Paper presented at the DRUID Conference, Aalborg, June 12–15, 2001.

– (2005): Systems of Innovation. Perspectives and Challenges, in: The Oxford Handbook of Innovation, Fagerberg, J. / Mowery D. C. / Nelson R. (ed.), Oxford / New York: University Press, S. 181–208.

Florida, R. (2002): The rise of the Creative Class and How It's Transforming Work, Leisure, Community, and Everyday Life, New York: Basic Books.

Freeman, C. (1987): Technology Policy and Economic Performance: Lessons from Japan, London: Pinter.

– (1994): The Economics of Technical Change, in: Cambridge Journal of Economics, Oxford 1994, Vol. 18, Issue 5; S. 463 – 515.

Fritsch, M. (2000): Ansatzpunkte und Möglichkeiten zur Verbesserung regionaler Innovationsbedingungen – Ein Überblick über den Stand der Forschung, in: Hirsch-Kreinsen, H. / Schulte, A. (Hrsg.): Standortbindung – Unternehmen zwischen Globalisierung und Regionalisierung, Berlin, S. 103 – 128.

– (2003): Die Verwertung und Erzeugung von Wissen im regionalen Innovationssystem, in: Bröcker, J. (Hrsg.): Globale Kommunikation und lokales Handeln – Herausforderungen und Chancen – Beiträge zu den August-Lösch Tagen 2002, Heidenheim 2003.

Fujita, M. / *Thisse,* J.-F. (2002): Economics of Agglomeration. Cities, Industrial Location, and Regional Growth, Cambridge.

– (2003): Does geographical agglomeration foster economic growth? And who gains and loses from it? In: The Japanese economic review, Vol. 54, No. 2 June 2003, S. 121 – 145.

Granovetter, M. (1985): Economic action and social structures: the problem of embeddedness, in: American Journal of Sociology, 91, 3, S. 481 – 510.

Heblich, S. (2007): Tying it altogether: The impact of Social Ties on Knowledge Diffusion, in: Heblich, S. (2007): Eigenverantwortliche Individuen und Pro-Aktive Unternehmen, Dissertation an der Universität Passau, S. 126 – 134. URL: http: // www.opus-bayern.de / uni-passau / volltexte / 2007 / 94 / .

Heckscher, E. (1919): The Effects of Foreign Trade on the Distribution of Income, in: Readings in the Theory of International Trade, London (1966)

Heiduk, G. (2005): High-Tech Cluster, Information und Spill-Over, in: Außenwirtschaft. Theorie, Empirie und Politik der interdependenten Weltwirtschaft, Heidelberg.

Hippel, E. von (1994): Sticky Information and the Locus of Problem Solving: Implications for Innovation, Management Science, 40, 429 – 439.

Jacobs, J. (1969): The Economy of Cities, New York: Random House.

Jaffe, A. B. / *Trajtenberg,* M. / *Henderson,* R. (1993): Geographic Localization of Knowledge Spillovers as Evidenced by Patent Citations, Quarterly Journal of Economics, 63, 577 – 598.

Jones, C. (2002): Introduction to Economic Growth, 2. Aufl., New York / London: Norton & Co.

Kleinhenz, G. D. (1992): Die Zukunft des Sozialstaats, in: Hamburger Jahrbuch für Wirtschafts- und Gesellschaftspolitik, 37. Jg., S. 43 – 71.

Krogh, G. von / *Ichijo,* K. / *Nonaka,* L. (2000): Enabling Knowledge Creation: How to Unlock the Mystery of Tacit Knowledge and Release the Power of Innovation, Oxford / New York: Oxford University Press.

Krugman, P. (1991): Geography and Trade, Leuven / Cambridge (MA): MIT Press.

– (1995): Development, Geography, and Economic Theory, Cambridge (MA): MIT Press.

Lissoni, F. (2001): Knowledge codification and the geography of innovation: the case of Brescia mechanical cluster, in: Policy Research 30, 2001, S. 1479 – 1500.

Litzenberger, T. (2007): Cluster und die New Economic Geography. Theoretische Konzepte, empirische Tests und Konsequenzen für Regionalpolitik in Deutschland. Europäische Hochschulschriften Volks- und Betriebswirtschaft, Vol. 3228.

Lundvall, B.-A. (1988): Innovation as an Interactive Process: From user-producer interaction to the national system of innovation, in: Dosi, G. / Freeman, C. / Nelson, R. / Silverberg, G. / Soete, L. (Hrsg.): Technical Change and Economic Theory, London / New York, S. 349 – 369.

Marshall, A. (1890): Principles of Economics, London 1st edition 1890, Guillebauded, G. W. (ed.), Macmillan and Co. (1961).

Martin, R. / *Sunley,* P. (2003): Deconstructing Clusters: chaotic concept or policy panacea? In: Journal of Economic Geography, 3, 2003, S. 5 – 35.

Nonaka, I. / *Takeuchi,* H. (1995): The knowledge-creating company: How Japanese companies create the dynamics of innovation, Oxford / New York: Oxford University Press.

Ohlin, B. (1933): Interregional and International Trade, Cambridge (MA): Harvard University Press, Revised Version (1968).

Pflüger, M. / *Südekum,* J. (2005): Die Neue Ökonomische Geographie und Effizienzgründe für Regionalpolitik, in: DIW Berlin, Vierteljahreshefte zur Wirtschaftsforschung, 2005, 1, S. 26 – 46.

Piore, M. / *Sabel* (1984): The Second Industrial Divide: Possibilities for Prosperity, New York: Basic Books Inc.

Polanyi, M. (1958): Personal Knowledge: Towards a post-critical philosophy, Chicago: University of Chicago Press.

Porter, M. (1990): The Competitive Advantage of Nations, New York: Free Press.

– (1998): On competition, Boston: Harvard Business School Press.

Pyke, F. / *Sengenberger,* W. (1992): Industrial districts and local economic regeneration, International Institute for Labour Studies, Genf.

Ricardo, D. (1817): On the Principles of Political Economy and Taxation, London 1817, Reprint: Georg Olms Verlag, Hildesheim (1977).

Romer, P. (1986): Increasing returns and long-run growth, in: Journal of Political Economy, 94(5), S. 1002 – 37.

Schumpeter, J. A. (1946): Capitalism, Socialism, and Democracy, New York.

Solow, R. (1956): A Contribution to the Theory of Economic Growth, in: Quarterly Journal of Economics, 70, February 1956, S. 65 – 94.

Spiegel 2006, Nr. 46: „Sportartikel Warme Mahlzeiten", S. 106.

Wagner, J. (2005): Weniger Reglementierung für junge Firmen, in: Handelsblatt, 11. Oktober 2005, S. 11.

Wied-Nebbeling, S. / *Schott,* H. (2001): Grundlagen der Mikroökonomik, 2. Aufl., Berlin: Springer.

Investitionen im ländlichen Raum – Determinanten und der Beitrag von Gründungen

Von Jutta Hübscher

I. Einleitung

Die Anpassungsprobleme des ländlichen Raumes bilden nach wie vor ein aktuelles wirtschaftspolitisches Problem. Unteilbarkeiten in der Produktion, steigende Skalenerträge sowie Anpassungsmängel durch mangelnde Mobilität der Bevölkerung führen zu selektiver Abwanderung aus dem ländlichen Raum. Die zurückbleibenden Ressourcen, vor allem die Arbeitskraft der nicht mobilen Bevölkerungsteile, bleiben zum Teil ungenutzt. Ausgleichend wirkende Einflüsse wie günstigerer Grund und Boden oder auch günstigere Arbeit im ländlichen Raum, welche früher zu Betriebsansiedlungen im „Hinterland" der Städte führten, wirken zwar heute auch noch, allerdings auf globaler Ebene. Das neue Hinterland sind die mit der Osterweiterung der EU im Mai 2004 in den gemeinsamen Wirtschaftsraum aufgenommenen osteuropäischen Staaten oder gar der asiatische Raum. Insbesondere der Lohnkostendruck und das Fördergefälle innerhalb der EU stellen für die Beteiligten auf deutscher Seite eine Herausforderung dar. Zudem ist einerseits mit der wohlstandsinduzierten Einwanderung von Arbeitskräften nach Westeuropa zu rechnen, andererseits besteht für ansässige Betriebe aufgrund des Lohn- und Fördergefälles der Anreiz einer Abwanderung in den Osten. Diese Entwicklungen betreffen zwar ganz Deutschland, werden aber aufgrund der räumlichen Nähe zu den neuen Mitgliedern der EU insbesondere in den Grenzregionen gefürchtet. Dies gilt auch für das im Dreiländereck Deutschland, Österreich und Tschechien gelegene Ostbayern, welches, kaum erholt von der jahrzehntelangen Randlage am Eisernen Vorhang, nun vor einer neuen Herausforderung steht und als solches eine regionalpolitisch besonders interessante Datengrundlage für diesen Beitrag liefert.

Die Regionalpolitik versucht dem empirisch zu beobachtenden Nachfrage-Engpass in vielen ländlichen Arbeitsmärkten aufgrund des Strukturwandels vor allem in alt-industriellen Regionen neben wachstums-, bildungs- und infrastrukturpolitischen Maßnahmen durch Industrieansiedlungen, Investitionsförderung und auch durch die Förderung von Unternehmensgründungen zu begegnen. Während Industrieansiedlungen als meist subventionsinduzierte Umsiedlungen bestehender Unternehmen und Investitionen bestehender Unternehmen in strukturschwachen

Gebieten schon seit langem durch klassische Regionalfördermittel subventioniert werden, sind Unternehmensgründungen als komplett neue Kombination von Ressourcen erst in den letzten Jahren verstärkt ins Interesse der Regionalpolitiker gerückt, obwohl deren Beitrag zur langfristigen Schaffung von neuen Arbeitsplätzen, zum Strukturwandel und für Wettbewerb seit langem in der Fachwelt anerkannt ist. Für die niederbayerische Grenzregion hatte schon Kleinhenz (1985, S. 9) im Rahmen der Diskussion der Zonenrandproblematik auf die Förderung von Unternehmensgründungen als einen zentralen Ansatzpunkt für die wirtschaftliche Entwicklung der Region hingewiesen. Gründungen eignen sich auch insbesondere deshalb als Instrument der Regionalpolitik, weil sie mehrheitlich am Wohnsitz des Gründers stattfinden und so Wertschöpfung in der Region erbringen bzw. den Standortwünschen der ansässigen Bevölkerung über das Angebot von Beschäftigungsmöglichkeiten entgegen kommen.

Geht man nun davon aus, dass die Ansiedlung bestehender Industriebetriebe zwar hohe Multiplikatoreffekte hervorbringen kann, aber entsprechende Verlagerungswünsche von Unternehmen voraussetzt und sich die Region mit teuren Förderversprechen gegenüber ebenfalls ansiedlungswilligen konkurrierenden Regionen durchsetzen muss, so verbleiben für das regionalpolitische Tagesgeschäft im wesentlichen die Investitionsförderungen für bereits ansässige Unternehmen und Gründungsförderungen. Im Hinblick auf einen effektiven und effizienten Mitteleinsatz in der Regionalpolitik möchte dieser Beitrag nun eine auch empirisch fundierte Antwort auf folgende Fragen geben: Gibt es der Regionalpolitik zugängliche regionalspezifische Faktoren, die Investitionsentscheidungen im ländlichen Raum begünstigen? Und zweitens, welches Investitionsvolumen können Gründungen im ländlichen Raum mit ihrem Startkapital leisten?

II. Investitionen und Entwicklung des ländlichen Raumes in der Literatur

1. Regionale Entwicklung

Das Potenzial für die wirtschaftliche Prosperität ländlicher Räume wird zumeist an den Regionalentwicklungstheorien gemessen. Ein statischer Ansatz, der die Vor- und Nachteile von Regionen explizit thematisiert, ist die klassische Standorttheorie. Sie wurde 1909 von *Weber* mit einer deduktiven Analyse des kostenminimalen Standorts begründet und bis in die fünfziger Jahre weiterentwickelt, vgl. Isard (1956). Der rational handelnde Unternehmer wird den Standort seines Unternehmens und damit seiner Investitionen dort wählen, wo die standortbedingten Kosten für Rohstoffe und Faktoren aufgrund ihrer Verfügbarkeit und die standortbedingten Erlöse aufgrund von Nachfrage, Kaufkraft und Konkurrenzsituation inklusive Transportkosten ein Optimum bilden, vgl. Schätzl (2001, S. 30 ff.). Unternehmensansiedlungen, -gründungen und Investitionen finden also dort statt, wo die höchste Rendite für die Investition erwartet werden kann. Die klassische Standorttheorie nimmt jedoch eine Persistenz der Standortvorteile an. In dynamischer Sicht können sich Standortvorteile aber durch sich ändernde Knappheitsverhältnisse vermindern, aber auch verfestigen. Die Änderung der Knappheitsverhältnisse kann z. B. auf die Mobilität der Faktoren, sich verändernde Präferenzen der Nachfrager, aber auch auf Änderungen in der Marktstruktur durch den Zutritt von Gründungen zurückzuführen sein. Damit stellt sich die Frage nach der Stabilität der von der klassischen Standorttheorie identifizierten raumdifferenzierenden Faktoren im Regionalentwicklungsprozess. Es ist daher ein weiterer regionalökonomischer Ansatz hinzuzuziehen, der der dynamischen Natur des Wirtschaftslebens gerecht wird.

Das Zentrum-Peripherie-Modell von Krugman (1991) ist in der Lage, modellendogen sowohl dynamische Konvergenz- als auch Divergenztendenzen zu erklären, und dies zusätzlich sowohl für aus historischen Gründen agglomerierte wie auch für nicht-agglomerierte Regionen. Ursächlich für den dynamischen kumulativen Prozess im Modell ist das Zusammenspiel der zentripetalen sowie zentrifugalen Kräfte von Skalenerträgen, Transportkosten und dem Anteil der mobilen Bevölkerung. Dabei wirken hohe Skalenerträge und ein hoher Anteil mobiler Bevölkerung konzentrationsfördernd, während Transportkosten der Konzentration über eine Erhöhung des Preisindexes für Industriegüter auf dem Land entgegenwirken. Agglomeration führt über höhere Reallöhne schließlich für weite Transportkostenbereiche zu divergenter ökonomischer Entwicklung der Regionen. Aufgrund des bei realistischen Parameterausprägungen selbstverstärkenden Konzentrationsprozesses finden Unternehmensgründungen und allgemein Investitionen von rationalen Unternehmern im Zentrum statt, da hier die meisten Nachfrager mit minimalen Transportkosten erreicht werden können. Gemäß dem Zentrum-Peripherie-Modell von Krugman (1991) verbleiben dem ländlichen Raum nur noch die Investitionen des nicht mobilen Teils der Bevölkerung, in der Modellwelt von Krugman, der Landwirte.

Allerdings nehmen sowohl die klassische Standorttheorie als auch das Zentrum-Peripherie-Modell den nach Gewinnmaximierung strebenden rationalen Unternehmer (homo oeconomicus) an. In der Realität sind jedoch weitere Ziele außerhalb der Gewinnmaximierung, wie z. B. das Streben nach Selbstbestimmung und Freiheit im Erwerbsleben durchaus entscheidungsrelevant und möglicherweise konträr zum Ziel der Gewinnmaximierung. Gerade im Kontext von Unternehmensgründungen ist festzustellen, dass die Gründung oftmals nicht am optimalen Standort, sondern am bisherigen Wohn- oder Arbeitsort des Gründers stattfindet. Insofern können Investitionen durch Unternehmensgründungen eher auch in wirtschaftlich schwächeren Regionen erwartet werden, während über Investitionen von größeren Unternehmen hinsichtlich des optimalen Standorts viel eher streng rational entschieden werden dürfte.

2. Regionalpolitische Maßnahmen

Da die Regionalentwicklungstheorien verstärkte Konzentration der wirtschaftlichen Aktivität und damit eher spärliche Investitionen im ländlichen Raum vorhersagen, stellt sich nun die Frage nach der Notwendigkeit und schließlich der Form regionalpolitischer Eingriffe in den Wirtschaftsprozess. Die regionale Wirtschaftspolitik dient der Verwirklichung der gesellschaftlichen Oberziele Freiheit, Gerechtigkeit, Sicherheit und Frieden in allen Teilräumen, vgl. Tuchtfeldt (1993). Da insbesondere das Freiheitsziel in seiner materiellen Form, also die (finanzielle) Möglichkeit, an gesetzlich garantierten Freiheiten auch teilhaben zu können, Wohlstand voraussetzt, müssen zu dessen Mehrung die freien Entscheidungen der Individuen so koordiniert werden, dass knappe Ressourcen effizient genutzt werden können. Dies geschieht effizient über den Koordinationsmechanismus des Marktes, welcher durch die Institutionen der Wirtschaftsordnungspolitik in seinem Bestand gesichert wird. Kann der Markt in bestimmten Fällen seine Allokationsfunktion nicht erfüllen, so muss die Wirtschaftspolitik zur Erfüllung der gesellschaftlichen Oberziele die Funktionsfähigkeit des Marktprozesses verbessern. Dem liegt die Annahme zugrunde, dass der Staat fähig ist, ein allokativ besseres und distributiv erwünschtes Ergebnis herbeizuführen, also Staatsversagen nicht zu erwarten ist.

Da die Wirtschaftsordnungspolitik und auch die Grundlagenpolitik, welche die Rahmenbedingungen des wirtschaftlichen Geschehens setzen, im wesentlichen auf überregionaler Ebene stattfinden, stehen für die Regionalpolitik hauptsächlich die Felder der Strukturpolitik, also z. B. der Mittelstands- und Existenzgründungsförderung sowie der Wachstumsförderung durch Innovationsförderung offen. Die häufigste Form der Förderung ist die Subventionierung, welche naturgemäß Kosten verursacht und auf dem Markt, der von der Steuererhebung betroffen ist, sowie auf dem Markt des Fördermittelempfängers den Wettbewerb verzerrt. Da jedoch in der marktwirtschaftlichen Ordnung das Primat des Wettbewerbs gilt, wonach korrigierende Eingriffe des Staates zur Verwirklichung der Oberziele nur subsidiär und systemkonform erfolgen sollen, vgl. Kleinhenz (1991), bedürfen derartige Interventionen des Staates in den Marktprozess einer allokativen oder distributiven Begründung.

Im regionalpolitischen Zusammenhang werden externe Effekte, Unteilbarkeiten, daraus entstehende Vermachtungen und Anpassungsmängel als Ursachen für Fehlallokationen von Ressourcen diskutiert, vgl. Klaus / Schleicher (1983) sowie Fürst / Klemmer / Zimmermann (1976). Externe Effekte sind dadurch gekennzeichnet, dass die sozialen und privaten Kosten individuellen Handelns auseinander fallen, also die Lenkung über den Preismechanismus unvollkommen ist. Insbesondere in Zentren führen Agglomerationsvorteile zu steigender Verdichtung der Bevölkerung und damit auch zu steigenden sozialen Kosten vor allem im Umwelt- und Verkehrsbereich, während auf dem Land aufgrund der Entzugseffekte des Zentrums Ressourcen brach liegen und somit Entwicklungspotenziale unausgeschöpft bleiben. Diese Argumentation unterstellt allerdings die Existenz eines Ballungsoptimums, dessen empirische Bestimmung zur Ableitung regionalpolitischer Maßnahmen der Internalisierung externer Effekte kaum möglich sein dürfte. Insofern ist die Argumentation mithilfe externer Effekte zur Rechtfertigung regionalpolitischer Maßnahmen um griffigere Kriterien zu ergänzen.

Eine mögliche Erklärung der Abwanderung ländlicher Bevölkerungsteile ins Zentrum besteht in der Existenz von Unteilbarkeiten in der Produktion. Steigende Skalenerträge legen eine Konzentration der Produktion auf immer weniger Standorte nahe, vgl. Fürst / Klemmer / Zimmermann (1976, S. 10). In diesen Unteilbarkeiten ist jedoch kein Marktversagen zu sehen, solange keine monopolistischen Tendenzen erkennbar sind, sondern gerade im Gegenteil die Aufgabe des Marktes, die Produktionsfaktoren ihrer produktivsten Verwendung zuzuführen. Insofern sind Agglomerationstendenzen ökonomisch erwünscht, weil allokativ effizient. Der Anpassungsprozess aufgrund der Signale des Preismechanismus verläuft aufgrund eingeschränkter Faktormobilität allerdings nicht reibungslos. Während der Faktor Kapital nach vollständiger Abschreibung von Investitionen noch als einigermaßen mobil angesehen werden kann, bestehen erhebliche Mobilitätseinschränkungen beim Faktor Arbeit. Einerseits unterbleibt gewünschte Anpassung, weil in ländlichen Gegenden weit verbreitetes Eigentum an Immobilien aufgrund dessen eher niedrigen Werts einen starken Beharrungsfaktor darstellt, andererseits vollzieht sich die Abwanderung selektiv; der ländliche Raum wird tendenziell von jüngeren, höherqualifizierten Menschen verlassen und unterliegt damit sozialer Erosion, vgl. Klaus / Schleicher (1983, S. 8 f.).

Aus ökonomischer Sicht ist selektive Abwanderung insofern problematisch, als zwar die migrierenden Faktoren einer allokativ effizienten Verwendung zugeführt werden, die zurückbleibenden Faktoren aber im schlimmsten Falle überhaupt keine produktive Verwendung mehr erfahren können und brach liegen, da möglicherweise Komplementaritäten mit den abgewanderten Faktoren bestehen. In Abhängigkeit vom Niveau der Handelskosten kann der Markt also zu Über- bzw. Unteragglomeration gemessen am allokativen Optimum führen, vgl. Pflüger / Südekum (2005, S. 40 f.). Per Saldo ist damit aufgrund der Anpassungsmängel nicht unbedingt mit einer allokativen Verbesserung zu rechnen. Die Beurteilung der selektiven Abwanderung zeigt zudem die Grenzen der Wohlfahrtsökonomie auf: Mit diesem Ansatz lassen sich – abgesehen von pareto-optimaler Umverteilung bei individuellen Nutzeninterdependenzen – nur allokative Wirkungen, nicht aber distributive Aspekte, analysieren.

Fragen der Gerechtigkeit als grundlegender gesellschaftlicher Wert werden in der gesellschaftspolitischen Strömung der Begründung regionalpolitischer Maßnahmen in der sozialen Marktwirtschaft erörtert. Ländliche Gebiete sind durch einen zunehmenden Verlust der Lebensgrundlage gekennzeichnet, da landwirtschaftliche Produktion an Wettbewerbsfähigkeit verliert und fehlende Arbeitsmöglichkeiten in der Industrie sowie Wertverlust von Immobilien der ländlichen Bevölkerung, vgl. Glasmeier (2000, S. 559 und 574) die verfassungsmäßig garantierte Chancengleichheit (Art. 3 GG) sowie Gleichheit der Lebensverhältnisse

(Art. 72 II GG) raubt. Diese Argumentation lässt dabei ein gewisses Gefälle von wirtschaftlicher Aktivität und Wohlstand im Raum durchaus zu, denn auch unter größtem regionalpolitischen Mitteleinsatz können und sollen historische und natürliche Charakteristika des Raums nicht eingeebnet werden. Unter distributiven Gesichtspunkten ist es aber Aufgabe der Regionalpolitik, zumindest eine Milderung der regionalen Disparitäten zu bewirken. Regionalpolitik soll also auch als regulierendes Prinzip der sozialen Marktwirtschaft die Voraussetzungen für eine angemessene Lebensqualität in allen Teilräumen schaffen und dabei auf Unterschiede der Wirtschaftsstruktur, des Arbeitsmarktes und der Infrastruktur ausgleichend einwirken.

Nachdem nun die Notwendigkeit regionalpolitischer Eingriffe in einer marktwirtschaftlichen Wirtschaftsordnung hinreichend normativ begründet wurde, soll nun kurz auf regionalpolitische Maßnahmen und die Implikationen der Regionalentwicklungstheorie für diese Maßnahmen eingegangen werden. Der Katalog regionalpolitischer Maßnahmen umfasst z. B. die Bereiche Mittelstands-, Wachstums- und Technologieförderung, Bildungsmaßnahmen, Infrastrukturmaßnahmen, Projekte zur Vernetzung der regionalen Akteure und viele andere Förderungen mit regionalem Bezug, vgl. für eine neuere Bewertung Heimpold (2004). Für diesen Beitrag sind insbesondere die Maßnahmen zur Ansiedlung von bestehenden Unternehmen, Förderung von Investitionen bereits ansässiger Unternehmen und die Förderung von Unternehmensgründungen relevant. Dabei lassen sich die Bemühungen, Unternehmen, Forschungseinrichtungen oder Behörden im ländlichen Raum anzusiedeln, der exogenen Strömung der Regionalpolitik zuordnen. Während das hierzu grundlegende Export-Basis-Konzept noch auf außerregionales Einkommen zur Entwicklung der Region zurückgreift, impliziert die neuere Strömung der endogenen Entwicklung regionalpolitische Maßnahmen, die das endogene Entwicklungspotenzial der Region ausschöpfen. Es gilt, Engpässe mittels Rückgriff auf vorhandene regionale Vorteile in der Faktorausstattung, in der Nachfrage, in der Unternehmenskooperation, durch Wissensspillover und nicht zuletzt durch Nettoinvestitionen in der Region ansässiger Unternehmen zu überwinden.

Ob mit der verstärkten Ausschöpfung des endogenen Potenzials ländlicher Regionen auch sich selbstverstärkende, kumulative Entwicklungsprozesse innerhalb der Region ausgelöst werden können, hängt bei Zugrundelegung des Zentrum-Peripherie-Modells von Krugman (1991) vom Überschreiten eines Schwellenwerts der Entwicklung ab: Nach Baldwin et al. (2003, S. 227 ff.) können geringfügige regionalpolitische Maßnahmen entweder gar keine Wirkung zeigen, weil der Schwellenwert durch die jeweilige Maßnahme nicht überschritten wird, oder aber mit Überschreiten der Schwelle je nach Ausgangspunkt sehr starke Effekte derselben Maßnahme verzeichnet werden. Determinante der Schwellenwerte ist dabei der Grad der Transportkosten zwischen den Regionen. Insgesamt ist aufgrund der genannten Effekte die Wirkung von regionalpolitischen Maßnahmen nur schwer abzuschätzen, da die Nähe zum Schwellenwert oftmals nicht bekannt sein wird.

Damit kann es aber nicht Ziel der Politik sein, ländliche Regionen unter maximaler Aufwendung knapper Steuermittel soweit zu fördern, dass der faktisch unbekannte Schwellenwert der kumulativen Entwicklung überschritten wird. Vielmehr ist im Sinne der Ausschöpfung des endogenen Potenzials die Politik darauf auszurichten, Engpässe insbesondere hinsichtlich der Arbeitsnachfrage zu überwinden. Dies kann einerseits durch kostenintensive Ansiedlungen von Unternehmen geschehen. Andererseits kann dies relativ kostengünstig durch Gründungsförderung und die Induktion von privaten Nettoinvestitionen bereits ansässiger Unternehmen geschehen, sodass Arbeitsplätze in bestehenden Unternehmen der Region erhalten oder neu geschaffen werden können. Dazu sind aber Kenntnisse hinsichtlich der Entscheidungskriterien bei Investitionen und der Möglichkeiten zur entsprechenden Verhaltenssteuerung vonnöten.

3. Investitionen in der Literatur

Investitionen als langfristige Kapitalbindung zur Erwirtschaftung von Erträgen sind zunächst noch näher zu definieren. In dieser Arbeit werden unter Investitionen Bruttoinvestitionen verstanden, also sowohl durch Abschreibungen verursachte Ersatz- als auch darüber hinausgehende Erweiterungsinvestitionen (Nettoinvestitionen). Denn beide Arten der Investition erhalten bzw. schaffen Potenzial für die Erwirtschaftung von Wohlstand in der ländlichen Region. Auch Gründungsinvestitionen durch Unternehmensgründungen sowie Ansiedlungen bestehender Unternehmen fallen unter den Investitionsbegriff dieser Arbeit. Die Ansiedlung von bestehenden Unternehmen wird dabei in der Literatur hauptsächlich unter dem Gesichtspunkt der Direktinvestitionen auf internationaler, nicht regionaler Ebene diskutiert, vgl. z. B. Nunnenkamp (2006) und die dort genannte Literatur. Schließlich ist noch zwischen privaten und öffentlichen, vor allem Infrastruktur-Investitionen zu unterscheiden. Hier soll es nur um die Investitionsneigung der Privaten im ländlichen Raum gehen.

In der volkswirtschaftlichen Literatur werden Investitionen vor allem als Bestandteil makroökonomischer Modelle betrachtet. Diese Arbeiten beleuchten modelltheoretisch die Zusammenhänge zwischen hoch aggregierten Größen wie Wertschöpfung, Pro-Kopf-Einkommen, Konsum, Investition, Staatsverschuldung etc., vgl. z. B. für ausländische Direktinvestitionen Sanna-Randaccio (2002). Eine der wenigen empirischen Arbeiten auf regionaler Ebene ist die von Martinez-Lopez (2006), der für spanische Regionen einen positiven Effekt von öffentlichen Investitionen auf die Induktion von privaten Investitionen ermittelt. Eine andere Strömung wendet sich der Evaluation von Fördermaßnahmen zu, also der Frage, in welchem Umfang staatliche Fördermittel private Investitionen induzieren konnten, z. B. Hartmann (1982), Kulicke et al. (1993), Ifo-Institut (1994) oder für EU-Mittel Rodriguez-Pose / Fratesi (2004). Eine Evaluation der Gemeinschaftsaufgabe „Verbesserung der regionalen Wirtschaftsstruktur" findet sich in Lammers / Niebuhr

(2002). Diesem Forschungsdesign ist jedoch immanent, dass die Erhöhung der Investitionsneigung durch Fördermittel nicht untersucht werden kann, da zumeist nur Informationen über die Maßnahmeteilnehmer, nicht aber über die Grundgesamtheit vorliegen.

An der Grenze zwischen volkswirtschaftlichen und betriebswirtschaftlichen Fragestellungen liegt die Steuerwirkungsanalyse. Hier werden vor allem Wirkungen der Gewinnbesteuerung auf die Investitionsneigung untersucht, vgl. Stille (1980) oder Ahlhoff (1978). Diese Arbeiten umfassen aber auch die rein betriebswirtschaftlichen Fragestellungen wie die Investitionsentscheidung selbst, wann Investitionen sich lohnen und wie diese optimal zu finanzieren sind. Auch die Frage, ob eine Finanzierung angesichts der gegebenen Bonität und des Zinssatzes möglich bzw. sinnvoll ist, wird von dieser Strömung der Literatur diskutiert.

Die Investitionen von Gründungen beschränken sich finanzierungsseitig zunächst auf das Startkapital. In der Gründungsforschung werden vorwiegend die Finanzierungsprobleme junger Unternehmen diskutiert, vgl. Schulz (2000) oder Hunsdiek / May-Strobl (1986). Aus eher volkswirtschaftlicher Perspektive werden Investitionen von Gründungen durch das Gründungsgeschehen abgebildet, welches Aussagen über die Standorte und Häufigkeiten von Gründungen trifft, vgl. Fritsch / Falck (2004) und Brixy / Niese (2004), und damit Schlüsse auf die Gründungsinvestitionen zulässt.

Abgesehen von der Gründungsliteratur sowie der Evaluation von Fördermitteln ist die Literatur zum Investitionsgeschehen eher theoretisch denn empirisch orientiert. Empirische Arbeiten zu den Determinanten der Investitionsneigung im ländlichen Raum sind der Autorin unbekannt. Insbesondere die regionalpolitischen Möglichkeiten einer Verhaltenssteuerung der regionalen Unternehmen hin zu mehr Investitionen zur Ausschöpfung des endogenen Potenzials werden zwar theoretisch häufig unter den Stichworten Förderung, Innovation, Bildung, Vernetzung, Cluster etc. im Rahmen der Regionalentwicklungsliteratur, s. o., diskutiert, sind aber empirisch wohl noch nicht untersucht worden.

II. Regionalspezifische Determinanten von Investitionen

1. Ostbayerische Unternehmen

Investitionen werden von den Unternehmen, in ländlichen wie in städtischen Gebieten, dann durchgeführt, wenn die erwartete Rendite bei gegebenem Risiko die Kosten der Investition übersteigt. Rendite, Risiko und Kosten einer Investition variieren aber regional. Damit gibt es Regionen, in welchen verstärkt privat investiert wird, und solche, in welchen private Investitionen spärlicher erfolgen. Dies ist insbesondere im ländlichen Raum der Fall. Renditen liegen aufgrund von eher geringerer Kaufkraft und hohen Transportkosten niedriger, die Risiken einer Amortisation von spezifischen Investitionen sind aufgrund von fehlender kritischer

Masse im potenziellen Nachfragepool noch einmal höher als in städtischen Gebieten, und auch die Kosten bis zur Implementation der Investition können auf dem Lande aufgrund von Informationsschwierigkeiten und langen Wegen höher sein. Lediglich die Finanzierung der Investition könnte in ländlichen Gebieten aufgrund guter persönlicher Kontakte zur Hausbank einfacher vonstatten gehen. Geht man aber nun davon aus, dass im ländlichen Raum aufgrund positiver externer Effekte zu wenige Investitionen erfolgen, so stellt sich aber aus der Perspektive der bestmöglichen Ausschöpfung regionaler endogener Entwicklungspotenziale die Frage, ob die genannten investitionshemmenden Faktoren durch regionalpolitische Maßnahmen überkommen werden können. Denn auch im ländlichen Raum sollte es einige bislang nicht durchgeführte Investitionsprojekte geben, welche nur knapp unrentabel sind und deshalb durch die Setzung von geringen Impulsen in den rentablen Bereich überführt werden könnten. Ob durch die zusätzlich ausgelösten Investitionen auch die Schwelle zum Auslösen eines kumulativen Entwicklungsprozesses überschritten werden kann, ist ex ante nicht prognostizierbar.

Die Ausschöpfung des endogenen Entwicklungspotenzials durch regionalpolitische Maßnahmen muss jedoch effizient erfolgen. Es geht nicht darum, unkontrolliert die Investitionsneigung der Unternehmer zu erhöhen und zu Investitionen anzureizen, die Unternehmer bereits zuvor für nicht sinnvoll erachtet haben. Vielmehr geht es darum, die Gegebenheiten so zu steuern, dass einige der von den Unternehmern bereits in Betracht gezogenen Projekte rentabel werden. Maßnahmen zur Investitionsförderung können daher bei der Rendite, dem Risiko oder den Kosten der Investition ansetzen.

Die klassische Maßnahme zur Erhöhung der Rendite auf das eingesetzte Kapital sind Fördermittel. Verlorene Zuschüsse verursachen keine Kapitalkosten, sieht man von den Transaktionskosten der Beschaffung ab, und vermindern c.p. das privat eingesetzte Kapital. Verbilligte Kredite vermindern zumindest die Kapitalkosten und erhöhen so die erwartete Rendite der Investition. Die Verfügbarkeit von Fördermitteln sollte also die Investitionsneigung der Unternehmer im ländlichen Raum erhöhen. Jedoch ist aus der niederbayerischen Gründerstudie von Hübscher (2007, S. 222 ff.) und auch aus der diese Ergebnisse berücksichtigenden Befragung ostbayerischer Unternehmer von Kleinhenz et al. (2006, S. 245) bekannt, dass Unternehmer im ländlichen Raum sich zu einem erheblichen Teil mit Fördermitteln nicht auskennen bzw. eine gewisse Hemmschwelle in der Beantragung zeigen. Insofern dürften Fördermittel einen wesentlich stärkeren Impuls geben können, wenn ihre Vorteile schon einmal genutzt wurden und positive Erfahrungen vorliegen. Daher wird hier postuliert:

H1: Die Investitionsneigung der ostbayerischen Unternehmen steigt, wenn sie schon einmal Fördermittel beantragt haben.

Maßnahmen, die auf eine Senkung des Risikos von Investitionen gerichtet sind, müssen vor allem an den Informationsmöglichkeiten der Unternehmer ansetzen. Je besser der Entscheider informiert ist, umso eher kann er das Risiko der Investition in seiner Größenordnung und Ausprägung abschätzen und eventuelle Vorkehrungen treffen. Weniger riskante Investitionen werden aber bei gleicher Rendite attraktiver und insofern steigt die Wahrscheinlichkeit ihrer Durchführung. Eine Möglichkeit, Informationskosten auf dem Lande zu senken, sind Gelegenheiten für regelmäßigen Informationsaustausch zwischen den Unternehmern. Diese wahrzunehmen, senkt Informationskosten besonders auf dem Land, da zufällige Information aufgrund der Fühlungsnachteile eher unwahrscheinlicher ist. Durch die Senkung der Informationskosten werden einerseits direkt die Kosten der Investition gesenkt und andererseits durch den verbesserten Informationsstand selbst das Risiko gesenkt.

H2: Die Investitionsneigung der ostbayerischen Unternehmen steigt mit der Wahrnehmung von Gelegenheiten zum regelmäßigen Austausch mit anderen Unternehmen.

Das Risiko von Investitionen im ländlichen Raum könnte auch durch Informationsvorteile ansässiger, in die Region eingebundener Unternehmer, dezimiert werden. Dementsprechend hätten Unternehmen, deren Eigentümer in der Region ansässig wären, einen Informationsvorteil gegenüber Unternehmen, welche als Tochtergesellschaften überregionaler Konzerne möglicherweise nicht das entsprechende Lokalkolorit für eine gleichberechtigte Einbindung in Netzwerke mitbringen. Bei Ansiedlung von Tochtergesellschaften großer Konzerne mittels Subventionsversprechen besteht zudem die Gefahr, dass nach Auslaufen der Subventionen die angesiedelten Unternehmen die Region wieder verlassen. Außerdem könnten hinsichtlich der Eigentumsfrage gewisse emotionale Gründe eine Rolle spielen, sodass lokale Unternehmer eher die positiven Seiten einer Investition in ihrer Heimat sehen (wollen), als die negativen.

H3: Die Investitionsneigung ostbayerischer Unternehmen steigt, wenn deren Eigentum lokal verortet ist.

Außerhalb möglicher regionalpolitischer Maßnahmenpakete wird vermutet, dass die Investitionsneigung der ostbayerischen Unternehmer umso höher ist, je besser ihr Unternehmen „läuft". Es wird also vermutet, dass bisherige Umsätze von den Unternehmern extrapoliert und als Indikator für die zukünftige Profitabilität von Investitionen verwendet werden. Bisherige Umsätze könnten allerdings auch einen Indikator für die Höhe der bisherigen Investitionen darstellen. Insofern würden bei diesen Unternehmen automatisch höhere Ersatzinvestitionen anfallen. Da aber auch die Entscheidung, Ersatzinvestitionen am gegenwärtigen Standort und nicht anderswo oder gar nicht mehr zu tätigen, eine Investitionsentscheidung darstellt, die eben gerade von den zukünftigen Umsatz*erwartungen* abhängt, wird hier postuliert:

H4: Die Investitionsneigung ostbayerischer Unternehmen ist umso höher, je höher die bisherigen Umsätze waren.

Schließlich wird davon ausgegangen, dass je nach Branchenzugehörigkeit unterschiedliche Investitionszyklen erforderlich sind und daher die Investitionsneigung von der Branche abhängt. Insbesondere wird vermutet, dass Dienstleistungsbetriebe aufgrund ihrer starken Personenorientierung eine eher geringere Sachinvestitionsneigung aufweisen. Daher wird im multivariaten Modell der Einfluss der Branche zur Kontrolle mit aufgenommen.

2. Startkapital von Gründungen

Investitionen durch Unternehmen in einer Region können in drei große Einheiten eingeteilt werden: Investitionen bestehender Unternehmen, Ansiedlungen und Unternehmensgründungen. Die Investitionen von Gründungen mittels ihres Startkapitals unterscheiden sich von Investitionen bestehender Unternehmen darin, dass bestehende Unternehmen ihre Investitionsentscheidung auf ein Marginalkalkül aufbauen: schon im Unternehmen versunkene Kosten spielen keine Rolle mehr, es kommt nur noch auf die zusätzlichen Kosten und Erträge der geplanten Investition an. Dagegen müssen Gründer in ihre Gründungsentscheidung auch die versunkenen Kosten der Gründung mit einbeziehen, sodass von Gründungen durchzuführende Projekte ein höheres Rentabilitätsniveau aufweisen müssen als solche von schon bestehenden Unternehmen.

Zu den Unternehmensgründungen werden hier, wie in der Literatur üblich, auch Unternehmensnachfolgen, also Generationswechsel, gezählt, da gerade der Mittelstand sehr personenzentriert ist und daher ein Führungswechsel einen ähnlich starken Strukturbruch darstellt wie eine neue Kombination von Ressourcen in einer Neugründung. Unternehmensgründungen sind in strukturschwachen ländlichen Räumen besonders erwünscht, da sie dazu beitragen, den Wettbewerb zu beleben, den Strukturwandel voranzutreiben, Arbeitsplätze zu schaffen und Investitionen in Höhe ihres Startkapitals vorzunehmen. Jedoch sind die Investitionen der Gründer die unsichersten im Vergleich zu Unternehmensansiedlungen und Investitionen bestehender Unternehmen: die Gründungen starten tendenziell als sehr kleine Unternehmen und ein wesentlicher Teil der Gründungen überlebt die ersten Jahre nicht. Fritsch / Brixy / Falck (2006, S. 296) ermitteln eine durchschnittliche Überlebensrate für Westdeutschland von 48,6% für die ersten fünf Jahre nach der Gründung. Allerdings darf nicht der Schluss gezogen werden, dass das Startkapital derjenigen Gründungen, die die ersten Jahre nicht überlebt haben, komplett verloren ist. Hier sind Multiplikatoreffekte auf andere Unternehmen zu berücksichtigen, sodass auch diese Investitionen eine gewisse positive Wirkung für eine Region erbringen können.

Die Frage, die hier vor allem beantwortet werden soll, ist jedoch die nach dem Startkapital derjenigen Gründer, die überlebt haben. Insofern kann dann der Schluss gezogen werden, dass ein Startkapital in der von den Gründern genannten Höhe durchschnittlich ausreicht, um die ersten Jahre c.p. zu überstehen. Hier wird vermutet, dass Gründer im ländlichen Raum mit weniger Startkapital auskommen können als in städtischen Gebieten, da ein wesentlicher Kostenblock, die Immobilienpreise bzw. Mieten, im ländlichen Raum nur einen Bruchteil der Kosten im Vergleich zu den Städten bilden.

H5: Das Startkapital von überlebenden Gründungen auf dem Lande ist niedriger als in ihren städtischen Pendants.

IV. Daten und Methode

Die soeben entwickelten Hypothesen zur Investitionsneigung und ihren regionalspezifischen Einflussfaktoren werden anhand einer Befragung von knapp 7.000 ostbayerischen Unternehmen (RUBiO) überprüft. Das Startkapital von Gründungen im ländlichen Raum wird anhand des niederbayerischen Gründerdatensatzes auf der Basis von fast 1.000 Gründungen dargestellt. Diese beiden schriftlichen Befragungen basieren auf den in der empirischen Sozialforschung gängigen Methoden und Techniken. Einen Überblick darüber bieten z. B. Diekmann (2004) oder auch Kromrey (2000). Die Fragebögen beginnen und enden mit leichten Fragen. Im Mittelteil sind etwas komplexere und auch sensiblere Fragen platziert, da an dieser Stelle die Abbruchwahrscheinlichkeit am geringsten ist. Sensible Bereiche wurden zudem durch Klassenbildung abgefragt, sodass die Beantwortungswahrscheinlichkeit zusätzlich erhöht werden konnte. Aus der Freiwilligkeit der Teilnahme an der Befragung ergibt sich eine gewisse Tendenz zur Selbstselektion der Respondenten, welche bei der Interpretation der im Folgenden referierten Ergebnisse zu berücksichtigen ist. Zur besseren Orientierung und Einschätzung der Güte der Ergebnisse folgt daher nun eine kurze Einführung für die beiden Datensätze und die jeweilige Auswertungsmethode.

1. RUBiO

RUBiO steht für *Regionale Unternehmensbefragung in Ostbayern* und gewährt einen Einblick in die Region aus Unternehmersicht. Bei der Erstellung einer geeigneten Liste von Betriebsadressen für die Befragung wurde auf die Beschäftigtenstatistik der Bundesagentur für Arbeit zurückgegriffen. Sie gilt als die umfangreichste Betriebsdatenbank in Deutschland. Die Beschäftigtenstatistik ist aus dem Meldeverfahren zur Kranken-, Renten- und Arbeitslosenversicherung entstanden und wurde mit Beginn des Jahres 1973 eingeführt. Jeder Betrieb mit mindestens einem sozialversicherten Beschäftigten erhält dabei eine Betriebsnummer, die dauerhaft dem Betrieb zugeordnet ist. Somit lässt sich die Beschäftigtenstatistik als Betriebsdatei umformulieren. In den Regierungsbezirken Niederbayern, Oberpfalz und Oberfranken gab es zum Stichtag 30. Juni 2005 insgesamt 21.393 Betriebe im Produzierenden Gewerbe und 61.118 Betriebe im Dienstleistungsbereich, die mindestens einen sozialversicherungspflichtigen Mitarbeiter beschäftigten. Aus dieser Grundgesamtheit, die auch die Handwerksbetriebe der Region enthält, wurde eine geschichtete Stichprobe von insgesamt 6.931 Unternehmen für die Befragung gezogen. Schichtungskriterien waren Landkreis, Betriebsgröße und Sektor. Die Befragung und die Nachfassaktion wurden im Mai 2006 durchgeführt und erbrachten eine Rücklaufquote von 17,6 %, woraus sich eine Nettostichprobe von 929 verwertbaren Fällen ergibt. Für eine ausführliche Beschreibung der Datenerhebung von RUBiO vgl. Kleinhenz et al. (2006, S. 102 ff.).

Für die deskriptive und multivariate Auswertung wurde eine Designgewichtung vorgenommen, um den unterschiedlichen Auswahlwahrscheinlichkeiten aufgrund der Schichtung der Stichprobe Rechnung zu tragen. Auf eine weitergehende Gewichtung zum Ausgleich von Verzerrungen aufgrund des Antwortverhaltens wurde aus Gründen der Vermeidung weiterer Verzerrungen verzichtet. Der Regierungsbezirk des Respondenten wurde jedoch als Kontrollvariable in die multivariate Auswertung mit aufgenommen, um der Tatsache Rechnung zu tragen, dass niederbayerische Unternehmen, wohl aufgrund der Nähe und Bekanntheit der Universität Passau, relativ häufiger geantwortet haben, als solche mit Sitz in der Oberpfalz oder Oberfranken. Missings treten nur in geringem Umfang und ohne erkennbares Muster auf, sodass hier von einem zufälligen Fehlen dieser Werte ausgegangen werden kann und insofern eine Analyse kompletter Fälle vorgenommen wird. Für die multivariate Analyse stehen daher 863 Fälle zur Verfügung. Der Einfluss der in den Hypothesen genannten Faktoren auf die Investitionsneigung der Unternehmer im ländlichen Raum als abhängige Variable wurde anhand einer Logit-Schätzung überprüft. Dabei liegt die Annahme zugrunde, dass die Residuen einer logistischen Verteilung folgen. Das Vorliegen von Multikollinearität in den unabhängigen Variablen wurde schließlich durch die Überprüfung der paarweisen Korrelationen weitgehend ausgeschlossen, Backhaus et al. (2000, S. 42 und S. 137).

2. Niederbayerischer Gründerdatensatz

Der niederbayerische Gründerdatensatz wurde von der Autorin unter den knapp 1.000 niederbayerischen Gründungen des Jahres 2000, die bis zum Jahr 2005 überlebt haben, erhoben; vgl. für eine ausführliche Beschreibung Hübscher (2007). Die Auswahlgesamtheit besteht analog zur Münchner Gründerstudie, vgl. Brüderl / Preisendörfer / Ziegler (1996, 67 ff.), in den ca. 9.000 Gründungen des Jahres 2000 im Bezirk der Industrie- und Handelskammer für Niederbayern; die Grundlage der Meldungen bildet dabei die Gewerbeanzeigenstatistik, d. h. Rechtsformwechsel und Betriebsverlagerungen in den Meldebezirk werden fälschlicherweise als Gründungen angesehen und andererseits sind Nicht-IHK Gründungen (Landwirtschaft, Handwerk und freie Berufe) in der Auswahlgesamtheit nicht enthalten. Die Auswahlgesamtheit wurde ferner auf die ca. 3.500 nach fünf Jahren noch aktiven bzw. nicht wieder abgemeldeten Gründungen reduziert, da das hohe Fehlerpotenzial retrospektiver Befragungen durch die Konzentration der Erhebung auf das aktuelle Geschäftsjahr vermieden werden kann. Weiterhin wurden vom IHK-

Beitrag befreite Unternehmen aus der Auswahlgesamtheit gestrichen. Die Befreiung erfolgt bei einem jährlichen Ertrag von unter 5.000 Euro, sodass bei diesen Unternehmen davon ausgegangen werden kann, dass es sich mehrheitlich um Scheingründungen handelt. Damit entstand eine Auswahlgesamtheit von 980 aktiven Gründungen, die wohl mehrheitlich als echte, tragfähige Existenzgründung angesehen werden können und eine sinnvolle empirische Basis der Befragung darstellen.

Das Adressmaterial wurde auf offensichtliche Nicht-Gründungen im hier verwendeten Sinne, wie z. B. Tochtergesellschaften von Gebietskörperschaften, untersucht und entsprechend bereinigt, sodass 967 Adressen zur Verfügung standen. Die so ermittelte Auswahlgesamtheit wurde komplett befragt; eine Stichprobenziehung zur Reduktion der Auswahlgesamtheit auf finanzierbare Maße war insofern nicht nötig. Durch Internetrecherche ist es schließlich gelungen, 641 von 967, also 66,3 % der Anschreiben zu personalisieren, was den zu erwartenden Rücklauf positiv beeinflusst haben dürfte.

Die Befragung wurde im November / Dezember 2005 in zwei Wellen mit Beilegung von freien Antwortkuverts durchgeführt. Der Rücklauf inklusive der Nachfassaktion beläuft sich auf 29,2 %; der Umfang der Beteiligung liegt damit am oberen Rand der üblichen Erwartungen. Zieht man Rechtsformwechsel, Standortverlagerungen, Stilllegungen und andere Nichtgründungen ab, so ergibt sich eine Nettostichprobe von 181 fünfjährigen niederbayerischen Gründungen.

Das Ziel der Erhebung unter den Gründern, die Messung von Erfolg, dürfte insbesondere diejenigen Gründer, die nicht erfolgreich sind, von einer Teilnahme abgehalten haben. Es ist anzunehmen, dass die Befragten der Vergegenwärtigung des eigenen Misserfolgs schwarz auf weiß durch das Ausfüllen des Fragebogens eher ausweichen als anders herum die besonders erfolgreichen Gründer eine mögliche Preisgabe ihres Erfolgsgeheimnisses durch die Bearbeitung des Fragebogens fürchten. Bezüglich der subjektiv besonders erfolgreichen Gründer kann ferner argumentiert werden, dass diese die Gelegenheit zur Selbstdarstellung im Fragebogen gerne nutzen. Daher sind die Antworten aufgrund des Unit-Nonresponse möglicherweise positiv selektiv verzerrt. Zur Überprüfung dieser Annahmen und zur Aufdeckung möglicher Verzerrungen wurden verschiedene Tests angewandt, welche uneinheitliche Ergebnisse erbringen, vgl. Hübscher (2007). Insofern scheint eine nur leichte Verzerrung, die je nach Sensitivität des Tests ermittelt werden kann oder auch nicht, zugunsten der erfolgreichen Gründungen im Datensatz vorzuliegen, welche bei der Interpretation der deskriptiven Ergebnisse zum Startkapital zu berücksichtigen ist.

V. Investitionsneigung ostbayerischer Unternehmen

1. Deskriptive Statistik

Zunächst sollen die in RUBiO befragten Unternehmen hinsichtlich ihrer wesentlichen Charakteristika vorgestellt werden. Die antwortenden Unternehmen sind im Durchschnitt vor 43 Jahren in den sechziger Jahren gegründet worden und haben mit 43,7 % mehrheitlich ihren Sitz in Niederbayern. Nur wenige Unternehmen stammen mit einem Anteil von 18,2 % aus der Oberpfalz; 38,1 % der Befragungsteilnehmer entfallen schließlich auf Oberfranken. Der überwiegende Anteil der Unternehmen hat also seinen Sitz in den Regierungsbezirken Niederbayern und Oberfranken, in welchen keine Großstadt bzw. Metropolregion liegt. Der Datensatz ist daher durchweg als eher ländlich strukturiert zu charakterisieren.

Die Unternehmensstruktur ist vorwiegend durch kleine Betriebe mit bis zu 9 Beschäftigten gekennzeichnet; 76,1 % der Unternehmen in der Stichprobe fallen in diese Kategorie. In der Grundgesamtheit gehören 80,1 % der Betriebe in diese Kategorie, sodass durch die Designgewichtung die Auswirkungen der ursprünglich disproportionalen Schichtung der Stichprobe wieder weitgehend aufgefangen werden können, vgl. Kleinhenz et al. (2006, S. 114). Der kleine Mittelstand, Betriebe mit bis zu 49 Beschäftigten, bildet 19,8 % der Unternehmensstruktur, der große Mittelstand mit bis zu 249 Beschäftigten 3,4 %. Große Unternehmen mit über 250 Mitarbeitern sind in Ostbayern sehr rar, nur 0,7 % der Unternehmen fallen in diese Kategorie. Entsprechend der Betriebsgrößenstruktur ist festzustellen, dass 86,3 % der Unternehmen vom (in der Region ansässigen) Eigentümer geleitet werden. Auskunft über die Branchenzugehörigkeit der ostbayerischen Unternehmen gibt Abbildung 1: Ein Viertel der Unternehmen ist im Produzierenden Gewerbe tätig, aber etwas mehr als die Hälfte der Firmen basiert inzwischen auch auf unternehmensnahen und haushaltsnahen Dienstleistungen. Insofern kann festgestellt werden, dass auch in Ostbayern der Strukturwandel inzwischen merkliche Auswirkungen zeigt.

Die ostbayerischen Unternehmen können daher als eher klein, eigentümergeführt und immerhin zur Hälfte als zu den Dienstleistungen gehörig beschrieben werden. All dies lässt jedoch eher eine geringe Investitionstätigkeit vermuten. Insofern verwundert nicht, dass mit 55,5 % nur etwas mehr als die Hälfte der Befragungsteilnehmer angab, sie plane für das Jahr 2006 Investitionen. Abbildung 2 stellt das relative Niveau der geplanten Investitionen dar.

Die Investitionsentscheidung hängt hauptsächlich davon ab, dass positive Renditen erwartet werden können. Über diese Erwartung hält RUBiO keine Information bereit, jedoch kann aus der Information, Investitionen durchzuführen, auf das Vorliegen solcher Erwartungen geschlossen werden. Ein weiterer Indikator für die erwartete Rentabilität von Investitionen sind die bisherigen Umsätze im fraglichen Unternehmen. Die Verteilung der Umsatzgrößenklassen über die ostbayerischen Unternehmen kann Abbildung 3 entnommen werden. Es zeigt sich, dass drei Vier-

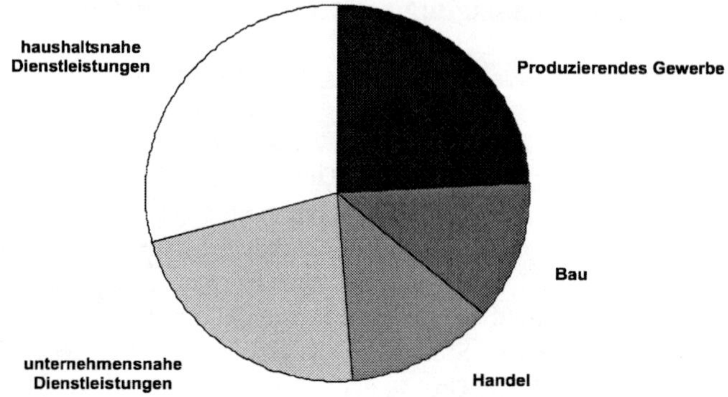

Quelle: *RUBiO* (2006).

Abbildung 1: Branchenverteilung der ostbayerischen Unternehmen

tel der Unternehmen maximal 1 Mio. Umsatz erwirtschaften, aber andererseits überschreiten die Umsätze von 5,8 % der in Ostbayern ansässigen Unternehmen auch die 5 Mio. Euro Schwelle. Beachtet man, dass die große Mehrheit der Unternehmen nur maximal 9 Mitarbeiter hat, so können auch die Betriebe, welche den eher niedrigen Umsatzkategorien zuzuordnen sind, noch durchaus profitabel arbeiten.

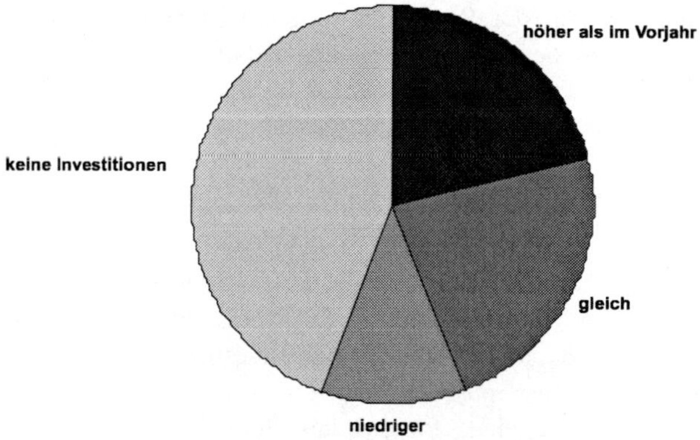

Quelle: *RUBiO* (2006).

Abbildung 2: Investitionsplanung der ostbayerischen Unternehmen für 2006

Neben der erwarteten Rentabilität wurde oben ein Einfluss regionaler Faktoren auf die Investitionsneigung postuliert. Ein regelmäßiges Austauschen der Unternehmer untereinander sollte zu einem besseren Informationsstand führen, und so das Risiko von Investitionen senken. Hier ist zunächst von Interesse, inwiefern ein regelmäßiger Austausch unter den ostbayerischen Unternehmern stattfindet. Die

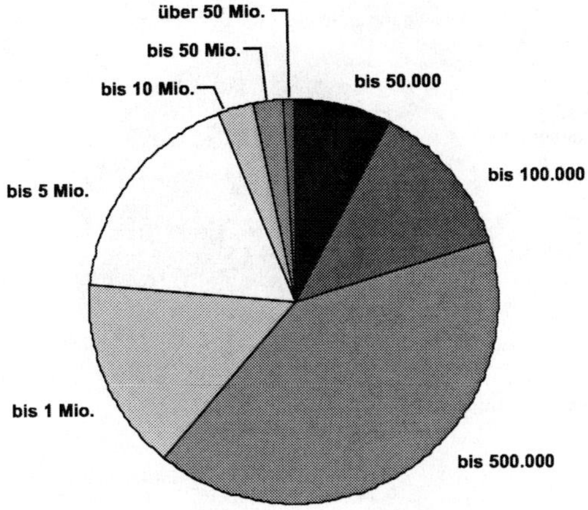

Quelle: *RUBiO* (2006).

Abbildung 3: Die Umsatzverteilung unter den ostbayerischen Unternehmen

große Mehrheit (77,9 %) der Befragten gibt an, sich regelmäßig mit anderen Unternehmern auszutauschen. Dies erfolgt in 38,4 % der Fälle im Rahmen privater Initiativen und in 31,2 % der Fälle innerhalb von Branchenverbänden. 24,7 % der ostbayerischen Unternehmer nutzen die Angebote der Kammern. Insgesamt scheint daher im Rahmen der Maßnahmen zur formalisierten Netzwerkbildung noch Potenzial vorhanden zu sein.

Die Entscheidung, eine riskante Investition durchzuführen, fällt zudem leichter, wenn durch die Nutzung von Fördermitteln ein Teil des Risikos auf den Staat abgewälzt werden kann. Positive externe Effekte von Investitionen im ländlichen Raum führen zum Angebot vielfältiger Fördermöglichkeiten seitens der öffentlichen Hand. Hier soll nun die Frage beantwortet werden, inwiefern von diesen Möglichkeiten Gebrauch gemacht wird. Es fällt zunächst auf, dass die Mehrheit der ostbayerischen Unternehmer mit 58,4 %, obwohl in einem Regionalfördergebiet ansässig, *keine* Fördermittel nutzt. Die Gründe der Nichtbeantragung von Fördermitteln sind in Abbildung 4 dargestellt. Hauptgrund mit 23,9 % der Angaben ist offensichtlich mangelnde Kenntnis über Fördermöglichkeiten, jedoch findet sich mit nur wenig Abstand an zweiter Stelle die Tatsache, dass immerhin 21,1 % der Befragten die Förderkriterien nicht erfüllen. Grund dafür mag sein, dass Voraussetzung vieler Fördermaßnahmen überregionaler Absatz in nennenswertem Umfang, meist 50 %, ist, welchen die meisten der kleinen ostbayerischen Unternehmen nicht vorweisen können. Betriebe mit höchstens 9 Beschäftigten erwirtschaften durchschnittlich 70 % ihres Umsatzes im eigenen Landkreis. Allerdings geben nur 5,3 % der Unternehmen an, sie hätten keinen Bedarf an Fördermitteln. Insofern klafft eine Lücke zwischen von den Unternehmern festgestelltem Förderbedarf und ihrer Förderfähigkeit. Zur Bewertung dieser Lücke sogleich im multivariaten Teil mehr.

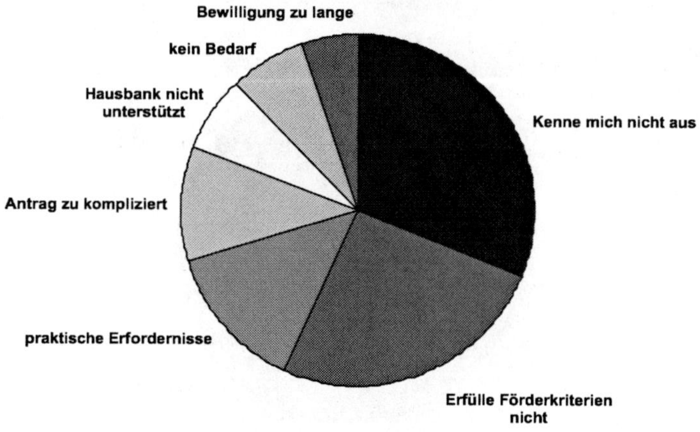

Quelle: *RUBiO* (2006).

Abbildung 4: Gründe der Nichtbeantragung von Fördermitteln

Abschließend können die wichtigsten Arten der Förderung aus Abbildung 5 entnommen werden. Insbesondere fällt auf, dass ostbayerische Unternehmer mit 4,7 % in eher geringem Umfang EU-Mittel nutzen, obwohl Teile Ostbayerns bis 2006 Teil des Ziel-2 Fördergebiets waren. 0,2 % der Befragten erhielten eine Ansiedlungshilfe; auch diese Zahl erstaunt angesichts der Ansiedlungsbestrebungen in den ländlichen Kommunen. Einschränkend ist jedoch zu bemerken, dass möglicherweise die Herkunft der Subventionen von den Unternehmern nicht mehr genau aus dem Gedächtnis benannt werden kann, und Unterlagen zu der Beantwortung des Fragebogens nicht herausgesucht wurden.

2. Multivariate Auswertung

Die multivariate Auswertung mit Hilfe einer Logit-Schätzung erbringt statistische Evidenz für die oben postulierten Zusammenhänge zwischen Investitionsneigung und den möglichen Einflussfaktoren regelmäßiger Austausch, Nutzung von Fördermitteln, Eigentümerstruktur, Höhe der Umsätze und Branche. Tabelle 1 zeigt die Ergebnisse. Die Anpassungsgüte des Logit-Modells liegt mit einem Pseudo-R^2 von 10,5 % nur im Mittelfeld der in der empirischen Forschung realistischerweise zu erwartenden Werte, jedoch konnten wichtige Einflussfaktoren auf die Investitionsneigung – Zins, Renditeerwartungen, Bonität – nicht in das Modell integriert werden. Insofern kann das Modell einerseits als Bestätigung dafür aufgefasst werden, dass die soeben genannten, hier fehlenden finanzwirtschaftlichen Faktoren tatsächlich einen gewissen Einfluss haben; andererseits zeigt es auf, welche der explizit in das Modell eingeführten Faktoren ebenfalls einen Beitrag zur Erklärung der Varianz liefern können.

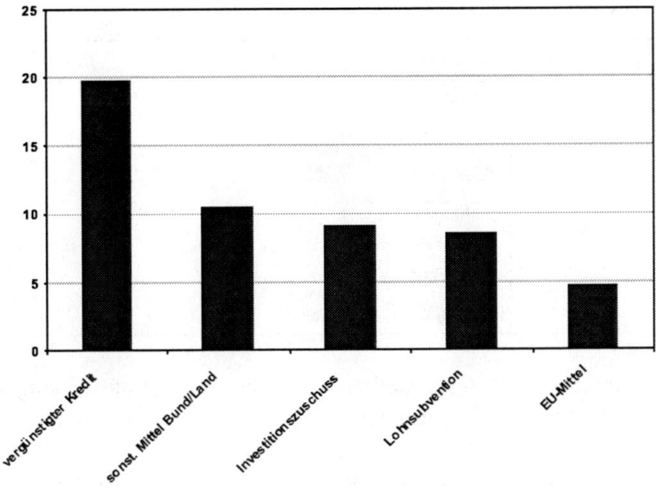

Quelle: *RUBiO* (2006).

Abbildung 5: Verteilung der beantragten Fördermittel in Prozent

Mögliche Endogenitätsprobleme wurden überprüft und können vernachlässigt werden, da zwar geringfügige Wechselwirkungen zwischen den unabhängigen und der abhängigen Variable möglich sind, die Hauptrichtung des Einflusses aber sicherlich die vermutete ist. So ist es am Beispiel des Umsatzes leicht einzusehen, dass der bisherige Umsatz Investitionen beflügelt, aber in entgegengesetzter Wirkungsrichtung Umsatz nur wegen der Tätigung von Investitionen ohne die Einbeziehung von Marketing- und Vertriebsaktivitäten, Nachfragestruktur etc. nicht ökonomisch rational denkbar ist.

Tabelle 1

Logit-Schätzung der Einflussfaktoren auf die Investitionsneigung ostbayerischer Unternehmen

Investitionen	Beta	Std. Fehler	z	$P > \|z\|$	
Fördermittel	0,5761233	0,1567498	3,68	0,000	***
Austausch	0,4955125	0,1877465	2,64	0,008	***
Eigentum	–0,0269898	0,2245986	–0,12	0,904	
Umsatz	5,70E-08	9,63E-09	5,92	0,000	***
Bau	–0,176481	0,2272516	–0,78	0,437	
Handel	–0,7046537	0,2690757	–2,62	0,009	***
Unt. Dienstl.	0,0617387	0,230609	0,27	0,789	
Haush. Dienstl.	–0,1247296	0,2129751	–0,59	0,558	

Fortsetzung nächste Seite

Fortsetzung Tabelle 1

Investitionen	Beta	Std. Fehler	z	$P > \|z\|$
Jahr der Gründung	–0,002111	0,0016543	–1,28	0,202
Regierungsbezirk	–0,0064481	0,0839679	–0,08	0,939
Konstante	3,93004	3,260179	1,21	0,228
Chi Quadrat	117,75			
Prob > Chi2	0,000			
Pseudo R^2	0,1046			
n	863			

Inhaltlich ist zunächst festzustellen, dass die Investitionsplanungen für das Jahr 2006 der Befragten wie vermutet positiv von folgenden Faktoren beeinflusst wurden: Erfahrung mit Fördermitteln (H1), Regelmäßiger Austausch (H2) und Umsatz (H4). Ein regelmäßiger Austausch unter Unternehmern senkt die Informationskosten des Einzelnen gerade im ländlichen Raum, wo zufällige Informationsaufnahme aufgrund der geringen Dichte unwahrscheinlicher ist als in städtischen Gebieten, und führt so insgesamt zu einem besseren Informationsstand. Unsicherheiten werden zu messbaren Risiken; die verschiedenen Szenarien für die Rentabilität der Investition können besser bewertet werden. Insgesamt steigt dadurch die Investitionsneigung. Auch hinsichtlich der Vorteilhaftigkeit der Erfahrungen mit Fördermitteln des Entscheiders liegt nun empirische Evidenz für die Erhöhung der Investitionsneigung vor. Durch die Bewilligung von Fördermitteln übernimmt der Staat zudem einen Teil des Risikos der Investition, lässt aber dem Geförderten weitgehend seine privaten Erträge, was unter dem Gesichtspunkt positiver externer Effekte von Investitionen im ländlichen Raum den beabsichtigten Wirkungen vollkommen entspricht. Und schließlich liegt auch eine Bestätigung für die Hypothese vor, wonach ein höherer bisheriger Umsatz weitere Investitionen beflügelt und insoweit einen Indikator für zukünftige Renditeerwartungen darstellt. Es entspricht auch unmittelbar der Intuition, dass die Investitionsneigung steigt, wenn es im Unternehmen gemessen am Umsatz bisher „gut läuft". Allerdings besteht hier die Gefahr, dass Trends ohne Rücksicht auf mögliche Strukturbrüche extrapoliert werden könnten.

Dagegen zeigt die Eigentümerstruktur keinen Einfluss auf die Investitionsneigung (H3). Oben wurde postuliert, in der Region ansässige Eigentümer des Unternehmens würden eher noch in ihre Heimat investieren als nicht ansässige Eigner. Dies könnte einerseits durch Informationsvorsprünge der ansässigen Eigentümer, andererseits durch eher irrationale emotionale Entscheidungen begründet sein. Jedoch zeigt das Modell, dass die Eigentümerstruktur keinen Einfluss auf die Investitionsentscheidungen zeitigen kann. Sowohl irrationale Gründe als auch Informationsvorsprünge der im ländlichen Raum ansässigen Eigentümer gegenüber angestellten Managern, die von Eignern außerhalb der Region kontrolliert werden, liegen daher wohl nicht vor.

Überraschend ist das Ergebnis hinsichtlich des Brancheneinflusses: Während ein eher dämpfender Einfluss auf die Investitionsneigung von der Tatsache erwartet wurde, dass es sich um einen Dienstleister handelt, zeigt das Logit-Modell sowohl für die unternehmensnahen als auch für die haushaltsnahen Dienstleistungen kein signifikantes Ergebnis, wohl aber für den Handel. Handelsunternehmen investieren gegenüber der Basiskategorie Produzierendes Gewerbe signifikant weniger.

Als Kontrollvariablen wurden einmal das Jahr der Gründung bzw. das Unternehmensalter und andererseits der Regierungsbezirk, in welchem das befragte Unternehmen ansässig ist, verwendet. Die Kontrolle des Regierungsbezirks erfolgt aufgrund der relativ häufigeren Antworten von niederbayerischen Unternehmen gegenüber denjenigen aus der Oberpfalz bzw. Oberfranken. Das Unternehmensalter wurde im Hinblick auf den möglicherweise erhöhten Ersatzinvestitionsbedarf in die Schätzung mit aufgenommen.

VI. Das Startkapital niederbayerischer Gründer

Bevor nun anhand des niederbayerischen Gründerdatensatzes Aufschluss über den von Gründungen zu erwartenden Beitrag zu den Investitionen gegeben werden kann, sollen auch hier die befragten Gründungen kurz charakterisiert werden, vgl. dazu ausführlich Hübscher (2007, S. 193 ff.). Von den ca. 9.000 Gewerbeanmeldungen des Jahres 2000 konnten Ende 2005 noch knapp 1.000 aktive Unternehmen identifiziert werden. Aus dem niederbayerischen Gründungsgeschehen kann daher pro Jahr mit ca. 1.000 lebensfähigen Gründungen gerechnet werden. Die Gründungen sind zu zwei Drittel Neugründungen; 27% sind Nachfolger und nur 4% sind Ausgründungen aus bestehenden Unternehmen. Hinsichtlich der Branchenverteilung ist festzustellen, dass Gründungen aus dem verarbeitenden Gewerbe zulasten des Handels in der Stichprobe etwas überrepräsentiert sind, was aber nicht unbedingt gemäß der obigen Ergebnisse auf eine gewisse Überschätzung der Investitionen durch den Gründungsdatensatz hindeuten muss, denn auch Unternehmen aus der Handelsbranche müssen bei der Gründung Investitionen tätigen. Der Median des Umsatzes der fünfjährigen niederbayerischen Unternehmen liegt in der Kategorie 100–150 Tausend Euro, was dem westdeutschen Median von ca. 140.000 Euro vergleichbar ist. Die Gründungen haben durchschnittlich 6,0 Beschäftigte in Niederbayern. Diese durchschnittliche Anzahl der Mitarbeiter in Gründungen ist in Niederbayern bei vergleichbaren Umsätzen wesentlich höher als im westdeutschen Durchschnitt, hier hat eine fünfjährige Gründung nur durchschnittlich 1,7 Beschäftigte. Die arbeitsintensivere Produktion in Niederbayern ist nicht durch Brancheneffekte zu erklären, da die Branchenverteilung in Niederbayern – abgesehen von der eben erwähnten Besonderheit in der Stichprobe – weitestgehend dem westdeutschen Durchschnitt entspricht. Auch kann mangelnde Wettbewerbsfähigkeit nicht als Argument für die Erklärung der beobachteten arbeitsintensiven Produktion dienen, denn immerhin 30,1% der niederbayerischen Gründer geben an, innovative Produkte zu vertreiben, während dies nur 3,9 % aller westdeutschen Gründer anführen können. Schließlich ist auch die Tatsache, dass der verwendete westdeutsche Datensatz, das IAB-Betriebspanel, eine Betriebsdatei und keine Unternehmensdatei ist, nicht zur Erklärung dieser Unterschiede in der Beschäftigtenzahl geeignet, denn im Gründungskontext fällt der Unterschied in der Definition des Betriebs als lokaler Einheit und des Unternehmens als Summe der Standorte nicht ins Gewicht, da Gründungen in ihrer großen Mehrheit nur einen Standort betreiben. Insgesamt lässt der niederbayerische Gründerdatensatz daher darauf schließen, dass ländliche Gründungen arbeitsintensiv statt kapitalintensiv produzieren und damit aus beschäftigungspolitischer Sicht erfolgreicher sind als ihre westdeutschen Pendants.

Damit stellt sich aber die Frage nach der Höhe des Startkapitals in den ländlichen Gründungen. Fast zwei Drittel (64,9 %) der niederbayerischen Gründer kommen mit maximal 25.000 Euro Startkapital aus; der Mittelwert liegt bei 30.500 Euro. Diese Summe enthält bereits alle Bestandteile des Startkapitals, also Eigenmittel, Kredite und Subventionen. Die Verteilung auf die verschiedenen Größenklassen ist in Abbildung 6 ersichtlich. Wünschenswert wäre nun ein westdeutscher Vergleichswert für die Beurteilung der Höhe des Startkapitals, ein solcher liegt aber nicht vor. Jedoch bietet die Münchner Gründerstudie einen Anhaltspunkt, vgl. Brüderl / Preisendörfer / Ziegler (1996, S. 168): Die dort untersuchten vergleichbaren Gründungen der Jahre 1985 / 1986 aus dem Großraum München wiesen ein durchschnittliches Startkapital von 82.000 DM auf. Schlägt man für 15 Jahre eine durchschnittliche Inflation von 2 % auf, und rechnet den Betrag in Euro um, so ergibt sich ganz grob ein durchschnittliches Startkapital in München im Jahr 2000 von 56.500 Euro. Dieser so ermittelte Wert des Startkapitals von Gründungen in Städten kann als Indiz für eine Bestätigung der Hypothese dienen, dass Gründungen im ländlichen Raum geringere Startkapitalwerte aufweisen (H5). Damit wäre auch die arbeitsintensivere als gleichzeitig kapitalärmere Produktion in den niederbayerischen Gründungen erklärt und insoweit als effizient in Bezug auf das festgestellte gleiche Niveau der Umsätze in Westdeutschland insgesamt und in Niederbayern zu charakterisieren.

Das Startkapital der Gründer im ländlichen Raum könnte allerdings höher sein, wenn vorhandene Regionalfördermittel und Gründungsbeihilfen stärker genutzt würden. Dies wäre aus Gründen einer soliden Kapitalbasis sowohl im Hinblick auf das Überleben als auch im Hinblick auf den Gründungserfolg gemessen am Umsatz wünschenswert, denn ein höheres Startkapital stellt sich unter Kontrolle für Brancheneffekte als Erfolgsfaktor für höhere Umsätze heraus, vgl. Hübscher (2007, S. 222 ff.). Aber nur 22,2 % der niederbayerischen Gründer haben Fördermittel genutzt. Die Gründe der Nichtnutzung sind vor allem Unkenntnis über die Fördermöglichkeiten (34,3 %) sowie das Nichterfüllen der Förderkriterien (26,4 %). Förderbedarf wäre allerdings vorhanden, denn nur 14,3 % geben als Grund der Nichtnutzung an, keinen Bedarf zu haben. Diese Lücke zwischen Förderfähigkeit und Förderbedarf konnte auch mit den Daten von RUBiO für alle ostbayerischen Unternehmen festgestellt werden, s. o. Kapitel 5.1.

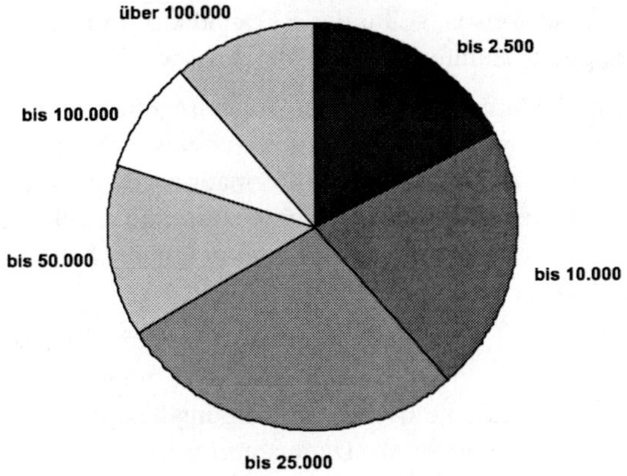

Quelle: *Niederbayerischer Gründerdatensatz* (2005).

Abbildung 6: Verteilung des Startkapitals niederbayerischer Gründer

7. Fazit

Die vorliegende Untersuchung zur Investitionsneigung von Unternehmen im ländlichen Raum am Beispiel Ostbayerns zeigt zunächst die gegebenen Strukturen auf. Die Unternehmen sind vorwiegend als eher klein und eigentümergeführt zu charakterisieren. Auch im ländlichen Raum hat die Tertiärisierung Einzug gehalten, denn ca. die Hälfte der Unternehmen gehört inzwischen den Dienstleistungen an. Eine knappe Mehrheit der befragten Unternehmen plant Investitionen. Der Anteil derjenigen, die Investitionen planen, sollte allerdings angesichts der allokativen und distributiven Probleme in ländlichen Räumen und der Tatsache, dass fast das ganze Untersuchungsgebiet Regionalfördergebiet unterschiedlicher Träger ist, höher sein. Umso mehr erstaunt es, dass mehr als die Hälfte der Unternehmer keine Erfahrung mit Fördermitteln hat. Demgegenüber haben aber nur 5 % keinen Bedarf an finanzieller Förderung. Zu erklären ist die Lücke zwischen Förderbedarf und bewilligter Förderung vor allem über Unkenntnis und das Nichterfüllen der Förderkriterien. Vor allem aber zeigen die Ergebnisse zu den Determinanten der Investitionsneigung, dass diese Lücke zwischen Förderfähigkeit und Förderbedarf kritisch zu bewerten ist, denn die Investitionsneigung steigt, wenn Erfahrung mit Fördermitteln vorliegt. Daher sollte über eine Anpassung der Förderkriterien nachgedacht werden, sodass auch kleine Unternehmen ohne nennenswerten überregionalen Absatz in ihren Investitionsplänen unterstützt werden können. Auch unter dem Gesichtspunkt endogener Entwicklung wäre eine Aufhebung der Förderbeschränkung auf Unternehmen mit überregionalem Absatz sinnvoll, denn gerade die intraregionale Beseitigung von Engpässen und die Ausschöpfung von Entwicklungspotenzialen ohne regionsfremdes Kapital ist aus Gründen der Subsidiarität zu begrüßen. Da Unternehmer, die mit Fördermitteln Erfahrung haben, eine höhere

Investitionsneigung aufweisen, sollte der Bekanntheitsgrad der Fördermöglichkeiten erhöht und mögliche Hemmschwellen abgebaut werden.

Drei Viertel der Unternehmer pflegen einen regelmäßigen Austausch untereinander, was sehr zu begrüßen ist, denn dies ist ein weiterer Faktor, der die Investitionsneigung positiv beeinflusst. Die Informationsgewinnung durch den Austausch mit anderen Unternehmern sollte daher weiterhin durch die Regionalpolitik und die Kammern unterstützt werden, um eine möglichst hohe Verbreitung dieser Verhaltensweise zu erreichen.

Oben wurde vermutet, dass Unternehmen eher Investitionen im ländlichen Raum durchführen, wenn der Eigentümer in der Region ansässig ist. Diese Hypothese hat sich nicht bestätigt, die Investitionsneigung hängt nicht von der Verortung des Eigentums am Unternehmen ab. Daraus ergibt sich, dass angesiedelte Unternehmen, auch Tochtergesellschaften, deren Konzernmutter außerhalb der Region sitzt, das gleiche oder ein sogar noch größeres Investitionspotenzial aufweisen als eigentümergeführte lokale Unternehmen. Die Regionalpolitik sollte daher die Maßnahmen der Ansiedlung sowie der Investitionsförderung durch Fördermittelvergabe sowie Projekte zur Vernetzung der lokalen Akteure gleichberechtigt nebeneinander betreiben.

Schließlich wurde das von Gründungen ausgelöste Investitionsvolumen in der Region Niederbayern betrachtet. Von den ca. 9.000 Gewerbemeldungen des Jahres 2000 in Niederbayern gab es im Untersuchungsjahr 2005 noch ca. 1.000. Diese überlebenden Gründungen hatten ein durchschnittliches Startkapital von 30.500 Euro. Damit dürfte der Kapitalbedarf für eine erfolgreiche Gründung niedriger als im städtischen Raum liegen; für München wurde ein Kapitalbedarf von 56.500 Euro für das Jahr 2000 extrapoliert. Insgesamt kann daher die Gründungsförderung sowohl im städtischen, aber auch und besonders im ländlichen Raum als relativ kostengünstige regionalpolitische Maßnahme qualifiziert werden, denn die Investi tionen der Gründer erbringen im ländlichen Raum durchschnittlich 6 Arbeitsplätze, im städtischen Umfeld immerhin 1,7.

Für den Strukturwandel im ländlichen Raum, auch im Hinblick auf die Herausforderungen in einer zunehmend globalisierten Wirtschaft, konnten daher in diesem Beitrag vor allem empirische Erkenntnisse für Ansatzpunkte der Unterstützung endogener regionaler Entwicklungsprozesse gewonnen werden.

Literaturverzeichnis

Ahlhoff, H.-J. (1978): Der Einfluss der Ertragssteuern auf die Investitionsneigung der Unternehmen, Berlin.

Backhaus, K. / *Erichson,* B. / *Plinke,* W. / *Weiber,* R. (2000): Multivariate Analysemethoden, Berlin.

Baldwin, R. / *Forslid,* R. / *Martin,* P. / *Ottaviano,* G. / *Robert-Nicoud,* F. (2003): Economic Geography and Public Policy, Princeton.

Brixy, U. / *Niese,* M. (2004): Analyse von Standorteinflüssen auf das Gründungsgeschehen, in: Fritsch, M. / Grotz, R. (Hrsg.): Empirische Analysen zum Gründungsgeschehen in Deutschland, Heidelberg, S. 111 – 122.

Brüderl, J. / *Preisendörfer,* P. / *Ziegler,* R. (1996): Der Erfolg neu gegründeter Betriebe, Berlin.

Diekmann, A. (2004): Empirische Sozialforschung. Grundlagen, Methoden, Anwendungen, 11. Aufl., Hamburg.

Fritsch, M. / *Brixy,* U. / *Falck,* O. (2006): The Effect of Industry, Region and Time on New-Business Survival – A Multi-dimensional Analysis, in: Review of Industrial Organization, 28, S. 285 – 306.

Fritsch, M. / *Falck,* O. (2004): Mehr-Ebenen-Analysen der Determinanten des Gründungsgeschehens in Westdeutschland, in: Fritsch, M. / Grotz, R. (Hrsg.): Empirische Analysen zum Gründungsgeschehen in Deutschland, Heidelberg, S. 123 – 140.

Fürst, D. / *Klemmer,* P. / *Zimmermann,* K. (1976): Regionale Wirtschaftspolitik, Tübingen.

Glasmeier, A. (2000): Economic Geography in Practice: Local Economic Development Policy, in: Clark, G. L. / Feldman, M. P. / Gertler, M. S. (Hrsg.): The Oxford Handbook of Economic Geography, Oxford, S. 559 – 579.

Hartmann, K. (1982): Staatliche Investitionshilfen an die gewerbliche Wirtschaft und deren Einfluss auf die Investitionstätigkeit mittelständischer Unternehmungen, Würzburg.

Heimpold, G. (2004): The Economic Situation and Development in the German Regions along the Border with Poland, in: Jahrbuch für Regionalwissenschaft 24, S. 51 ff.

Hübscher, J. (2007): Regionalspezifische Erfolgsfaktoren von Gründungen, Lohmar.

Hunsdiek, D. / *May-Strobl,* E. (1986): Entwicklungslinien und Entwicklungsrisiken neugegründeter Unternehmen, Stuttgart.

Ifo-Institut (1994): Gesamtwirtschaftliche Wirkungen der Existenzgründungspolitik sowie Entwicklungen der mit öffentlichen Mitteln – insbesondere Eigenkapitalhilfe – geförderten Unternehmensgründungen, München.

Isard, Walter (1956): Location and Space Economy, Cambridge (MA).

Klaus, J. / *Schleicher,* H. (1983): Räumliche Wirtschaftspolitik, München.

Kleinhenz, G. D. (1985): Für eine stetige Aufwärtsentwicklung im Zonenrandgebiet Ostbayerns, Passau.

– (1991): Soziale Marktwirtschaft: Ordnungsmodell im zukünftigen Europa, Passau.

Kleinhenz, G. D. / *Heblich,* S. / *Holzer,* A. / *Bauernschuster,* S. / *Gold,* R. (2006): Probleme der Anpassung des Arbeitsmarktes in den bayerischen Ziel-2-Regionen an der Grenze zu Tschechien, Passau.

Kromrey, H. (2000): Empirische Sozialforschung. Modelle und Methoden der standardisierten Datenerhebung und Datenauswertung, 9. Aufl., Opladen.

Krugman, P. (1991): Increasing Returns and Economic Geography, in: Journal of Political Economy, 99, S. 483 – 499.

Kulicke, M. / *Bayer,* K. / *Bräunling,* G. / *Ewers,* H.-J. / *Gerybadze,* A. / *Maier,* M. / *Müller,* R. / *Wein,* T. / *Wupperfeld,* U. (1993): Chancen und Risiken junger Technologieunternehmen, Heidelberg.

Lammers, K. / *Niebuhr,* A. (2002): Erfolgskontrolle in der deutschen Regionalpolitik: Überblick und Bewertung, Hamburg.

Martinez-Lopez, D. (2006): Linking Public Investment to Private Investment: The case of Spanish Regions, in: International Review of Applied Economics 20, Heft 4, S. 411 ff.

Nunnenkamp, P. (2006): Was von ausländischen Direktinvestitionen zu erwarten ist: Unbegründete Ängste in den Heimatländern, übertriebene Hoffnungen in den Gastländern?, in: Zeitschrift für Wirtschaftspolitik 55, Heft 1, S. 20 ff.

Pflüger, M. / *Südekum,* J. (2005): Die neue ökonomische Geographie und Effizienzgründe für Regionalpolitik, in: Vierteljahreshefte zur Wirtschaftsforschung 74, 1, S. 26 ff.

Rodriguez-Pose, A. / *Fratesi,* U. (2004): Between development and social policies: The impact of European Structural Funds in Objective 1 Regions, in: Regional Studies 38, Heft 1, S. 97 ff.

Sanna-Randaccio, F. (2002): The Impact of Foreign Direct Investment on Home and Host Countries with Endogenous R&D, in: Review of International Economics 10, S. 278 ff.

Schätzl, L. (2001): Wirtschaftsgeographie 1 – Theorie, Paderborn.

Schulz, E. (2000): Die Finanzierung von Existenzgründungen, Frankfurt am Main.

Stille, G. (1980): Der Einfluss von Preis- und Geldwertänderungen auf die Investitionsentscheidungen der Unternehmung unter besonderer Berücksichtigung der nominellen Gewinnbesteuerung, Münster.

Tuchtfeldt, E. (1993): Grundlagen der Wirtschaftspolitik, in: Allgemeine Wirtschaftspolitik, hrsg. v. O. Issing, 3., überarb. Aufl., München, S. 1 – 22.

Produktionsverlagerungen – Chance oder Herausforderung für die Regionalpolitik?

– Erkenntnisse aus Ostbayern –

Von Andreas Holzer

I. Einleitung

Mit dem Zusammenbruch der sozialistischen Systeme in Mittel- und Osteuropa setzte eine erste große Welle an Produktionsverlagerungen ein, die heute als weitgehend abgeschlossen gilt. Dennoch ist in einer zunehmend globalisierten Welt auch in Zukunft mit einer wachsenden Internationalisierung und einer weitergehenden Verzahnung der regionalen Wirtschaften zu rechnen. Neben den Ländern in Mittel- und Osteuropa gelten seit Mitte der 90er Jahre auch zahlreiche Staaten in Südostasien, allen voran der Magnet China, als attraktive Standorte für deutsche Unternehmen. Die Verringerung von Produktionskosten, um in einem härter werdenden internationalen Wettbewerb bestehen zu können, aber auch Bestrebungen, näher an die dynamisch wachsenden Absatzmärkte heranzukommen, werden in der Regel als die zentralen Gründe für Produktionsverlagerungen angeführt (vgl. Mattes / Strotmann 2005). Die damit verbundenen Auswirkungen auf die heimischen Arbeitsmärkte sind nicht unmittelbar ersichtlich und werden vielfach kontrovers diskutiert (vgl. Kinkel / Lay / Maloca 2004). Während Kritiker insbesondere auf den Verlust von Industriearbeitsplätzen verweisen, sehen andere diese negativen Wirkungen aufgrund einer zunehmenden Wettbewerbsfähigkeit der verlagernden Unternehmen und der ansteigenden Kaufkraft der Bevölkerung in den aufstrebenden Schwellenländern mehr als kompensiert. Allgemein anerkannt wird, dass bei den Effekten erhebliche regionale Unterschiede auftreten können. So können sich Wirkungen auf Beschäftigung und Einkommen personell und regional konzentrieren und zu einer stärkeren regionalen Polarisierung beitragen (vgl. Jungnickel 2005).

Häufig fehlen gerade im Hinblick auf regionale Analysen verlässliche Daten über den Umfang und das Ausmaß von Produktionsverlagerungen und die damit verbundenen Wirkungen. Der folgende Beitrag versucht einen Teil dieser Lücke zu schließen und zielt darauf ab, ostbayerische Unternehmen, die in den Jahren 2007 und 2008 Verlagerungen von Teilen der Produktion plan(t)en, eingehender zu analysieren und der Wirtschaftspolitik damit Ansatzpunkte für regionalpolitische Entscheidungen zu liefern. Die im Rahmen der umfangreichen regionalen Unternehmensbefragung in Ostbayern RUBiO ermittelten Daten ermöglichen dezidierte Einblicke in die Struktur und das Wesen der verlagernden Unternehmen und geben Auskunft über die zugrunde liegenden Motive. Wie sich zeigt, können neben den „üblichen Verdächtigen“ wie Arbeitskosten und Markterschließung weitere Faktoren einen nicht zu vernachlässigenden Einfluss auf die Verlagerungsentscheidung ausüben.

II. Produktionsverlagerungen – was steckt dahinter?

1. Motive

Unternehmen stehen bei der Verlagerung von Teilen der Produktion mehrere Möglichkeiten offen. So können durch Direktinvestitionen eigene Niederlassungen gegründet bzw. bestehende Unternehmen übernommen werden oder in Kooperation mit ausländischen Partnern gemeinsame Produktionsstätten (Joint Ventures) aufgebaut werden. In der Regel hält das verlagernde Unternehmen im zweiten Fall einen Anteil an der Kooperation, der ihm hinreichende Mitspracherechte bzw. Einflussmöglichkeiten gewährt.[1] Derartige Maßnahmen werden in der Literatur in der Regel unter dem Begriff *offshoring*[2] zusammengefasst. In der jüngeren Vergangenheit hat sich ergänzend der Begriff *nearshoring* etabliert, um *offshoring* in nahe gelegene Länder, für Deutschland beispielsweise in mittel- und osteuropäische Länder (MOEL), zu kennzeichnen (vgl. Mattes / Strotmann 2005). Des Weiteren besteht auch die Möglichkeit des internationalen *outsourcing,* d. h. Teile der Produktion werden vollständig aus dem Unternehmen ausgegliedert und in der Folge als externe Vorleistungen von ausländischen Lieferanten bezogen. Dieser Beitrag beschäftigt sich schwerpunktmäßig mit der Variante des *offshoring.*

Generell werden in der Literatur zwei wesentliche Ursachen für *offshoring* diskutiert. So stellen allen voran Kostenaspekte das zentrale Argument für Produktionsverlagerungen dar. Auf Grundlage der traditionellen Außenhandelstheorie wird im Sinne des Heckscher-Ohlin-Theorems (vgl. Krugman / Obstfeld 2004) argumentiert, dass Faktorpreisunterschiede zwischen den Ländern für die Verlagerungen verantwortlich sind. Lohnunterschiede zwischen einzelnen Staaten führen dazu, dass Unternehmen auf der Suche nach effizienten Produktionsmöglichkeiten bestimmte Produktionsschritte und damit auch Arbeitsplätze ins Ausland verlagern. Überwiegend finden diese sog. vertikalen Investitionen zwischen höher und weniger entwickelten Volkswirtschaften statt, da letztere relativ betrachtet eine

---

1 Gemäß Deutscher Bundesbank existieren derartige Einflussmöglichkeiten, wenn die Mutterfirma eine Mindestbeteiligung von 20 Prozent am Nominalkapital oder den Stimmrechten der Tochterfirma hält (vgl. *Jäckel* 1999), der IWF sieht diese bereits bei einem Anteil von 10 Prozent als gegeben (vgl. IWF 2003).

2 *Offshoring* wird in der Literatur teilweise auch etwas konträr exklusiv für Verlagerung von Dienstleistungen an Externe verwendet (vgl. *Clement / Natrop* 2004).

reichhaltigere Ausstattung mit dem Faktor Arbeit aufweisen. Da es sich dabei in der Regel um unqualifizierte Arbeitskräfte handelt, kommt es folglich in erster Linie zu einer Verlagerung von arbeitsintensiven Produktionsprozessen (vgl. Mattes / Strotmann 2005).

Beim Blick auf das starke Lohngefälle innerhalb der Europäischen Union erscheint das Motiv der niedrigeren Arbeitskosten plausibel. So lag z. B. der durchschnittliche Bruttomonatslohn im neuen EU-Mitgliedsstaat Bulgarien im Jahr 2004 lediglich bei rund 130 Euro und damit bei rund fünf Prozent des deutschen Durchschnitts (vgl. Kleinhenz et al. 2006).

Neben den Lohnkosten tragen auch eine geringe Flexibilität inländischer Arbeitsmärkte in Bezug auf Arbeitszeitregelungen und Kündigungsschutz sowie eine höhere Steuer- und Abgabenlast ihren Teil zur Höhe der gesamten Arbeitskosten bei und werden dementsprechend häufig zur Begründung von Produktionsverlagerungen angeführt (vgl. DIHK 2003). Man sollte jedoch nicht außer Acht lassen, dass möglicherweise manche der genannten Gründe durchaus auch als politisches Druckmittel von Seiten bestimmter Interessensvertreter verwendet werden können, um eigenen Forderungen im Inland etwas mehr Nachdruck zu verleihen.

Des Weiteren können Produktionsverlagerungen mit dem Ziel verbunden sein, neue Märkte zu erschließen (horizontale Direktinvestitionen). In diesem Fall spielen Kostenargumente bzw. die inländischen Standortfaktoren generell keine tragende Rolle bei der Entscheidung. Vielmehr kommt es den Unternehmen darauf an Marktzutrittsbarrieren zu überwinden und ihre Erreichbarkeit / Kundennähe zu erhöhen, um schneller und flexibler auf Marktveränderungen reagieren zu können. Im Sinne der Theorie multinationaler Unternehmen (vgl. Barba / Navaretti / Venables 2004) kann es für die Erschließung wesentlich günstiger sein, eigene Produktionsstätten vor Ort aufzubauen, da hierdurch die mit der Markterschließung verbundenen Transaktionskosten deutlich gesenkt werden können. Eine theoretische Begründung liefert zudem die neue Außenhandelstheorie (Helpman 1984, Markusen 1984), die das Verhalten multinationaler Unternehmen durch das Ausnutzen von unternehmensspezifischen Skalenerträgen erklärt. Die Zentrale eines multinationalen Unternehmens kann Leistungen bereitstellen, die innerhalb des Unternehmens die Eigenschaften von öffentlichen Gütern aufweisen und somit keine oder nur geringe Grenzkosten verursachen (vgl. Klodt 2004)[3]. Produktionsverlagerungen zur Markterschließung finden vorwiegend zwischen entwickelten Volkswirtschaften mit ähnlicher Faktorausstattung statt (vgl. Mattes / Strotmann 2005). Häufig sind derartige Produktionsverlagerungen mit der Ausweitung der gesamten Kapazität verbunden, sodass es nicht zu einer Verringerung der inländischen Produktion kommt.

3 Der Autor sieht die Ausnutzung von unternehmensinternen Skalenerträgen nicht im Zusammenhang mit Markterschließungen, sondern als eigenständigen Grund. Allerdings räumt er zuvor ein, dass die Auslandsnachfrage die Basis für die Entscheidung „Export oder ausländische Produktionsstätten" liefert.

Neben diesen zentralen Argumenten existieren noch eine Reihe weiterer Motive. So weisen Clement / Nantrop (2004) darauf hin, dass u. a. auch günstigere Finanzierungsmöglichkeiten vor dem Hintergrund von Basel II oder das Bestreben konjunkturbedingte Spitzenlasten auszugleichen Einfluss auf die Entscheidung über Produktionsverlagerungen ausüben können. Auch die Risikoübertragung an Dritte sehen sie als nicht zu unterschätzenden Vorteil von Produktionsverlagerungen, der allerdings in erster Linie bei outsourcing-Aktivitäten zum Tragen kommen dürfte. Jones / Kierzkowski (2001) sowie Harris (2001) unterstreichen, dass die Verringerung der Kosten für allgemeine Dienstleistungen sowie niedrigere Telekommunikations- und Transportkosten die Verlagerungsentscheidung ebenfalls positiv beeinflussen. Auch ein Mangel an qualifizierten Arbeitskräften kann mitunter zur Verlagerung von Teilen der Produktion beitragen. In diesem Fall konzentrieren sich die Verlagerungen nicht ausschließlich auf arbeitsintensive, sondern auch auf humankapitalintensive Produktionsschritte. Marin (2004) geht davon aus, dass bereits heute Teile der Wertschöpfungskette ins Ausland verlagert werden, weil das Angebot an qualifizierten Arbeitskräften an den inländischen Standorten nicht ausreicht. Auch Clement / Natrop (2004) sehen in den Produktionsverlagerungen Anzeichen für Bildungsprobleme.

2. Arbeitsmarktseffekte

In der Literatur gilt es als allgemein anerkannt, dass Produktionsverlagerungen aus gesamtwirtschaftlicher Sicht die Wohlfahrt steigern. Hinsichtlich der damit verbundenen Effekte auf den Arbeitsmarkt finden sich hingegen keine einhelligen Meinungen. Die zuvor dargelegten Motive für Produktionsverlagerungen deuten an, dass man aus theoretischer Sicht je nach Standpunkt zu kontroversen Einschätzungen hinsichtlich der Arbeitsmarktwirkungen gelangen kann. Regional und sektoral auftretende Unterschiede tragen ebenfalls nicht zur Klärung der Frage bei. Des Weiteren sind mit der Verlagerung zahlreiche Sekundäreffekte verbunden, die sich ihrerseits auf die Beschäftigung auswirken, in ihrem gesamten Ausmaß allerdings nur schwer einzuschätzen sind (vgl. Kinkel / Lay / Maloca 2004).

Wie eingangs erwähnt, führen Faktorpreisunterschiede (Lohnunterschiede) zur Verlagerung arbeitsintensiver Produktionsprozesse ins Ausland, wodurch Druck auf das inländische Lohnniveau bzw. auf die Beschäftigung ausgeübt wird. Insbesondere im Bereich der geringqualifizierten Arbeit, der in Deutschland als relativ teuer gilt, ist demnach mit sinkenden Löhnen bzw., bei fehlender Flexibilität der Arbeitsmärkte, mit Beschäftigungsverlusten zu rechnen. Allerdings ist hierbei zu berücksichtigen, dass Unternehmen durch Verlagerungen von Teilen der Produktion einen verbesserten Zugang zu kostengünstigeren Fertigungsmethoden oder Zwischenprodukten erreichen und damit ihre internationale Wettbewerbsfähigkeit steigern und Marktanteile erobern können (vgl. Becker et al. 2004). Die durch die niedrigeren Kosten und den höheren Absatz zur Verfügung stehenden Mittel können zur Finanzierung zusätzlicher Investitionen im Inland herangezogen oder durch günstigere Preise an die Kunden weitergegeben werden und somit die Nachfrage stärken (vgl. Clement / Natrop 2004). In diesem Fall tragen kostenbedingte Produktionsverlagerungen auch zum Erhalt bzw. zur Schaffung von Beschäftigung am inländischen Standort bzw. generell im Heimatland bei.

Verlagerungen aus Gründen der Markterschließung sollten sich grundsätzlich positiv auf die Beschäftigung im Inland auswirken. Zum einen stehen sie zumeist in Verbindung mit einer Kapazitätserhöhung. Zum anderen nehmen die ausländischen Produktionsstätten vielfach Leistungen der inländischen Standorte (Verwaltung, Vertrieb, Controlling, Forschung und Entwicklung) in Anspruch, die zu einer Zunahme der inländischen Beschäftigung in diesen Bereichen führen.

Für höherqualifizierte Beschäftigte sollten die Verlagerungen gemäß der Faktorpreisunterschiede zunächst keine negativen Folgen verursachen. Dies gilt allerdings nur für den Fall, dass der komparative Vorteil in diesem Bereich in Deutschland gegenwärtig existiert bzw. langfristig bestehen bleibt. Das relativ gute Bildungsniveau in vielen Ländern Mittel- und Osteuropas und die verstärkten Investitionen im Bereich von Forschung und Entwicklung (vgl. Eurostat 2007)[4] deuten an, dass dieser Vorteil nicht zwingend gegeben ist bzw. nicht mittel- und langfristig weiter bestehen muss. Marin (2004) stellt anhand einer Untersuchung deutscher und österreichischer Unternehmen fest, dass der Anteil an Beschäftigten mit Universitätsabschluss in deren mittel- und osteuropäischen Niederlassungen um das zwei- bis dreifache höher liegt als im Heimatland. Den höchsten Anteil hochqualifizierter Beschäftigter weist dabei der ostbayerische Nachbar Tschechien auf. Einschränkend gilt es festzuhalten, dass Unterschiede im Bildungssystem zu einem gewissen Teil mitursächlich für diese Beobachtung sein dürften. Hochqualifizierte Beschäftigte, die das Ausbildungssystem in Deutschland hervorbringt, tauchen in der Betrachtung nicht auf. Allerdings liegt auch der Anteil an Beschäftigten im Bereich von Forschung und Entwicklung in vielen der von Marin (2004) untersuchten Niederlassungen höher. Im Hinblick auf das schlechte Abschneiden bei den PISA-Studien und der relativ niedrigen Anteile von höherqualifizierten Beschäftigten an der Gesamtbeschäftigung konstatiert die Autorin für Deutschland und Österreich bereits heute einen relativen Mangel an Humankapital. In diesem Zusammenhang sollten jedoch regionale Aspekte nicht vernachlässigt werden. Wössmann (2007) weist auf große regionale Unterschiede im deutschen Bildungssystem hin. So wäre z. B. Bayern bei den PISA-Studien auf Platz 5 aller OECD Staaten zu finden, was darauf schließen lässt, dass das regionale Bildungswesen in Ostbayern auch im internationalen Vergleich überdurchschnittlich qualifizierte Erwerbspersonen hervorbringt. Allerdings ist davon auszugehen, dass ein beträchtlicher Teil des qualifizierten Nachwuchses die Region

4 Gilt nicht für alle Länder. Während z. B. in Ungarn, der Tschechischen Republik sowie den baltischen Staaten der Anteil der FuE-Ausgaben am BIP seit 1995 z. T. deutlich angestiegen ist, verringerte er sich in Polen, Slowenien und der Slowakei.

verlässt, um in den urbanen Zentren zu studieren bzw. zu arbeiten (vgl. Falck / Heblich 2008 in diesem Band). Wie Bauernschuster (2008) in diesem Band zeigt, fällt in Ostbayern zudem der Anteil der Schüler, die höhere Schulen besuchen sowie der Anteil der Höherqualifizierten an der Beschäftigung im bayerischen Vergleich unterdurchschnittlich aus.

III. Produktionsverlagerungen in Deutschland – empirische Belege

Studien der letzten Jahre zeichnen zumindest in den Grundsätzen ein ähnliches Bild über das Ausmaß bzw. die Tendenz der getätigten bzw. geplanten Produktionsverlagerungen. Allerdings variieren sie teilweise stark in ihren Einschätzungen über die Bedeutung der zugrunde liegenden Motive und den damit verbundenen Beschäftigungswirkungen. Wesentliche Gründe für die abweichenden Ergebnisse liegen darin, dass die Studien auf unterschiedlichen Daten und methodischen Vorgehensweisen basieren (für einen Überblick über verschiedene Studien vgl. Mattes / Strotmann 2005). Manche Studien greifen auf (makroökonomische) Statistiken internationaler Organisationen (z. B. Amiti / Wei 2005), andere auf Daten der Deutschen Bundesbank über die Investitionsaktivitäten deutscher Unternehmen im Ausland zurück (z. B. Becker et al. 2004, Klodt 2004). Wieder andere Autoren (IKB / KFW 2004, KFW 2005, DIHK 2003, DIHK 2006, Kinkel / Lay / Maloca 2004, Mattes / Strotmann 2005, Geishecker / Görg 2006) verwenden Mikrodatensätze, die zumeist auf Unternehmensbefragungen basieren. Insbesondere Analysen über die Beschäftigungswirkungen leiden darunter, dass Veränderungen der Beschäftigung von einer Vielzahl von Entwicklungen und Rahmenbedingungen abhängen, die sich in der Regel nicht ausdifferenziert betrachten lassen (vgl. Kinkel / Lay / Maloca 2004). Eine Zerlegung der Einflussfaktoren auf die Beschäftigungsentwicklung in ihre einzelnen Komponenten und demzufolge eine klare Zuordnung der Arbeitsmarkteffekte im Zuge von Produktionsverlagerungen ist deshalb kaum möglich.

1. Entwicklung in den letzten Jahren

Die meisten Studien stellen einen starken Anstieg der *offshoring-Aktivitäten* deutscher Unternehmen in den letzten Jahren fest. Zudem findet vielfach eine Desintegration statt, d. h. die Fertigungstiefe in den einzelnen Unternehmen geht zurück (vgl. Mattes / Strotmann 2005). Bevorzugtes Verlagerungsziel stellten in den meisten Fällen die neuen EU-Mitgliedsstaaten dar. Es wird damit gerechnet, dass diese Entwicklung auch in den kommenden Jahren Bestand haben wird. Wie viele Unternehmen insgesamt bereits Teile der Produktion verlagert haben bzw. noch planen zu verlagern, lässt sich nicht eindeutig bestimmen, da die einzelnen

Studien von unterschiedlichen Grundgesamtheiten, Zeiträumen und Zielländern ausgehen.

Gemäß Becker et al. (2004), die mit der Direktinvestitionsstatistik der Deutschen Bundesbank[5] arbeiten, waren im Jahr 2001 etwas weniger als 9000 Unternehmen mittels Direktinvestitionen im Ausland aktiv. Kinkel / Lay / Maloca (2004) zufolge hat in den Jahren 2001 bis 2003 ein Viertel der Betriebe aus den Kernbranchen des Verarbeitenden Gewerbes (Metall- und Elektroindustrie, Chemie und Kunststoffverarbeitung) Teile der Produktion ins Ausland verlagert. Bis 2005 sollte die Zahl um weitere elf Prozentpunkte ansteigen. Der DIHK (2003) kommt zu dem Ergebnis, dass 24 Prozent der Industrieunternehmen Deutschlands in den nächsten drei Jahren Produktionsverlagerungen ins Ausland plan(t)en, wobei deutliche regionale Unterschiede zu erkennen sind. Von den durch IKB / KFW (2004) befragten größeren Industriebetrieben gaben über die Hälfte an, in den letzten drei Jahren Direktinvestitionen im Ausland getätigt zu haben. Auswertungen aus dem IAB-Betriebspanel aus dem Jahr 2004 (Ellguth 2005) ergeben, dass in Westdeutschland rund drei Prozent und in Ostdeutschland gut ein Prozent eine Verlagerung von Produktionskapazitäten in die MOEL plan(t)en. Mattes und Strotmann (2005) ermitteln ebenfalls auf Basis der Daten des IAB-Betriebspanels von 2004, dass ca. 1,4 Prozent aller Betriebe aus Baden-Württemberg für die kommenden zwei Jahre Produktionsverlagerungen in die MOEL plan(t)e.

Vielfach zeigt sich, dass die Bereitschaft zur Produktionsverlagerung mit der Unternehmensgröße deutlich ansteigt. Einer Befragung der KFW (2005) von über 4000 kleinen und mittleren Unternehmen (KMU) zufolge, haben lediglich 1,9 Prozent der KMU Direktinvestitionen in den mittel- und osteuropäischen Beitrittsländern getätigt. Laut Dilth (2003) ziehen KMU aber zunehmend die Möglichkeit einer Produktionsverlagerung in Betracht. Auch eine im Produzierenden Gewerbe in der Schweiz durchgeführte Studie (Fleisch / Geginat / Loeser 2004) kommt zu dem Schluss, dass der Trend zur Produktionsverlagerung auch vor KMU nicht mehr Halt macht. Die Mehrheit der befragten KMU gab an, in den nächsten Jahren eine Produktionsverlagerung ins Ausland zu planen, insbesondere auch angetrieben durch die Produktionsverlagerungen von wichtigen Großkunden.

Wenngleich sich ein überwiegender Teil der Studien auf das Produzierende Gewerbe konzentriert, beschäftigen sich einige Studien auch mit dem Dienstleistungssektor. Amiti / Wei (2005) gelangen anhand verschiedener Länderanalysen zu der Einschätzung, dass *outsourcing* im Dienstleistungssektor zwar kontinuierlich über die Jahre zugenommen hat, sich aber immer noch auf einem relativ niedrigen Niveau befindet. Marin (2004) hingegen hält mit Blick auf die Auslandsaktivitäten deutscher und österreichischer Unternehmen in Tschechien fest, dass Produktionsverlagerungen auch im Dienstleistungsbereich zu einer festen Größe geworden sind. Auch eine Studie der Unternehmensberatung Deloitte (2005), die sich auf

---

5 Beinhaltet nur Unternehmen, die meldepflichtige Auslandstransaktionen durchgeführt haben (vgl. *Klodt* 2004).

den Finanzsektor konzentriert, kommt zu dem Ergebnis, dass *outsourcing/offshoring* in diesem Bereich zu einer „common practice" geworden ist. Allerdings variieren Umfang und Erfolg der Aktivitäten deutlich zwischen den einzelnen Unternehmen. Während zunächst hauptsächlich einfache Tätigkeiten im IT Bereich betroffen waren, werden heute bereits multiplere und komplexere Serviceleistungen, wie z. B. Buchhaltung oder Vermögensverwaltung, verlagert. Laut KFW (2005) nehmen im Dienstleistungssektor im Vergleich zum Produzierenden Gewerbe kleinere Unternehmen eine gewichtigere Stellung ein. Folgt man den Aussagen von Mattes/Strotmann (2005) scheinen die MOEL als Zielländer für den Dienstleistungssektor nur wenig Attraktivität auszustrahlen. Sie stellen in ihrer Studie fest, dass primär Betriebe des Verarbeitenden Gewerbes Produktionsverlagerungen in die MOEL planen. Da in diesen Ländern in den letzten Jahren ein Großteil der ausländischen Direktinvestitionen in den Bereich der Dienstleistungen geflossen ist (vgl. DTIHK 2005) sollte aber die Rolle der Dienstleister nicht unterschätzt werden.

Die Gründe für Verlagerungen sind heutzutage vielfältiger als noch Mitte der 90er Jahre (vgl. Kinkel/Lay/Maloca 2004). Weiterhin gelten Faktorpreisunterschiede als wichtiger, wenngleich nicht immer zwingend als wesentlicher Grund für Auslandsinvestitionen (vgl. Mattes/Strotmann 2005). Markterschließungsgründe gewinnen an Bedeutung. In einigen Studien werden sie sogar als zentral eingestuft. Laut einer im Auftrag von IKB und KFW (2004) durchgeführten Befragung von überwiegend großen Unternehmen (mehr als 50 Millionen Euro Umsatz) sind für über 80 Prozent der Unternehmen Markterschließung und Marktsicherung der Hauptgrund für die Verlagerung. Die Bedeutung von Steuern und Abgaben wird unterschiedlich eingeschätzt. Während z. B. der DIHK (2003) die Steuer- und Abgabenlast neben Kostengründen als wesentliches Kriterium für Produktionsverlagerungen einstuft, halten Kinkel/Lay/Maloca (2004) fest, dass dieses Motiv durchaus eine Rolle spielt, aber nicht den Stellenwert einnimmt, der vielfach unterstellt wird. Für KMU stellt die Produktionsverlagerung vielfach eine notwendige Anpassung dar, um weiterhin ihre Großkunden an deren neuen Produktionsstätten beliefern zu können (vgl. Fleisch/Geginat/Loeser 2004).

2. Beschäftigungswirkungen

Die Analysen der Beschäftigungswirkungen fallen in ihren Ergebnissen wie erwartet qualitativ uneinheitlich aus. In seinem Jahresgutachten 2004/05 verweist der Sachverständigenrat (2004) darauf, dass die zunehmende weltweite Verflechtung der deutschen Wirtschaft mit Beschäftigungseffekten auf dem heimischen Arbeitsmarkt verbunden ist, deren Wirkungen allerdings noch zu qualifizieren sind. Insgesamt wird die Beschäftigungswirkung geringer eingestuft als oftmals angenommen (vgl. Sachverständigenrat 2004). Sinn (2004) befürchtet in der Summe dennoch gravierende Beschäftigungsverluste für Deutschland. Da die großen Lohnunterschiede zu den neuen EU-Mitgliedsstaaten noch über viele Jahre bestehen bleiben dürften, lasse sich die Produktion in vielen Fällen nicht im Lande halten. Die teilweise recht emotional geführte wissenschaftliche Diskussion macht deutlich, dass man über die Beschäftigungswirkungen von Produktionsverlagerungen keine voreiligen Schlussfolgerungen ziehen sollte.

Kinkel / Lay / Maloca (2004) halten fest, dass die Beschäftigungswirkungen je nach Zielrichtung der Unternehmen ambivalent ausfallen. Lediglich bei kostengetriebenen Verlagerungen konnten signifikant negative Effekte auf das Beschäftigungswachstum festgestellt werden. Der DIHK (2003) konstatiert einen negativen Gesamteffekt. In den Jahren 2003 bis 2005 sind demzufolge jeweils 50.000 Industriearbeitsplätze aufgrund von Standortnachteilen verloren gegangen. Marin (2004) beziffert die gesamten Beschäftigungsverluste aufgrund von Produktionsverlagerungen in die MOEL auf 90.000 Stellen. Ein überwiegender Teil der dort entstehenden Arbeitsplätze würde aber nicht in Konkurrenz zu Arbeitsplätzen am Heimatort stehen. IKB / KFW (2004) ermitteln bei der Mehrheit der befragten Unternehmen (60 Prozent) positive Beschäftigungseffekte für den Heimatstandort. Nur 20 Prozent bauten infolge ihrer ausländischen Direktinvestitionen Arbeitsplätze am Heimatstandort ab. Auch Amiti / Wei (2005) belegen für den Dienstleistungssektor, dass *outsourcing / offshoring* zu keinem Export von Arbeitsplätzen führt.

Die empirischen Ergebnisse zu den Auswirkungen der Verlagerungen auf die jeweiligen Qualifikationsniveaus fallen ebenfalls unterschiedlich aus. So bestätigen Geishecker / Görg (2006), dass auf kurze Sicht in erster Linie niedrig qualifizierte Arbeitnehmer unter der Verlagerung von Teilen der Produktion ins Ausland leiden. In diesem Bereich sind die realen Löhne in Deutschland in den Jahren 1991 bis 2000 um bis zu 1,5 Prozent gesunken, während die höherqualifizierten Beschäftigten Lohnzuwächse von bis zu 2,6 Prozent verzeichnen konnten. Marin (2004) stellt hingegen auch für höherqualifizierte Arbeitnehmer negative Effekte fest. Bereits in den letzten Jahren sei hochqualifizierte Tätigkeit aus deutschen und österreichischen Unternehmen in die neuen Mitgliedsstaaten der Europäischen Union ausgegliedert worden. Auch der DIHK (2003) betont, dass nicht mehr ausschließlich arbeitsintensive Fertigungsbereiche verlagert werden. Mittlerweile werde verstärkt darüber nachgedacht auch wissensintensive Unternehmensteile zu verlagern. Kinkel / Lay / Maloca (2004) finden wiederum keine Belege dafür, dass die Verfügbarkeit von qualifiziertem Personal am ausländischen Standort von Bedeutung ist. Zudem weisen im Mittel verlagernde Unternehmen eine geringere FuE-Quote als nicht verlagernde. Demnach scheint es sich bei den Verlagerungen primär um arbeitsintensive Produktionsprozesse zu handeln, die keine höherqualifizierte Beschäftigung verlangen. Auch Mattes / Strotmann (2005) können keinen Einfluss einer unzureichenden Humankapitalausstattung oder schlechter Rahmenbedingungen für Forschung und Entwicklung im Inland feststellen.

IV. Produktionsverlagerungen in Ostbayern

1. Darstellung der Region

Das Untersuchungsgebiet umfasst mit einer Einwohnerzahl von rund 2,4 Millionen ein Gebiet von über 27.000 Quadratkilometern und ist politisch in die drei Regierungsbezirke Niederbayern, Oberpfalz und Oberfranken unterteilt. Ostbayern gilt in weiten Teilen als eher ländlich geprägt. Trotz einer insgesamt positiven Entwicklung in den letzten Jahren weisen einige Gebiete nach wie vor deutliche strukturelle Defizite auf. Insbesondere in den grenznahen Gebieten zur Tschechischen Republik, die jahrzehntelang durch die Nähe zum Eisernen Vorhang in ihrer wirtschaftlichen Entwicklung beeinträchtigt wurden, konnte der Entwicklungsrückstand auch nach dem Ende des Kalten Krieges nur teilweise aufgeholt werden (vgl. Kleinhenz et al. 2006). Mit der Erweiterung der Europäischen Union im Jahr 2004 sind diese ehemaligen Zonenrandgebiete ins Zentrum Europas gerückt. Aufgrund der Nähe zu den MOEL (insbesondere Tschechien) wird das Thema Produktionsverlagerung in Ostbayern seit der Öffnung der östlichen Nachbarländer mit einer besonderen Aufmerksamkeit betrachtet. Denn auch in Zeiten moderner Transport- und Kommunikationstechnologien gilt, dass Standorte in der unmittelbaren Nachbarschaft für Direktinvestitionen von besonderer Attraktivität sind. Eine geringe Standortdistanz garantiert eine schnelle Erreichbarkeit und vereinfacht die Steuerung des Auslandsengagements gerade auch KMU wesentlich (vgl. Kleinhenz et al. 2006). Hinzu kommt, dass auch primär lokal ausgerichtete Dienstleistungen verlagert werden können, die im Regelfall als an den Standort gebunden erachtet werden. Demnach war bzw. ist in Ostbayern mit einer stärkeren Verlagerungsaktivität insbesondere nach Tschechien zu rechnen. Auswertungen aus RUBiO (vgl. kommenden Absatz) zeigen, dass Tschechien in der Tat die größte Attraktivität als Produktionsstandort für ostbayerische Unternehmen ausstrahlt. Allerdings gelten die wirtschaftlichen Verflechtungen Ostbayerns mit seinem tschechischen Nachbarn bisher als nicht sonderlich ausgeprägt (vgl. RRV 2006). Laut Einschätzung der IHK Regensburg sind gegenwärtig nur ca. ein Prozent der kleinen und mittleren Unternehmen aus Ostbayern investiv in Tschechien engagiert, allerdings mit steigender Tendenz (vgl. IHK Regensburg 2006). Erkenntnisse aus regionalökonomischen Untersuchungen über den wirtschaftlichen Integrationsprozess an den Binnengrenzen der Europäischen Union weisen generell darauf hin, dass der Grad der wirtschaftlichen Verflechtung zwischen Grenzregionen zumeist relativ niedrig ist. Denn trotz des Abbaus rechtlicher und physischer Schranken bleiben Hindernisse in Form von institutionellen und administrativen Disparitäten sowie sprachlichen, psychologischen und kulturellen Unterschieden bestehen, die eine tiefer gehende Integration behindern (vgl. Niebuhr / Stiller 2006).

2. Ergebnisse aus RUBiO

Die Unternehmensbefragung RUBiO basiert auf einer geschichteten Stichprobenziehung aus der Betriebsdatei, die aus der Beschäftigtenstatistik der Bundesagentur für Arbeit hervorgegangen ist. Diese beinhaltet sämtliche Betriebe mit mindestens einem sozialversicherungspflichtig Beschäftigten. Sie gilt damit als die umfangreichste Unternehmensdatenbank in Deutschland. In der amtlichen Statistik wird als „Betrieb" die örtliche Einheit verstanden, in der die Tätigkeiten eines Unternehmens,[6] d. h. die Produktion von Gütern oder Dienstleistungen, tatsächlich durchgeführt werden (für weitere Details vgl. Brixy / Fritsch 2002). Während andere betriebsbezogene Befragungen sich häufig auf ausgewählte Branchen (z. B. den industriellen Sektor) oder Betriebe einer bestimmten Größe beschränken müssen, ist RUBiO, ähnlich wie das IAB-Betriebspanel (vgl. Bellmann / Kohaut / Lahner 2002), wesentlich breiter angelegt und ermöglicht mit gewissen Einschränkungen aufgrund von Verzerrungen im Rücklauf Aussagen über die Gesamtheit aller Betriebe (vgl. Kleinhenz et al. 2006).

In Ostbayern gab es zum Stichtag 30. Juni 2005 insgesamt 21.393 Betriebe im Produzierenden Gewerbe und 61.118 Betriebe im Dienstleistungsbereich, die mindestens einen sozialversicherungspflichtigen Mitarbeiter beschäftigten. Hiervon wurden annähernd 7.000 Betriebe in die Stichprobe aufgenommen. Bis zum Ende der Befragungsphase am 31. Mai 2006 gingen insgesamt 978 (Rücklaufquote von 14,1 Prozent) Fragebögen ein, von denen sich 935 als geeignet für die folgenden Auswertungen erwiesen haben.

Im Rahmen von RUBiO wurden die für die Jahre 2007 und 2008 geplanten Produktionsverlagerungen abgefragt. Das bisherige Gesamtausmaß von Produktionsverlagerungen ostbayerischer Unternehmen kann daher nicht abgebildet werden. Außerdem bleibt unklar, ob Betriebe keine Verlagerungen planen, da sie bereits in der Vergangenheit aktiv geworden sind oder ob die Möglichkeit zu verlagern grundsätzlich nicht in Betracht gezogen wird. Speziell für die MOEL zeigen verschiedene Studien (Becker et al. 2004, IKB / KFW 2004), dass zahlreiche Unternehmen bereits Produktionsverlagerungen vor dem Beitritt dieser Länder zur Europäischen Union durchgeführt hatten. Auch Beschäftigungseffekte bzw. gesamtwirtschaftliche Auswirkungen lassen sich auf Basis der Betrachtung einzelner Betriebe nur eingeschränkt analysieren. Interessante Einblicke ermöglicht die Analyse jedoch hinsichtlich der zu erwartenden Verlagerungsaktivitäten in Ostbayern, den Charakteristika der Betriebe, den bevorzugten Zielländern und den zugrunde liegenden Motiven der Unternehmen.

---

6 Im Folgenden werden die Begriffe „Betrieb" und „Unternehmen", wie es im allgemeinen Sprachgebrauch üblich ist, synonym verwendet.

a) Deskriptive Analyse

Gemäß RUBiO planen rund 3,2 Prozent aller ostbayerischen Unternehmen in den Jahren 2007 und 2008 zumindest Teile der Produktion ins Ausland zu verlagern. Im unmittelbaren Grenzgebiet zu Tschechien ist der Anteil etwas höher. Wie Abbildung 1 zeigt, plant über ein Drittel (37,1 Prozent) der verlagernden Betriebe nach Tschechien und mehr als jeder vierte in andere Staaten Mittel- und Osteuropas (u. a. Polen, Rumänien, Ukraine) zu gehen. Für knapp 30 Prozent ist der Fokus auf Österreich gerichtet. Dieser Wert erscheint im Vergleich zu anderen Studien außerordentlich hoch und lässt vermuten, dass einige der an der Befragung teilnehmenden Betriebe in ihren Antworten auch eine politische Botschaft verpacken wollten. Nichtsdestotrotz scheint Österreich für viele oberbayerische Betriebe eine überaus attraktive Standortalternative darzustellen.

Knapp zwei Prozent der Unternehmen, fast ausschließlich größere Betriebe, geben China als potenzielles Zielland an, auf die restliche Welt entfallen 4,2 Prozent. Es zeigt sich, dass durchaus auch primär regional ausgerichtete Unternehmen Produktionsverlagerungen planen. Rund 30 Prozent der verlagernden Betriebe erzielen mehr als die Hälfte ihres Umsatzes im eigenen Landkreis, 15 Prozent sogar mehr als drei Viertel.

Insgesamt fällt die geplante Verlagerungsaktivität in Ostbayern im Vergleich zu den Ergebnissen aus dem IAB-Betriebspanel von 2004 (vgl. Ellguth 2005) für Westdeutschland etwas niedriger bzw. für Ostdeutschland etwas höher aus. Allein für die MOEL geht Ellguth (2005) von einem Anteil der verlagernden Betriebe aus Westdeutschland von drei Prozent aus. In den neuen Bundesländern sind es nur gut ein Prozent.

Wie erwartet lassen sich deutliche Unterschiede in Bezug auf die Betriebsgröße feststellen. Gemessen an der Gesamtbeschäftigung bekommen demzufolge Produktionsverlagerungen ein stärkeres Gewicht als es der Anteil an allen Betrieben auszudrücken vermag. Die deskriptiven Auswertungen (vgl. Tabelle 1) zeigen, dass beinahe jeder vierte der großen Betriebe (über 249 Mitarbeiter) eine zumindest teilweise Verlagerung seiner Produktion plant. Bei den mittleren Betrieben mit 50 bis 249 Mitarbeitern sind es knapp neun Prozent, bei den Betrieben mit 10 bis 49 Beschäftigten etwas mehr als sechs Prozent. Für kleine Unternehmen mit bis zu neun Mitarbeitern liegt der Wert bei unter zwei Prozent. Dafür ist der Anteil der Produktion, der verlagert werden soll, in den kleinen Größenklassen wesentlich höher. Während kleine Betriebe (bis neun Mitarbeiter) im Schnitt planen, annähernd zwei Drittel ihrer Produktion zu verlagern, sind es bei den mittleren Betrieben deutlich weniger als ein Drittel und bei den großen Betrieben lediglich rund 15 Prozent (Bandbreite von 5 bis 30 Prozent) der Produktion.

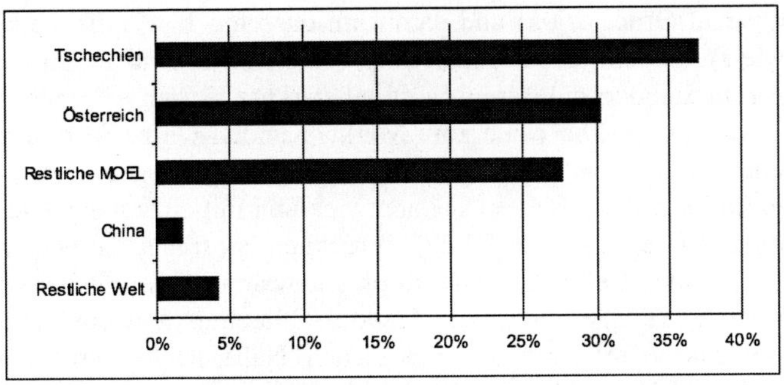

Quelle: *RUBiO* (2006).

Abbildung 1: Zielregionen der geplanten Produktionsverlagerungen

Tabelle 1

Produktionsverlagerungen nach Betriebsgrößenklassen

	Produktions-verlagerungen	Anteil der verlagernden Unternehmen	Durchschnittlicher Verlagerungsanteil an gesamter Produktion	Beschäftigungs-anteile der Größenklasse
Betriebsgrößen-klassen	1 – 9 Mitarb.	1,9 %	68,0 %	19,2 %
	10 – 49 Mitarb.	6,4 %	36,9 %	24,8 %
	50 – 249 Mitarb.	8,5 %	29,3 %	26,1 %
	über 250 Mitarb.	24,0 %	15,4 %	29,9 %
	Gesamt	3,2 %	49,3 %	100,0 %

Quelle: *RUBiO* (2006), Bundesagentur für Arbeit.

Gründe für Produktionsverlagerung

Falls Gründe für die Verlagerung von Teilen der Produktion angegeben werden,[7] gelten als zentrale Punkte die Senkung der Produktionskosten (42,5 Prozent) und der hohe Bürokratieaufwand / Steuern (41,6 Prozent), wobei letzteres ausschließlich für Unternehmen von Relevanz ist, die in die unmittelbaren Nachbarstaaten Österreich und Tschechien verlagern wollen. Für größere Unternehmen (über 250 Mitarbeiter) spielt Österreich als Verlagerungsstandort keine und Tschechien eine unterdurchschnittliche Rolle. Aufgrund der rasanten Lohnentwicklung in den letzten Jahren und einer sinkenden Arbeitslosenquote in Tschechien erscheinen Produktionsverlagerungen aus Kostengründen in das Nachbarland im Vergleich zu weiter östlich gelegenen Staaten auch vergleichsweise unattraktiv. So lag bspw. bereits im Jahr 2004 der Bruttomonatslohn in Tschechien bei rund 600 Euro (vgl.

7 Nur etwa die Hälfte der befragten Unternehmen gibt Gründe für die Verlagerungen an.

Czech Statistical Office 2005) und damit um das vier- bis fünffache höher als in Ländern wie Bulgarien oder Rumänien. Anscheinend erhöht die gute Erreichbarkeit / Nähe zum Standort die Bereitschaft auf stärkere Kostensenkungen in der Produktion zu verzichten. Die Nähe zum Markt / Kunden wird von rund 15 Prozent der Betriebe als zentraler Grund für die Verlagerung vorgebracht. Obwohl für Tschechien im Zuge der positiven Lohnentwicklung mit einer steigenden Konsumgüternachfrage in den nächsten Jahren zu rechnen ist, findet dieser Punkt bei den dorthin verlagernden Betrieben keine direkte Erwähnung. Möglicherweise sind in Ostbayern keine Verlagerungen zur Markterschließung notwendig, da sich der tschechische Markt aufgrund der räumlichen Nähe auch vom ostbayerischen Standort bedienen lässt. Allerdings geben im Zusammenhang mit einer anderen Fragestellung fast die Hälfte der Betriebe, die nach Tschechien verlagern wollen an, dass sie dort entweder bereits Markterschließungsaktivitäten betreiben oder zumindest planen, in diesem Bereich tätig zu werden. Eine Analyse anhand der Umsatzverteilung zeigt, dass Unternehmen die bereits einen Teil ihres Umsatzes in der Zielregion erwirtschaften eher zu Produktionsverlagerungen in diese Regionen neigen. Allerdings befinden sich die Umsatzanteile in den meisten Fällen noch auf einem sehr niedrigen Niveau. So liegt der durchschnittliche Umsatzanteil mit Tschechien bei ostbayerischen Unternehmen, die keine Produktionsverlagerungen nach Tschechien planen, bei gerade einmal 0,3 Prozent. Die Gruppe der verlagernden Betriebe erwirtschaftet bereits durchschnittlich 1,4 Prozent ihres Umsatzes vor Ort. Betriebe, die in andere MOEL verlagern wollen, erzielen in dieser Region bereits durchschnittlich über 6,3 Prozent ihres Umsatzes, verglichen mit Umsatzanteilen von weniger als 0,3 Prozent bei nicht verlagernden Betrieben. Die Ergebnisse deuten an, dass Markterschließung in Mittel- und Osteuropa zunehmend eine Rolle für die Verlagerungsentscheidung spielt.

Tabelle 2

Gründe für Verlagerung nach Betriebsgrößenklassen

Beschäftigtenzahl	Kosten	Steuern und Bürokratie	Markterschließung / Nähe zum Kunden
1 bis 9 Mitarbeiter	11,1 %	66,7 %	22,2 %
10 bis 49 Mitarbeiter	80,0 %	13,9 %	28,9 %
50 bis 249 Mitarbeiter	66,7 %	8,3 %	25,0 %
über 250 Mitarbeiter	88,9 %	0,0 %	11,1 %

Quelle: *RUBiO* (2006).

Sektorale Betrachtung

Knapp die Hälfte der verlagernden Betriebe stammt aus dem Verarbeitenden Gewerbe, weitere 12 Prozent gehören dem Bausektor an, die übrigen sind dem Dienstleistungssektor zuzurechnen. Verlagerungspläne sind demnach auch im Bereich der Dienstleistungen eine *feste Tatsache* geworden. Innerhalb dieses Sektors stellen der Handel (ca. 18 Prozent an allen geplanten Verlagerungen) sowie die unternehmensnahen Dienstleistungen (ca. 14 Prozent) die beiden Schwergewichte dar, der Bereich der persönlichen und sonstigen Dienstleistungen bringt es auf einen Anteil von knapp sechs Prozent. Die im Bereich der Dienstleistungen geplanten Verlagerungen konzentrieren sich vollständig auf die MOEL sowie Österreich. Diese Beobachtung widerspricht der These (vgl. Mattes / Strotmann 2005), dass hauptsächlich Betriebe des Verarbeitenden Gewerbes in die MOEL verlagern.

Mit einem Anteil von über 50 Prozent ist Tschechien das mit Abstand wichtigste Zielland für verlagernde Dienstleister. Dem weltweiten Trend entsprechend fand dort bereits in den letzten Jahren ein Großteil der ausländischen Direktinvestitionen im Dienstleistungssektor statt. Im Jahr 2004 erzielte dieser Sektor einen Anteil von rund zwei Drittel an den gesamten ausländischen Direktinvestitionen. So war vor allem das Hotel- und Gaststättengewerbe für ausländische Investoren von Interesse, aber auch das Immobilienwesen und das Finanzwesen konnten stark von den ausländischen Direktinvestitionen profitieren. Auf Seite der verarbeitenden Industrie wurde hauptsächlich in den Fahrzeugbau investiert (vgl. DTIHK 2005).

Einfluss der Qualifikationsstruktur / FuE

Um der Frage nachzugehen, welche Art von Arbeit von Produktionsverlagerungen betroffen sein könnte, lohnt ein Blick auf die Mitarbeiterstruktur der verlagernden Betriebe. Es zeigt sich, dass diese einen signifikant höheren Anteil an höherqualifizierten Mitarbeitern im Vergleich zu den übrigen Unternehmen aufweisen. Der Anteil an Hochschulabsolventen (9,4 Prozent) sowie Meistern und Technikern (23,4 Prozent) liegt um einige Prozentpunkte über dem Durchschnitt der übrigen Betriebe (7,2 bzw. 19,2 Prozent). Der Anteil an Beschäftigten mit Lehre fällt bei den verlagernden Betrieben niedriger aus. Hinsichtlich der ungelernten Arbeitskräfte treten keine Unterschiede auf. Im Gegensatz zu Ergebnissen anderer Studien (Grupp et al. 2003, Kinkel / Lay / Maloca 2004, Mattes / Strotmann 2005) weisen die verlagernden Betriebe zudem eine regere Forschungs- und Entwicklungsaktivität auf. Über ein Drittel (36,2 Prozent) dieser Betriebe betreibt demnach eigene Forschung und Entwicklung, verglichen mit weniger als zehn Prozent bei den übrigen Unternehmen. Die Beobachtungen konkurrieren mit der These, dass forschungsintensive Prozesse in Deutschland wettbewerbsfähiger durchgeführt werden können und daher nicht von Produktionsverlagerungen betroffen sind (vgl. Kinkel / Lay / Maloca 2004). Dieser These zufolge sollten verlagernde Unternehmen noch einen *Nachholbedarf* hinsichtlich ihrer Wettbewerbsfähigkeit / Qualifikationsstruktur aufweisen. Denn durch Verlagerungen von arbeitsintensiven Produktionsschritten lassen sich Rationalisierungsmaßnahmen realisieren, die zu einer Verringerung der geringqualifizierten Arbeit am heimischen Standort führen und demnach das durchschnittliche Qualifikationsniveau der Mitarbeiter erhöhen. So gelangen Mattes / Strotmann (2005) zu ihrer Einschätzung, dass Arbeitsplätze in Betriebsstätten umso eher ins Ausland verlagert werden, je höher der Anteil An- und Ungelernter an den Beschäftigten ist.

Möglicherweise sind überlagernde Effekte verantwortlich für die Beobachtung, dass verstärkt Betriebe verlagern wollen, die über ein hohes Maß an Humankapital verfügen. So kann sicherlich die Unternehmensgröße einen verzerrenden Einfluss ausüben. Anhand einer differenzierten Auswertung nach Größenklassen zeigt sich aber, bei relativ dünner Zellbelegung, dass die Unterschiede über alle Größenklassen hinweg bestehen bleiben. Gleiches gilt für eine sektorale Differenzierung. Denkbar ist auch, dass Unternehmen, die grundsätzlich über Verlagerungspotenzial verfügen, eine andere Mitarbeiterstruktur aufweisen. In der Regel dürften diese Unternehmen wesentlich exportorientierter und stärker in den internationalen Wettbewerb integriert sein, sodass sie auf eine höherqualifizierte Mitarbeiterstruktur angewiesen sind, um wettbewerbsfähig zu sein. Allerdings bleiben die Unterschiede im Qualifikationsniveau auch bestehen, wenn man alle Betriebe, die 100 Prozent ihres Umsatzes im eigenen Landkreis erzielen und demnach keinem internationalen Wettbewerbsdruck ausgeliefert sind, aus der Betrachtung ausschließt.

Die überlagernden Effekte reichen also nicht aus, um den hohen Anteil an qualifizierter Arbeit bei den verlagernden Unternehmen erklären zu können. Zudem ist zu berücksichtigen, dass in der Gruppe der übrigen Unternehmen wahrscheinlich etliche Betriebe enthalten sind, die bereits in der jüngeren Vergangenheit (mit Rationalisierungsmaßnahmen verbundene) Produktionsverlagerungen durchgeführt haben. Dementsprechend wird der Anteil an Höherqualifizierten in dieser Gruppe tendenziell nach oben hin verzerrt.

Unternehmen aus Ostbayern, die Verlagerungen planen, scheinen in der Vergangenheit Rationalisierungsmaßnahmen hinreichend durchgeführt zu haben. Zumindest wirken die Betriebe gemessen an der Qualifikationsstruktur (bzw. FuE-Tätigkeit) im Vergleich zu übrigen Unternehmen aus der Region konkurrenzfähig. Der Anteil der Ungelernten mit knapp 17 Prozent entspricht ungefähr dem bayerischen Durchschnitt. Möglicherweise hält dieser Bereich noch weiteres Reduktionspotenzial bereit. Dennoch ist für Ostbayern zu vermuten, dass in den Verlagerungsprozess der kommenden Jahre geringqualifizierte Arbeit weniger stark betroffen bzw. verstärkt auch höherqualifizierte Arbeit von Verlagerungsprozessen betroffen sein wird.

Einfluss von Personalproblemen

Zunächst lassen sich bei der Analyse von Personalproblemen nur geringe Unterschiede zwischen verlagernden und nicht verlagernden Betrieben erkennen. Ein Großteil aller Betriebe (70 Prozent) gibt an, dass er grundsätzlich mit Personalproblemen zu kämpfen hat. Darunter fallen z. B. fehlende Motivation (über ein Drittel) und mangelnde Bereitschaft zur Mobilität (jeder fünfte). Als häufigstes Problem wird bei den verlagernden Betrieben eine fehlende Qualifikation der Bewerber beklagt. Mehr als zwei Drittel weisen auf diesen Mangel hin, bei den nicht verlagernden Unternehmen ist es lediglich rund die Hälfte. Probleme bei Reorganisationsmaßnahmen aufgrund des Qualifikationsniveaus der Mitarbeiter sind bei verlagernden Unternehmen ebenfalls häufiger festzustellen. Die Feststellungen gelten auch, wenn Betriebe, die nur im eigenen Landkreis aktiv sind, nicht berücksichtigt werden. Die Beobachtungen können durchaus als Indiz für eine mangelnde Humankapitalaustattung in der Region gewertet werden, von der verlagernde Unternehmen anscheinend verstärkt betroffen sind.

Umsatzverteilung

Fleisch / Geginat / Loeser (2004) verweisen darauf, dass gerade KMU Teile der Produktion verlagern, um weiterhin in der Nähe ihrer Großkunden produzieren zu können. Auch RUBiO lässt anhand einer Betrachtung der Anteile am Umsatz der drei größten Kunden zunächst einen derartigen Zusammenhang vermuten. Verlagernde Betriebe erzielen im Schnitt rund 47 Prozent ihres Umsatzes mit ihren drei größten Kunden, bei den übrigen Betrieben liegt der Wert bei knapp 40 Prozent. Der Korrelationskoeffizient nach Pearson zwischen „Umsatz der größten Kunden" und „Verlagerndes Unternehmen" bestätigt mit einem Wert von –0,039 diese Vermutung jedoch nicht.

Beschäftigungswirkungen

Über die genauen Beschäftigungswirkungen durch Produktionsverlagerungen können keine eindeutigen Aussagen getroffen werden. Zumindest lassen sich einige Tendenzen ableiten. So rechnen Unternehmen, die Produktionsverlagerungen planen (und möglicherweise schon durchgeführt haben), für das Jahr 2007 vergleichsweise häufiger mit einer steigenden Beschäftigtenzahl (über 25 Prozent der verlagernden Betriebe im Vergleich zu 12,7 Prozent der übrigen Unternehmen). Allerdings liegt auch der Anteil derer, die eine negative Beschäftigungsentwicklung für ihr Unternehmen erwarten, bei den verlagernden Betrieben mit 17,5 Prozent signifikant höher. In erster Linie sind es bei den verlagernden Betrieben kleinere Unternehmen (bis 49 Mitarbeiter), die vergleichsweise öfter mit steigenden Beschäftigungszahlen rechnen. Bei den Betrieben mit 50 bis 249 Mitarbeitern fällt die Prognose wesentlich pessimistischer aus. Rund ein Drittel erwartet einen Rückgang der Beschäftigung, bei nicht verlagernden Unternehmen sind es lediglich 6,8 Prozent. Auch bei den größeren Betrieben, die annähernd 30 Prozent der Gesamtbeschäftigung auf sich vereinen, liegt die Zahl derer, die von einer negativen Beschäftigungsentwicklung ausgehen, vergleichsweise höher. Die Beobachtungen deuten darauf hin, dass die gesamte Beschäftigungsentwicklung infolge von Produktionsverlagerungen zumindest kurzfristig im Saldo negativ ausfallen könnte. Dies gilt insbesondere für den Fall, dass sich die zahlreichen angekündigten Produktionsverlagerungen nach Österreich realisieren sollten, die in der überwiegenden Zahl auf den Beweggründen Kostensenkung bzw. zu hohe Steuer- und Abgabenlast beruhen.

Falls Unternehmen, die mit einer negativen Beschäftigungsentwicklung rechnen, Gründe für ihre Produktionsverlagerung angeben, handelt es sich in der überwiegenden Zahl der Fälle (78,5 Prozent) um das Kostenargument. Allerdings reicht die Zellbelegung nicht aus, um hieraus eindeutige Schlüsse ziehen zu können. Gleiches gilt im umgekehrten Fall für den positiven Zusammenhang Beschäftigungswachstum / Markterschließung.

Verlagernde Unternehmen aus dem Dienstleistungsbereich blicken wesentlich optimistischer auf ihre Beschäftigungsentwicklung als Betriebe des Produzierenden Gewerbes. Weit mehr als ein Drittel (39,6 Prozent) von ihnen erwartet für 2007 einen Zuwachs der Beschäftigung. Bei nicht verlagernden Dienstleistungsbetrieben ist es nur knapp jeder neunte, bei Betrieben des Produzierenden Gewerbes unabhängig von Planungen zur Produktionsverlagerung rund jeder sechste.

b) Ökonometrische Analyse

Um weitere Aufschlüsse zu erhalten, wird im Folgenden eine ökonometrische Schätzung anhand eines Logit-Modells, das auf der Maximum-Likelihood Methode basiert (für Details vgl. z. B. Greene 2002 oder Gujarati 1995), vorgenommen. Als abhängige Variable fließt in das Modell (vgl. Gleichung 1) die logarithmierte Variable *PV* ein, die angibt, ob das Unternehmen eine Verlagerung für die Jahre 2007 und 2008 plant oder nicht. Auf die für das Modell betrachteten Einflussfaktoren wird im Folgenden genauer eingegangen. Sämtliche Einflussfaktoren fließen als Dummyvariablen in das Modell ein.

Konzeption des Modells

Wie zuvor erwähnt, liefern die vorhandenen Daten keine Auskunft darüber, ob Unternehmen bereits Teile der Produktion verlagert haben. Somit ist bei der Analyse von möglichen Einflussfaktoren auf die Verlagerungsentscheidung zu berücksichtigen, dass die Unternehmen, die keine Verlagerung planen, ähnliche Charakteristika aufweisen können wie verlagernde Betriebe, allerdings mit dem Unterschied, dass sie ihre Verlagerung bereits durchgeführt haben.

Inwieweit Kostendruck die Unternehmen zur Verlagerung veranlasst, soll anhand einer Variable über die Höhe der Wettbewerbsintensität in der Branche (Wettbewerbsintensität niedrig bzw. hoch) ermittelt werden. Je stärker der Wettbewerbsdruck, desto eher müssen Unternehmen versuchen, mögliche Kosteneinsparpotenziale z. B. durch Produktionsverlagerungen zu nutzen. Markterschließungsgründe werden anhand des Modells nicht direkt abgebildet, da weitergehende Informationen hinsichtlich der Umsatz- bzw. Verlagerungsaktivität der Unternehmen fehlen.

Insbesondere von mittelständischen Unternehmen wird als Argument für Produktionsverlagerungen häufig auf die Notwendigkeit der Nähe zu Großkunden verwiesen. In diesem Fall erfolgt eine Ansiedlung in unmittelbarer Nachbarschaft zu ausländischen Produktionsstätten, wodurch ein reibungsloser Ablauf der Lieferungen garantiert werden soll. Die Rolle / der Einfluss von Großkunden wird anhand einer Variablen, die Betriebe nach „Umsatzanteile der drei größten Kunden größer oder kleiner als 40 Prozent“ unterteilt, untersucht.

Ein möglicher Einfluss durch den Mangel an Humankapital in der Region soll mit Hilfe einer Variable „Bewerber ist nicht qualifiziert“ identifiziert werden. Die deskriptive Analyse zeigte, dass verlagernde Unternehmen wesentlich häufiger diesen Punkt als zentrales Personalproblem betrachten. Außerdem wird das Qualifikationsniveau der Mitarbeiter in das Modell aufgenommen. Die Bildung von vier Kategorien (weniger als 20, zwischen 21 und 40, 40 bis 60, über 60 Prozent) in Abhängigkeit des Anteils höherqualifizierter Beschäftigter (Hochschulabsolventen, Meister, Techniker) soll Hinweise liefern, welche Qualifikationsstruktur in den Betrieben eher zur Verlagerung von Teilen der Produktion führt. Handelt es sich um Betriebe die eine niedrige / geringe Qualifikationsstruktur aufweisen, sollten tendenziell eher arbeitsintensive Produktionsschritte verlagert werden. Sind es Betriebe, die eine überdurchschnittliche Qualifikationsstruktur aufweisen, wie es die deskriptive Analyse andeutet, wäre humankapitalintensive Arbeit möglicherweise stärker betroffen. Um darüber hinaus zu testen, inwieweit die unmittelbare räumliche Nähe Einfluss ausübt, wird eine weitere Variable aufgenommen, in der alle Betriebe enthalten sind, die sich im unmittelbaren Grenzgebiet, d. h. in den an die Tschechische Republik angrenzenden Landkreisen befinden. Zusätzlich werden noch die Betriebsgröße (1 – 9, 10 – 49, 50 – 249 sowie 250 und mehr Mitarbeiter), die Sektorzugehörigkeit (Produzierendes Gewerbe und Dienstleistungssektor) sowie die Zugehörigkeit zum jeweiligen Regierungsbezirk (Niederbayern, Oberpfalz, Oberfranken) als Kontrollvariablen in das Modell integriert. Tabelle 3 stellt die Ergebnisse der Logit-Schätzung dar.

Die höchsten Signifikanzen weisen die Variablen Betriebsgröße und Sektor auf. Wie erwartet steigt mit der Betriebsgröße die Wahrscheinlichkeit der Produktionsverlagerung. Bereits bei Betrieben mit 10 bis 49 Mitarbeitern ist ein signifikant positiver Einfluss vorhanden. Trotz der steigenden Anzahl an verlagernden Betrieben im Dienstleistungsbereich übt die Zugehörigkeit zum Produzierenden Gewerbe weiterhin einen positiven Einfluss auf die Verlagerungsentscheidung aus. Auch die Zugehörigkeit zum unmittelbaren Grenzgebiet erhöht die Wahrscheinlichkeit der Produktionsverlagerung. Hingegen lassen sich für die einzelnen Regierungsbezirke keine signifikanten Unterschiede feststellen.

Die Ergebnisse zeigen zudem, dass ein Mangel an qualifizierten Bewerbern die Verlagerungsentscheidung positiv beeinflusst. Unternehmen mit Problemen qualifiziertes Personal einzustellen, verlagern häufiger Teile ihrer Produktion. Hingegen weist die Variable für das Qualifikationsniveau in keiner Kategorie einen signifikanten Einfluss auf. Weder ein überdurchschnittlich hoher Anteil noch ein unterdurchschnittlicher Anteil an höherqualifizierten Mitarbeitern scheinen eine Rolle bei zukünftigen Verlagerungen zu spielen.

Die Hypothese, dass eine hohe Wettbewerbsintensität ein wesentliches Motiv für die geplanten Verlagerungen von Teilen der Produktion darstellt, wird durch die Logitschätzung nicht bestätigt. Auch liefert die Schätzung keine Bestätigung, dass die Abhängigkeit von Großkunden Einfluss auf die Verlagerungsentscheidung ausübt.

Tabelle 3

Ergebnisse der Logit-Schätzung

Abhängige Variable: Betrieb plant Produktionsverlagerungen (ja / nein)	Anzahl an Beobachtungen: 765 Wald test: 35,8*** Pseudo R^2: 0,1495
Erklärungsvariable	**Koeffizient (robuster Standardfehler)**
Qualifikationsstruktur (Referenz: Anteil höherqualifizierter Mitarbeiter: 0 – 20 Prozent)	
Anteil höherqualifizierter Mitarbeiter: 21 – 40 Prozent	–0,36 (0,52)
Anteil höherqualifizierter Mitarbeiter: 41 – 60 Prozent	0,87 (0,62)
Anteil höherqualifizierter Mitarbeiter: über 60 Prozent	0,31 (0,51)
Mangelnde Qualifikation von Bewerbern	0,73 (0,36)**
Hohe Wettbewerbsintensität	0,40 (0,34)
Umsatzanteil der drei größten Kunden über 40 Prozent	0,17 (0,62)
Betriebsgröße (Referenz: 1 – 9 Mitarbeiter)	
10 – 49 Mitarbeiter	1,08 (0,49)**
50 – 249 Mitarbeiter	1,45 (0,45)***
250 und mehr Mitarbeiter	2,25 (0,49)**
Teil des Dienstleistungssektors	–1,18 (0,41)**
Teil des unmittelbaren Grenzgebietes	0,87 (0,36)**
Standort (Referenz: Standort in Niederbayern)	
Standort in der Oberpfalz	–0,68 (0,46)
Standort in Oberfranken	–0,25 (0,37)
Konstante	–3,39 (0,60)***

Quelle: *RUBiO* (2006), *** Statistisch signifikant auf dem 1 Prozent Niveau, ** Statistisch signifikant auf dem 5 Prozent Niveau, * Statistisch signifikant auf dem 10 Prozent Niveau.

V. Folgerungen für die Regionalpolitik

Aufgrund der Nähe zu den MOEL (und Österreich) kann man erwarten, dass Produktionsverlagerungen ostbayerischer Unternehmen mit niedrigeren Transaktionskosten verbunden sind und demnach in Ostbayern eine regere Verlagerungsaktivität zu beobachten ist. Diese Vermutung wird von RUBiO nicht unmittelbar bestätigt. Die gesamten geplanten Verlagerungen scheinen in Ostbayern nicht stärker auszufallen als im bundesweiten Durchschnitt. Allerdings zeigt sich, dass begünstigt durch die regionale Nähe auch kleinere und primär regional ausgerichtete Betriebe planen, in den kommenden Jahren Teile der Produktion zu verlagern.

Zudem entfällt der überwiegende Teil der geplanten Verlagerungen auf die unmittelbaren Nachbarländer Tschechien und Österreich sowie die übrigen MOEL. Da vielfach Kostensenkung als zentrales Argument fungiert, ist auf kurze Sicht durchaus mit negativen Auswirkungen auf die regionale Beschäftigung zu rechnen. Dass neben Lohnunterschieden auch andere Gründe die Wahl des Ziellandes beeinflussen, zeigt die Wahl der Tschechischen Republik als bevorzugtes Zielland. Obwohl zu Tschechien weiterhin ein deutliches Lohngefälle vorhanden ist, erscheinen weiter östlich gelegene Standorte aufgrund von Faktorpreisunterschieden wesentlich attraktiver. Demnach stellt die regionale Nähe einen nicht zu vernachlässigenden Faktor bei der Verlagerung von Teilen der Produktion dar, insbesondere wenn es primär darum geht steuerliche Vorteile zu nutzen und bürokratische Hindernisse zu meiden.

Auch qualifikatorische Gründe dürfen nicht außer Acht gelassen werden. Faktorpreisunterschiede im Bereich der höherqualifizierten Arbeit müssen nicht auf Dauer Bestand haben. Die Ergebnisse der statistischen Auswertungen zeigen, dass verlagernde Unternehmen verstärkt einen Mangel an qualifizierten Bewerbern beklagen und wohl deshalb mit steigenden Löhnen in diesem Bereich zu rechnen ist. Im Hinblick auf die zunehmenden qualifikatorischen Anforderungen an die Beschäftigten im Zuge des technologischen Wandels (vgl. Bauernschuster 2008 in diesem Band) ist damit zu rechnen, dass der Druck weiter steigen wird. So lässt der hohe Anteil an höherqualifizierten Mitarbeitern bei den verlagernden Betrieben für Ostbayern erwarten, dass zukünftig komplexere Produktionsschritte verstärkt Bestandteil von Produktionsverlagerungen werden können. Die Konkurrenzfähigkeit der benachbarten Länder im Hinblick auf die Qualität der Beschäftigten sollte hierbei nicht unterschätzt werden. Insbesondere die Tschechische Republik zeichnet sich bereits heute durch ein relativ hohes Bildungsniveau aus.

Produktionsverlagerungen bieten allerdings auch die Chance, die internationale Ausrichtung der Region zu erhöhen und somit deren Wettbewerbsfähigkeit zu steigern. Zwar ist Ostbayern mit einer Exportquote der Industrie von annähernd 50 Prozent bereits relativ stark international ausgerichtet. In einer zunehmend globalisierten Welt wird dieser Aspekt allerdings noch weiter an Bedeutung für das Wachstum einer Region gewinnen.

Zudem liefern die Aktivitäten heimischer Unternehmen in den MOEL und insbesondere in Tschechien einen wichtigen Beitrag, die – bisher noch unterentwickelte – Vernetzung zwischen den Regionen voran zu bringen. Die länderübergreifenden Verflechtungen der Unternehmen können zur Entstehung von positiven Spillovern beitragen (Wissenstransfer, Agglomerationsvorteile), von denen beide Seiten in ihrer wirtschaftlichen Entwicklung profitieren (vgl. Alecke et al. 2001). Unabhängig von einer stärkeren Vernetzung mit Ostbayern weisen die neuen EU-Mitgliedsstaaten weiterhin ein hohes Marktpotenzial auf (vgl. Kailer / Pernsteiner 2006). Gelingt eine intensivere regionale Vernetzung, wird Ostbayern infolge einer erhöhten Nachfrage in Zukunft verstärkt von der positiven Entwicklung der Nachbarländer profitieren.

Was kann Regionalpolitik bzw. können regionale Entscheidungsträger bewirken? Grundsätzlich sollte es das Ziel einer regional ausgerichteten Standortpolitik sein, Rahmenbedingungen zu setzen, die die Innovations- und Wettbewerbsfähigkeit der Unternehmen erhöhen. Da viele dieser Rahmenbedingungen auf nationaler bzw. europäischer Ebene festgelegt werden, scheinen die Mittel für regionale Entscheidungsträger zunächst begrenzt. Zwar besteht die Möglichkeit der Einflussnahme mittels intensiver Lobbyarbeit, allerdings dürfte es wenig förderlich sein, die regionalen Kräfte in diesem Bereich zu bündeln. Häufig erweisen sich Forderungen, die der regionalen Beschäftigungssicherung dienen sollen als langfristig eher kontraproduktiv für eine Region, da ein fälliger Strukturwandel behindert wird.

Aufgabe der regionalen Kräfte, d. h. der regionalen Politik, Wirtschaft und Verbände, sollte es vielmehr sein, die endogenen Potenziale der Region zu stärken. Das bedeutet zum einen das Qualifikationsniveau der heutigen und zukünftigen Beschäftigten zu verbessern, indem Bildung- und Weiterbildung in der Region gefördert und Ausbildungsplätze in zukunftsfähigen Wirtschaftszweigen unterstützt werden. Gerade für Ostbayern heißt es aber auch den Ausbau der grenzüberschreitenden Infrastruktur zu forcieren, um die interregionale Vernetzung auszuweiten. Länderübergreifende Kooperationen von Unternehmen, Kammern und Behörden sollten gezielt gefördert und unterstützt werden. In diesem Zusammenhang ist es auch notwendig, bestehenden Ängsten vieler Bürger und Unternehmen vor den Folgen eines wachsenden Europas und einer zunehmenden Integration der Wirtschaftsräume entgegen zu wirken. In Ostbayern sind bereits gute Ansätze zur Stärkung der transnationalen Vernetzung zu erkennen, wie z. B. das grenzüberschreitende Wirtschaftsportal *regioport,* die *Technologieplattform Oberösterreich – Niederbayern – Südböhmen* oder auch die länderübergreifenden Initiativen *Euregio Egrensis* und *Euregio Bayerischer Wald – Böhmerwald – Unterer Inn.* Ziel dieser trilateralen Vereinigungen (Deutschland – Österreich – Tschechien) ist es, die kommunale Zusammenarbeit über Staatsgrenzen hinweg zu fördern und die interregionale Zusammenarbeit im kulturellen, wirtschaftlichen und sozialen Bereich auszubauen (vgl. Kleinhenz et al. 2006). Dennoch bedarf es zahlreicher weiterer Anstrengungen, um langfristig stabile Netzwerkstrukturen entstehen zu lassen. Dies sollte insbesondere im Zusammenhang mit der bayerischen Innovationspolitik (vgl. StMWIVT 2007a) berücksichtigt werden, deren zweite Säule *Regionalmanagement* (vgl. StMWIVT 2007b) inhaltlich bisher noch nicht hinreichend ausgefüllt werden konnte.

Um auf die im Titel gestellte Frage „Chance oder Herausforderung?“ zurückzukommen, bleibt somit festzuhalten, dass die im Zuge einer fortschreitenden Globalisierung weiterhin bevorstehenden Produktionsverlagerungen für Ostbayern zwar beides beinhalten, die Chancen aber doch eindeutig überwiegen und dementsprechend genutzt werden sollten.

Literaturverzeichnis

Alecke, B. / *Hofmann*, H. / *Meier*, V. / *Riedel*, J. / *Scharr*, F. / *Untiedt*, G. / *Werding*, M. (2001): Auswirkungen der EU-Osterweiterung auf Wirtschaft und Arbeitsmarkt in Bayern, Studie des ifo-Instituts im Auftrag des Bayerischen Staatsministeriums für Wirtschaft, Verkehr und Technologie.

Amiti, M. / *Wei*, S. (2005): Fear of service outsourcing. Is it justified?, Economic Policy, S. 307 – 347.

Barba-Navaretti, G. / *Venables*, A. (2004): Multinational firms in the world economy, Princeton / Oxford.

Becker, S. / *Jäckle*, R. / *Mündler*, M. A. (2004): Kehren deutsche Firmen ihrer Heimat den Rücken?", ifo Schnelldienst 1 / 2005, S. 23 – 33.

Bellmann, L. / *Kohaut*, S. / *Lahner*, M. (2002): Das IAB-Betriebspanel – Ansatz und Analysepotenziale, in: Kleinhenz, G. D. (Hrsg.): IAB-Kompendium Arbeitsmarkt- und Berufsforschung. Beiträge zur Arbeitsmarkt- und Berufsforschung, BeitrAB 250, S. 13 – 20.

Brixy, U. / *Fritsch*, M. (2002): Die Betriebsdatei der Beschäftigtenstatistik der Bundesanstalt für Arbeit, in: Fritsch, M. / Grotz, R. (Hrsg.): Das Gründungsgeschehen in Deutschland, Heidelberg, S. 55 – 78.

Clement, R. / *Nantrop*, J. (2004): Offshoring – Chance oder Bedrohung für den Standort Deutschland?, Wirtschaftsdienst 8 / 2004, S. 519 – 528.

Czech Statistical Office (2005): Yearbook 2005.

Deloitte Research (2005): Global Financial Services Offshoring – Scaling the Heights.

DIHK, Deutscher Industrie und Handelskammertag (2003): Produktionsverlagerung als Element der Globalisierungsstrategie von Unternehmen. Ergebnisse einer Unternehmensbefragung, DIHK Berlin.

– (2006): Investitionen im Ausland – Ergebnisse einer DIHK-Umfrage bei den Industrie- und Handelskammern Frühjahr 2006, Berlin.

DTIHK, Deutsch-Tschechische Industrie und Handelskammer (2005): Die Wirtschaft Tschechiens im Jahr 2004.

Ellguth, P. (2005): Produktionsverlagerungen – Ergebnisse aus dem IAB-Betriebspanel, IAB Institut für Arbeitsmarkt- und Berufsforschung, Nürnberg.

Eurostat (2007): Bruttoinlandsausgaben für FuE, http: // epp.eurostat.ec.europa.eu, abgerufen am 8. 6. 2007.

Fleisch, E. / *Geginat* J. / *Loeser*, B. O. (2004): Verlagern oder nicht? Die Zukunft der produzierenden Industrie in der Schweiz, Roland Berger, München.

Geishecker, I. / *Görg*, H. (2006): International outsourcing and wages: Winners and losers, Working Paper.

Greene, W. (2002): Econometric Analysis, 4. Ausg., New York.

Grupp, H. / *Legler*, H. / *Gehrke*, B. / *Breitschopf*, B. (2003): Zur Technologischen Leistungsfähigkeit Deutschlands 2002, Bundesministerium für Bildung und Forschung, Bonn.

Gujarati, D. (1995): Basic Econometrics, New York.

Harris, R. G. (2001): A Communication-Based Model of Global Production Fragmentation, in: Arndt, S. W. / Kierzkowski, H. (Hrsg): Fragmentation: New Production Patterns in the World Economy: Oxford University Press, S. 52 – 75.

Helpman, E. (1984): A simple theory of International Trade with Multinational Corporations, Journal of Political Economy 92, 3, S. 451 – 471.

IHK Regensburg (2006): „Zwei Jahre nach der EU-Osterweiterung: Der Gewinner heißt Ostbayern", http: // www.ihk-regensburg.de/content/270606e, abgerufen am 12. 07. 2006.

IKB / KFW (2004): Gemeinsame Unternehmensbefragung von KFW und IKB: Studie zu den Auslandsaktivitäten deutscher Unternehmen: Beschäftigungseffekte und Folgen für den Standort Deutschland, Frankfurt am Main.

IWF, Internationaler Währungsfond (2003): Foreign Direct Investment: Trends and Statistics, Washington.

Jäckel, M. (1999): Technologietransfer durch Direktinvestitionen, Frankfurt am Main.

Jones, R. W. / *Kierzkowski,* H. (2001): A Framework for Fragmentation, in: Arndt, S. W. / Kierzkowski, H. (Hrsg.): Fragmentation: New Production Patterns in the World Economy: Oxford University Press, S. 17 – 34.

Jungnickel, R. (2005): Produktionsverlagerungen: Gewinner und Verlierer, HWWI Update, Ausgabe 06 / 2005, S. 1 – 2.

Kailer, N. / *Pernsteiner,* H. (2006): Wachstumsmanagement für Mittel- und Kleinbetriebe, Berlin.

KFW (2005): MittelstandsMonitor 2005 – Den Aufschwung schaffen. Binnenkonjunktur und Wettbewerbsfähigkeit stärken. Jährlicher Bericht zu Konjunktur- und Strukturfragen kleiner und mittlerer Unternehmen, Frankfurt am Main.

Kinkel, S. / *Lay,* G. / *Maloca,* S. (2004): Produktionsverlagerung unter der Lupe. Entwicklungstrends bei Auslandsverlagerungen und Rückverlagerungen deutscher Firmen, Fraunhofer Institut für Systemtechnik und Innovationsforschung.

Kleinhenz, G. D. / *Heblich,* S. / *Holzer,* A. / *Bauernschuster,* S. / *Gold,* R. (2006): Probleme der Anpassung des Arbeitsmarktes in den bayerischen Ziel-2-Regionen an der Grenze zu Tschechien – Regionalspezifische Analyse des Aktionsbedarfes und Entwicklung eines Strategie- und Umsetzungskonzepts, Universität Passau, mimeo.

Klodt, H. (2004): Mehr Arbeitsplätze durch Auslandsinvestitionen, Die Weltwirtschaft 2004, Heft 4.

Krugman, P. / *Obstfeld,* M. (2004): Internationale Wirtschaft – Theorie und Politik der Außenwirtschaft, München.

Marin, D. (2004): A Nation of Poets and Thinkers – Less so with Eastern Enlargement? Austria and Germany, Discussion Paper 2004 – 06, Volkswirtschaftliche Fakultät, Ludwig-Maximilians-Universität München.

Markusen, J. R. (1984): Multinationals, Multi-Plant Economics, and the Gains of Trade, Journal of International Economics, 16, S. 205 – 226.

Mattes, A. / *Strotmann,* H. (2005): Ausmaß und Bestimmungsgründe des Offshoring in die mittel- und osteuropäischen Beitrittsländer der EU, IAW-Kurzbericht 5 / 2005.

Niebuhr, A. / *Stiller,* S. (2004): Integration Effects in Border Regions: A survey of Economic Theory and Empirical Studies, in: Jahrbuch für Regionalwissenschaft, vol. 42.1, S. 3 – 21.

RRV, Gesellschaft für Raumanalysen, Regionalpolitik und Verwaltungspraxis mbH (2006): Grenzüberschreitende Unternehmensaktivitäten in der Grenzregion Bayerns und der Tschechischen Republik. Status Quo – Potenziale – Barrieren, Bayreuth.

Sachverständigenrat (2004): Jahresgutachten: 2004 / 05 „Erfolge im Ausland – Herausforderungen im Inland“, Wiesbaden.

Sinn, H. W. (2004): Ist Deutschland noch zu retten?, 6. Aufl., München.

StMWIVT, Bayerisches Staatsministerium für Wirtschaft, Infrastruktur, Verkehr und Technologie (2007a): Allianz Bayern Innovativ – Netzwerke für Bayern, München.

– (2007b): Allianz Bayern Innovativ – Rahmenkonzept für das Regionalmanagement, Säule 2, München.

Wössmann, L. (2007): Fundamental Determinants of School Efficiency and Equity: German States as a Microcosm for OECD Countries, Program on Education Policy and Governance Working Paper 07 – 02.

Schulen im ländlichen Raum

Von Florian Birkenfeld

I. Der ländliche Raum

Schulen in ländlichen Regionen können in vielerlei Hinsicht andere Probleme haben, aber auch andere Chancen bieten als Schulen in großen Städten. Allein durch die geringere Einwohnerdichte bedingt sind ländliche Schulen, will man die Wege für die Schüler nicht zu weit werden lassen, oft kleiner als ihre städtischen Pendants. Die Einwohnerdichte in Ostbayern[1] ist beispielsweise eher gering und liegt mit 71 (Neustadt) bis 139 (Wunsiedel) deutlich unter dem bayerischen Schnitt von 176 Einwohnern je km^2 (BBR 2005).

Durch die geringere Zahl von Schulen ist eine Spezialisierung der einzelnen Einrichtungen weniger wahrscheinlich als in Städten. Es bestehen im ländlichen Raum daher wohl eher Schulen, die eine Grundversorgung sicherstellen und weniger spezialisierte Gymnasien. Gregory (1992) weist jedoch darauf hin, dass „*although it is often assumed that large schools are cheaper to operate and provide richer curricula than small schools, studies show that neither of these things is necessarily true.*" Und weiter weist Cotton (1996) gerade auf die Vorteile kleiner Schulen für die Integration Schwächerer hin: „*Researchers point out that, in small schools, everyone is needed to populate teams, offices, and clubs; thus, even shy and less able students are encouraged to participate and made to feel they belong.*" Dies gilt für die USA, wo Sportvereine gegenüber den Sportmannschaften der Schulen eine untergeordnete Rolle spielen, sicher in größerem Ausmaß als für Deutschland. Dennoch ist das Argument nicht völlig von der Hand zu weisen.

Insbesondere wenn die Bevölkerung in ländlichen Regionen auch noch abnimmt, ist für Schulen, die darauf nicht mit schnellem Personalabbau reagieren können, mit einem verbesserten Betreuungsverhältnis und mit kleineren Klassen zu rechnen.[2] In der längeren Frist ist jedoch mit Anpassungen und durchaus auch

---

1 Unter Ostbayern werden in dieser Arbeit die Landkreise Kronach, Hof, Wunsiedel im Fichtelgebirge, Tirschenreuth, Neustadt an der Waldnaab, Schwandorf, Cham, Regen und Freyung-Grafenau verstanden. Mit Kronach, Selb, Marktredwitz, Schwandorf und Cham gibt es lediglich fünf Städte mit mehr als 15.000 Einwohnern. Es gibt darüber hinaus 84 Städte mit mehr als 3.000, aber weniger als 15.000 Einwohnern (BBR 2005).

2 Während der Freistaat Bayern in den letzten Jahrzehnten einen signifikanten Zuwachs der Bevölkerung verzeichnen konnte, verringerte sich die Zahl der Einwohner in Ostbayern im betrachteten Zeitraum beispielsweise um 1,2 % (BBR 2005).

mit Schulschließungen zu rechnen, wenn entsprechende Kennzahlen nicht mehr erfüllt werden können: „... im Einzugsbereich einer Regelschule [müssen] mindestens 7.800 bis 8.000 Einwohner leben ..., um eine halbwegs akzeptable Schülerzahl zu erreichen“ (Planungsgruppe 2004, S. 12).

Tabelle 1

1000 Einwohner je Schule in Ostbayern
[Berechnungen nach Statistik Bayern (2006) und BBR (2005)]

	Grundschulen	Hauptschulen	Realschulen	Gymnasien
Kronach	3,75	5,36	37,50	37,50
Hof	4,92	8,32	36,07	54,10
Wunsiedel	5,28	9,38	28,13	28,13
Tirschenreuth	3,78	6,11	26,47	39,70
Neustadt	3,50	4,83	50,70	50,70
Schwandorf	4,02	6,58	28,96	28,96
Cham	3,66	5,48	26,32	43,87
Regen	3,30	9,18	27,53	41,30
Freyung-Grafenau	3,59	6,35	41,25	27,50
Bayern	5,11	8,89	35,49	30,59

Tabelle 1 zeigt, wieder für das Beispiel Ostbayern, dass die Ausstattung mit Grundschulen in der Region durchaus gut ist. In den Landkreisen Regen (3.300 Einwohner je Grundschule) bis Hof (4.920) gibt es mehr Schulen je Einwohner als im bayerischen Durchschnitt (5.110), lediglich in Wunsiedel ist die Zahl mit 5.280 schlechter. Ein ähnliches Bild ergibt sich auch für die Hauptschulen. Mit Realschulen ist mehr als die Hälfte der ostbayerischen Landkreise sogar überdurchschnittlich versorgt, für Gymnasien gilt dies immerhin für Freyung-Grafenau, Wunsiedel und Schwandorf.

Für Schulen auf dem Land ist es – abhängig vom Verfahren, das die Schulbehörde bei Stellenbesetzungen anwendet – oft schwieriger, gute Lehrer zu bekommen als für Schulen in Großstädten. Lehrkräfte mögen ländliche Regionen aufgrund der schlechteren Erreichbarkeit kultureller Einrichtungen, Banken, Behörden, Ärzten etc. möglicherweise weniger präferieren als urbane Gegenden. „Grundlegende Kennzeichen für das Wohlergehen von Regionen sind Einkommen und Bildung. Die infrastrukturelle Versorgung wird als dritter Punkt unter dem Gesichtspunkt der Verkehrswege für den Einkauf hinzugefügt“ (Richter 1999, S. 26). Dennoch hat Nash (1980, S. 41) sicher Recht, wenn er einwirft, *„geographical isolation is no necessary barrier to cultural contact and social change“*, und so all zu pauschale Vorurteile zurückweist. Es zeigt sich laut Herzog und Pittman (1995,

S. 4) aber durchaus, „*that rural schools were staffed by a younger, less well-educated faculty and administration who earn lower salaries and benefits than their metropolitan counterparts*". Dies mag für die pauschalen deutschen Lehrergehälter so nicht gelten. Dennoch haben vielleicht die fähigeren Lehrer bessere Auswahlmöglichkeiten bezüglich ihres Arbeitsplatzes.

Auf der anderen Seite haben aber Schulen auf dem Land vielleicht auch mit vielen Problemen nicht zu kämpfen, die für die Städte typisch sind. So besteht durchaus die Ansicht, „*that rural schools are in good condition, especially in contrast to urban areas where racism, violence, financial problems and general decay are prevalent images*" (Herzog und Pittman 1995, S. 3).

In ländlichen Regionen ist das traditionelle Bildungsbürgertum oft weniger ausgeprägt. Genau deshalb werden in entsprechenden Analysen auch oft zwei unterschiedliche Ebenen unzulässig miteinander vermischt, nämlich „*that of disadvantaged children and that of disadvantaged areas*" (Nash 1980, S. 40). Durch das im Durchschnitt geringere Bildungsniveau[3] der Eltern findet die Hausaufgabenbetreuung und die Nachhilfe in ländlichen Regionen möglicherweise weniger durch die Eltern und in größerem Ausmaß durch externe Dienstleister wie bspw. Schülerhilfe oder Studienkreis statt.

Gleichfalls Ergebnis des schwächer ausgeprägten Bildungsbürgertums mag sein, dass die Hauptschule sich im ländlichen Raum (noch) größerer Anerkennung erfreut als in den Städten. Obwohl die Schülerzahl (je 100 Einwohner) dem landesweiten Durchschnitt entspricht, liegt der Anteil der Gymnasiasten in Ostbayern zum Beispiel deutlich unter den Vergleichswerten. Nur rund 15 % der Schüler eines Jahrgangs erlangen die Hochschulreife, in Bayern sind es 19,5 %. Dementsprechend ist der Anteil der Schulabgänger mit Hauptschulabschluss vergleichsweise hoch (BBR 2005).

Im Nachgang der ersten PISA-Studie wurde unter anderem festgestellt, dass gerade das deutsche Bildungssystem sehr mit der teils schlechten Integration von zugezogenen Ausländern zu kämpfen hat (vgl. u. a. Lüdeke 2002). Dies rührt insbesondere daher, dass in diesen Familien zu Hause oft nur selten Deutsch gesprochen wird. Wenn nun das Phänomen der Abschottung ethnischer Gruppen eher in den Städten als auf dem Land auftritt, sollten die ländlichen Schulen weniger Probleme mit zu geringen Deutschkenntnissen ihrer Schüler haben.

Das Engagement und der Zusammenhalt in Vereinen sind auf dem Land meist stärker ausgeprägt als im urbanen Raum. Dies könnte Auswirkungen auf die Identifikation mit der Schule und auf das Miteinander der Schüler haben. Insgesamt können folgende Hypothesen formuliert werden: Schulen auf dem Land

- sind oft kleiner als Schulen in Städten,
- stellen eher eine Grundversorgung als Spezialisierungen zur Verfügung,

[3] Zur Thematik der bildungsfernen Schichten siehe speziell *Dahrendorf* (1968) und differenzierter *van Lith* (1985, S. 64 – 72).

- bieten als kleine Schulen Vorteile bei der Integration Schwächerer,
- haben günstigere Schüler-Lehrer-Relationen, sprich: kleinere Klassen,
- haben größere Probleme gute Lehrer zu rekrutieren als Schulen in Städten,
- haben weniger mit mangelnden Sprachkenntnissen ihrer Schüler zu kämpfen und
- haben weniger problematische Schüler.

Gleichzeitig

- findet wegen des schlechteren Bildungshintergrunds der Eltern auf dem Land die Hausaufgabenbetreuung und die Nachhilfe weniger in der Familie statt und
- gilt die Hauptschule noch eher als anerkannte Schulform.

Anhand einer Vielzahl von Daten aus den Schulleistungsstudien PIRLS und PISA soll nun genannten Hypothesen nachgegangen werden. Dies erfolgt zunächst mit Hilfe der PIRLS-Daten für die Grundschulen und dann mit den PISA-Daten für die weiterführenden Schulen.

II. Schulen auf dem Land

1. Die Grundschulen

PIRLS (*Progress in International Reading Literacy Study*) hat sich zum Ziel gesetzt, im internationalen Vergleich sowohl den Stand als auch den Fortschritt der Lesekompetenz von Viertklässlern[4] zu erheben und bietet daher für die folgende Analyse Daten zu den Grundschulen. 2001 nahmen 35 Staaten an PIRLS teil, die folgenden Zahlen beziehen sich jedoch allein auf Deutschland.

Neben den Testwerten, die die Schüler im Leseverständnis erreicht haben, liegt eine große Zahl an Hintergrundinformationen über die Familie, die Lehrer und die Schulen vor, die im Weiteren ausgewertet werden.

a) Schulen und Lehrer

In PIRLS 2001 sind für Deutschland 211 Schulen ausgewiesen. Der Schulfragebogen[5] enthält die Frage „Liegt die Schule in einer Stadt oder Großstadt?“ sowie – für die 148 Schulen in Städten relevant – eine Frage zur Größe der Gemeinde.

---

4 Genauer untersucht PIRLS „the upper of the two grades with the most 9-year-olds at the time of testing“ (*Gonzalez/Kennedy* 2003, S. 1.4), was in Deutschland im Allgemeinen dem vierten Schuljahr entspricht.

5 Die Fragen und die Antwortmöglichkeiten sind rudimentär bei *Gonzalez/Kennedy* (2003, S. 3.5 – 3.10) dokumentiert.

Die Einteilungen sind in Tabelle 2 dargestellt. Außerdem sollten die Schulleiter ihre Schule in eine der Kategorien „städtisch", „Vorort" und „ländlich" einordnen. Es können für insgesamt 197 Schulen die benötigten Angaben zur Lage gemacht werden.

Tabelle 2

Die Grundschulen aus PIRLS 2001

	städtisch	Vorort	ländlich
„nicht in einer Stadt"	(1)	(7)	42
„Stadt bis 3.000 Einwohner"	0	0	3
„bis 100.000 Einwohner"	27	20	39
„bis 500.000 Einwohner"	21	7	0
„über 500.000 Einwohner"	17	11	(2)
Anzahl Schulen	130		84
Anzahl Lehrer	199		151
Anzahl Schüler	3.761		3.022
Schüler je Schule	308		257
Viertklässler je Schule	72		59
Schüler je Klasse	22		23

Als ländliche Schulen sollen im Weiteren alle diejenigen berücksichtigt werden, die von den Schulleitern entsprechend eingestuft wurden, mit Ausnahme der beiden Schulen in Städten mit mehr als 500.000 Einwohnern. Als städtische Schulen werden diejenigen bezeichnet, deren Schulleiter die Lage der Schule als städtisch oder Vorort-Lage angegeben haben und die in Gemeinden mit mehr als 3.000 Einwohnern liegen. Zehn Schulen werden also in der weiteren Untersuchung aufgrund widersprüchlicher Angaben nicht weiter berücksichtigt. Der Datensatz enthält dann 103 städtische und 84 ländliche Schulen. Schulen auf dem Land haben, wie in Tabelle 2 dargestellt, durchschnittlich 20% weniger Schüler als städtische Schulen. Dieser Unterschied ist statistisch signifikant. Die Lehrer geben für die Größe der von ihnen unterrichteten Klasse nahezu dieselben durchschnittlichen Werte an.

Was die Erreichbarkeit bestimmter Einrichtungen angeht unterscheiden sich die Angaben für städtische und ländliche Schulen kaum. Sowohl eine öffentliche Bibliothek als auch ein Buchladen und selbst eine weiterführende Schule sind von nahezu allen ländlichen Schulen aus innerhalb einer halben Stunde zu erreichen. Eine Differenzierung nach Schulformen, also ob auch eine Realschule und ein Gymnasium in der Nähe liegen, erfolgt im Datensatz leider nicht.

Tabelle 3

Zusammensetzung der Grundschüler laut PIRLS 2001

	städtisch (103 Schulen)	ländlich (84 Schulen)
Anteil der Schüler, die auch am Ende des Schuljahrs noch an der Schule sind		
98 – 100 %	38	59
95 – 97 %	33	17
90 – 94 %	15	2
80 – 89 %	8	0
<80 %	7	3
Anteil der Schüler aus wirtschaftlich benachteiligten Familien		
0 – 10 %	25	41
11 – 25 %	31	26
26 – 50 %	21	6
>50 %	11	0
Anteil der Schüler, die im Ausland geboren wurden		
0 – 10 %	43	68
11 – 25 %	27	12
26 – 50 %	19	0
>50 %	7	0
Anteil der Schüler mit Lernschwächen		
0 – 10 %	57	63
11 – 25 %	34	17
26 – 50 %	4	2
>50 %	1	0

In der Zusammensetzung der Schülerschaft zeigen sich zum Teil deutliche, statistisch signifikante Unterschiede. Tabelle 3 zeigt, dass im ländlichen Raum ein deutlich geringerer Anteil der Schüler im Laufe eines Schuljahres die Schule verlässt. Über mögliche Ursachen gibt der Datensatz leider keinen Aufschluss. Da viele Gründe, die an weiterführenden Schulen für das Verlassen der Schule vorstellbar sind, in Grundschulen keine Relevanz haben, ist wohl meistens ein Umzug der Familie der Anlass, was für eine größere Mobilität der Stadtbevölkerung spricht. Ebenfalls zeigt Tabelle 3, dass in ländlichen Schulen ein sehr viel geringerer Anteil der Schüler aus armen Familien kommt.

Der Anteil ausländischer Kinder ist an ländlichen Grundschulen deutlich geringer als an städtischen Schulen. Gerade 15 % der Schulleiter geben einen Ausländeranteil von mehr als 10 % an.

Schüler mit Lernschwächen scheinen ebenfalls weniger ein Phänomen ländlicher Schulen zu sein. Ihr Anteil ist an den städtischen Schulen etwas höher, die Unterschiede zwischen Stadt und Land in den Kategorien 0 – 10 % und 11 – 25 %

sind hier statistisch signifikant. Für alle drei vorgenannten Charakteristika lässt sich außerdem festhalten, dass die ländlichen Schulen untereinander ähnlicher sind als die städtischen Schulen.

Die Dauer, die die Grundschüler vom gleichen Lehrer unterrichtet werden, unterscheidet sich hoch signifikant zwischen Stadt und Land. In städtischen Schulen bleibt der gleiche Lehrer häufig (63,4 %) für vier oder mehr[6] Jahre in der Klasse, in ländlichen Schulen tut er dies seltener (42,9 %).

Die Ausstattung der ländlichen Schulen mit Schulbibliotheken unterscheidet sich von derjenigen der städtischen Schulen nur geringfügig. Etwa die Hälfte aller Grundschulen hat eine Schulbibliothek, die meistens von Lehrern (68,6 % in den Städten, 75,6 % auf dem Land) oder Eltern (25,5 % bzw. 22,0 %) betrieben wird. Auf dem Land sind die Bibliotheken oft sogar mit mehr Büchern ausgestattet als in den Städten.

Die Anzahl an Computern, die den Viertklässlern in einer Schule zur Verfügung steht, ist mit durchschnittlich sechs in beiden Gruppen gleich groß, schwankt jedoch zwischen 0 und 36. In den Städten sind die Computer jedoch signifikant seltener alle mit dem Internet verbunden (6,7 %) als auf dem Land (14,3 %).

Tabelle 4

Probleme mit der Schulinfrastruktur

	städtisch (103 Schulen)	ländlich (84 Schulen)
Wie sehr leidet der Unterricht unter zu wenig Personal?		
gar nicht	34	46
ein wenig	42	26
teilweise	19	11
sehr	8	1
Wie sehr leidet der Unterricht unter zu wenig Unterrichtsmaterial?		
gar nicht	61	63
ein wenig	36	20
teilweise	4	0
sehr	2	0

Sowohl die Personalausstattung als auch die Versorgung mit Unterrichtsmaterial wird von den Schulleitern ländlicher Grundschulen weniger problematisch eingeschätzt als in den Städten. 54,8 % gaben an, gar keine Probleme mit Personal-

6 Die Bundesländer Berlin und Brandenburg hatten im Testjahr 2001 eine Grundschuldauer von sechs Jahren (*Döbert* 2002, S. 96). Darüber hinaus ist es an Gesamtschulen und verbundenen Grund- und Hauptschulen (Volksschulen) natürlich möglich, dass ein Lehrer eine Klasse über die Grundschulzeit hinaus unterrichtet.

knappheit zu haben. In den Städten sehen dies nur 33,0 % der Schulleiter so. Dieser Unterschied ist statistisch hoch signifikant. Zumindest für Grundschullehrer scheint also eine Schule auf dem Land nicht weniger attraktiv zu sein als eine städtische, eher im Gegenteil.

Tabelle 5

Einschätzung des Schulklimas durch den Schulleiter

	städtisch (103 Schulen)	ländlich (84 Schulen)
Arbeitszufriedenheit der Lehrer		
sehr hoch	4	4
hoch	59	52
mittel	32	25
niedrig	6	0
sehr niedrig	0	0
Unterstützung durch die Eltern		
sehr hoch	2	0
hoch	14	23
mittel	59	57
niedrig	22	2
sehr niedrig	5	0
Anstrengungsbereitschaft der Schüler		
sehr hoch	9	2
hoch	52	49
mittel	41	31
niedrig	0	0
sehr niedrig	0	0

Zum Schulklima sind die Aussagen der Schulleiter je nach Lage der Schule ebenfalls unterschiedlich. So geben 69,1 % der Schulleiter auf dem Land, jedoch nur 62,4 % der Schulleiter in Städten laut Tabelle 5 an, die Arbeitszufriedenheit ihrer Lehrer sei „hoch" oder sogar „sehr hoch". Auch wenn der Unterschied statistisch nicht signifikant ist, geht dies doch konform mit der Aussage, dass auf dem Land weniger Personalmangel herrscht als in den Städten.

Die Unterstützung der Schule durch die Eltern geben 26,5 % der Schulleiter in den Städten als „gering" oder gar „sehr gering" an, auf dem Land teilen gerade 2,4 % der Schulleiter diese Auffassung. Die größere Nähe und der Zusammenhalt der dörflichen Gemeinschaft scheinen sich hier niederzuschlagen. Insgesamt sind Probleme wie Unpünktlichkeit, Fehlen, Störungen im Unterricht, Betrügen, Respektlosigkeit, Vandalismus, Diebstahl, Pöbeleien und körperliche Auseinandersetzungen unter den Schülern in den ländlichen Grundschulen weniger vertreten als in den Städten.

Tabelle 6

Einstellung der Grundschüler gegenüber ihrer Schule, Delikte unter Viertklässlern

	städtisch (3.761 Schüler)	ländlich (3.022 Schüler)
Ich fühle mich an der Schule sicher		
stimme sehr zu	1.524	1.195
stimme zu	1.369	1.164
lehne ab	411	341
lehne stark ab	276	213
Ich bin gerne an der Schule		
stimme sehr zu	1.484	1.071
stimme zu	1.209	1.001
lehne ab	409	423
lehne stark ab	485	418
Die Lehrer kümmern sich um mich		
stimme sehr zu	1.886	1.611
stimme zu	1.147	873
lehne ab	344	268
lehne stark ab	196	139
Mir wurde schon etwas gestohlen	874	593
Anderen wurde schon etwas gestohlen	1.665	1.218
Ich wurde von einem Schüler verletzt	1.081	763
Andere wurden von einem Schüler verletzt	1.912	1.428

Der Aussage „Ich fühle mich an der Schule sicher" können laut Tabelle 6 Schüler ländlicher und städtischer Schulen gleichermaßen zustimmen, beide Gruppen fühlen sich auch ähnlich von ihren Lehrern umsorgt. Dennoch sind die Schüler in den Städten eher bereit (75,1 %), der Aussage „Ich bin gerne an der Schule" zuzustimmen als die Schüler auf dem Land (71,2 %). Der Unterschied ist trotz der geringen Abweichung statistisch hoch signifikant.

Tabelle 6 zeigt weiter, dass Gewalt unter Schülern an städtischen Schulen etwas stärker verbreitet ist als an ländlichen Schulen. Da die entsprechenden Fragen nur mit „Ja" bzw. „Nein" beantwortet werden konnten, verzerren allerdings wahrscheinlich Einzelfälle das tatsächliche Bild.

Tabelle 7

Zusammenarbeit und Austausch unter Lehrern

	städtisch (103 Schulen)	ländlich (84 Schulen)
Wie oft ist offiziell ein Treffen zur Zusammenarbeit und zum Austausch unter Lehrern angesetzt?		
täglich	5	6
2 – 3 mal wöchentlich	0	4
wöchentlich	19	14
monatlich	24	21
seltener	29	19
nie	24	19

Eine offizielle Schulpolitik zur Zusammenarbeit und zum Austausch unter den Lehrern existiert eher in den städtischen (54,9 %) als in den ländlichen Schulen (47,6 %). Der tatsächliche Austausch erfolgt auf dem Land jedoch, nach Meinung der Schulleiter, häufiger als in der Stadt (Tabelle 7). Die befragten Lehrer zeichneten ein ähnliches Bild: Gespräche und Diskussionen sind unter Lehrern ländlicher Schulen häufiger.

Das Zeitbudget der Schulleiter ist in städtischen und ländlichen Schulen nahezu identisch. Schulleiter städtischer Schulen verbringen lediglich etwas mehr Zeit mit Verwaltungsaufgaben, während Schulleiter auf dem Land diese Zeit mit Unterrichten verbringen.

Tabelle 8

Feststellung von Fortschritten im Leseverständnis

	städtisch (199 Lehrer)	ländlich (151 Lehrer)
Klassenarbeiten		
große Bedeutung	60	46
etwas Bedeutung	79	84
wenig / keine Bedeutung	23	14
Bundes- und landesweite Tests		
große Bedeutung	6	4
etwas Bedeutung	34	55
wenig / keine Bedeutung	111	78
Standardisierte Tests		
große Bedeutung	9	7
etwas Bedeutung	46	64
wenig / keine Bedeutung	97	67
Eigene professionelle Einschätzung		
große Bedeutung	83	68
etwas Bedeutung	81	70
wenig / keine Bedeutung	2	3

Bei der Gewichtung von Verfahren zur Feststellung von Fortschritten im Leseverständnis zeigen sich starke Unterschiede. Tabelle 8 zeigt, dass Lehrer an Schulen auf dem Land stärker Wert auf standardisierte bzw. landeseinheitliche Tests legen.[7] Beide Gruppen messen in etwa gleichem Maße ihrer eigenen fachlichen Einschätzung Bedeutung zu.

Tabelle 9

Situation der Grundschullehrer

	städtisch (199 Lehrer)	ländlich (151 Lehrer)
Die Schule bietet genug Zeit zur beruflichen Entwicklung		
stimme sehr zu	51	69
stimme zu	64	41
lehne ab	29	21
lehne stark ab	22	7
Die Schule bietet ein Programm zur beruflichen Entwicklung		
stimme sehr zu	8	10
stimme zu	21	38
lehne ab	62	48
lehne stark ab	67	35
Die Schule bietet Anreize zur beruflichen Entwicklung		
stimme sehr zu	31	30
stimme zu	54	57
lehne ab	51	31
lehne stark ab	23	15
Qualifikation der Lehrer:		
keine (Fach)hochschulreife	1	1
(Fach)hochschulreife	5	19
(Fach)hochschulreife plus Berufsausbildung	7	1
(Fach)hochschulabschluss / Promotion	164	121

Nach ihren Karrierechancen bzw. ihren Möglichkeiten zur beruflichen Weiterentwicklung gefragt, geben die Lehrer auf dem Land in Tabelle 9 durchweg positivere Antworten. Sie bekommen an der Schule eher Zeit – und auch Anreize – zur Weiterentwicklung eingeräumt, und ländliche Schulen stellen auch in größerem

7 Es gibt in Deutschland im Primarbereich so gut wie keine bundesweiten Tests (*Mullis* et al. 2002, S. 86), landesweit einheitliche Tests wie VERA [VERgleichsArbeiten in der Grundschule, siehe u. a. *Hosenfeld/Schrader* (2006)], sind im Entstehen. Möglicherweise haben einige Lehrer PIRLS als einen solchen Test interpretiert.

Ausmaß Programme zur Weiterentwicklung von Lehrern zur Verfügung. Beides mag mit ein Grund für die größere Zufriedenheit und die geringeren Personalprobleme sein.

Die demografische Zusammensetzung der Lehrerkollegien weist auf dem Land kaum andere Merkmale auf als in den Städten. Der durchschnittliche Lehrer hat hier wie dort 23 Jahre Berufserfahrung, davon 8 (Stadt: 7) in vierten Klassen. Die Lehrerschaft ländlicher Grundschulen besteht zu 82,8 % (Stadt: 84,4 %) aus Frauen. Die Kollegien an ländlichen Schulen sind außerdem geringfügig jünger als diejenigen in den Städten. Laut Tabelle 9 geben Deutschlehrer an Schulen auf dem Land noch signifikant häufiger die (Fach)hochschulreife als höchsten Bildungsabschluss an, Lehrkräfte an städtischen Schulen haben fast immer (92,7 %) ein Hochschulstudium absolviert.[8]

b) Schüler und Familien

Die Lesefähigkeiten der Kinder bei der Einschulung, dargestellt in Tabelle 10, unterscheiden sich zwischen Stadt und Land nur geringfügig. Ländliche Schulen haben häufiger einen höheren Anteil von Schülern, die bereits einige Worte lesen, einige Buchstaben schreiben oder sogar schon Worte schreiben, als städtische Schulen. Dies ist insofern überraschend, als den Eltern in ländlichen Regionen, wie in der Einleitung erläutert, meist eine gewisse Bildungsferne unterstellt wird, die eher nicht dazu führen sollte, dass ihre Kinder bereits vor der Schule lesen lernen.

Lehrer auf dem Land sind hoch signifikant häufiger der Auffassung, ihre Schüler in den vierten Klassen hätten größtenteils überdurchschnittliche oder zumindest durchschnittliche Lesefähigkeiten. Lehrer in Städten geben jedoch signifikant häufiger an (38,8 % vs. 26,0 %), dass die Lesefähigkeiten ihrer Schützlinge stark variieren.

In ihrem Leseverhalten unterscheiden sich beide Gruppen kaum. Bücher, Comics, Zeitschriften und Zeitungen werden in etwa gleichem Ausmaß konsumiert. Auch der Fernseh- und Videokonsum ist unter Viertklässlern in den Städten nicht höher als auf dem Land.

Die Anstrengungsbereitschaft der Schüler wird von den Schulleitern laut Tabelle 5 auf dem Land etwas positiver (62,2 % hoch und sehr hoch) eingeschätzt als in den Städten (59,8 %), der Unterschied ist jedoch statistisch nicht signifikant.

---

[8] Bei PIRLS wird, wie bei anderen Schulstudien auch, das international übliche ISCED-System (*International Standard Classification of Education*) angegeben. ISCED 3 entspricht dabei der Fachhochschulreife, Hochschulreife bzw. dem Abschluss einer Lehrausbildung, ISCED 5 Fachhochschulabschluss, Hochschulabschluss bzw. einer Meister- oder Technikerausbildung. Zur Systematik siehe u. a. Statistische Ämter (2006, S. 11 – 14).

Tabelle 10

Lesefähigkeiten von Grundschülern bei der Einschulung

	städtisch (103 Schulen)	ländlich (84 Schulen)
Anteil der Schüler, die bereits einige Worte lesen		
< 25 %	90	69
25 – 50 %	8	12
51 – 75 %	2	2
> 75 %	1	0
Anteil der Schüler, die bereits Buchstaben schreiben		
< 25 %	67	39
25 – 50 %	22	35
51 – 75 %	7	7
> 75 %	5	2
Anteil der Schüler, die bereits einige Worte schreiben		
< 25 %	91	64
25 – 50 %	4	14
51 – 75 %	4	3
> 75 %	2	1

Hinsichtlich der Benutzung von Computern sind kleine aber teils hoch signifikante Unterschiede erkennbar. In den Städten ist der Anteil der Schüler, die nie oder fast nie zu Hause einen Computer benutzen (11,5 %), etwas größer als auf dem Land (8,3 %). Dafür kommen Computer in den städtischen Schulen im Unterricht häufiger zum Einsatz als in den ländlichen Schulen. Die Einsatzgebiete eines Computers – Spiele, Berichte und Geschichten schreiben, Informationen suchen – sind für beide Schülergruppen in etwa gleich gewichtet, lediglich für das Lesen und Schreiben von Emails wenden die Schüler auf dem Land etwas weniger Zeit auf als ihre Altersgenossen in den Städten. Kinder, die ländliche Grundschulen besuchen, sind mit größerer Wahrscheinlichkeit in Deutschland geboren (81,4 %) als Grundschüler in den Städten (74,8 %). Gleiches trifft für ihre Mütter (86,6 % vs. 72,1 %) und Väter (84,9 % vs. 69,2 %) zu. Alle drei Differenzen sind statistisch hoch signifikant.

Schüler, die zu Hause nur „manchmal" oder sogar „nie" deutsch sprechen, sind in den städtischen Schulen mit 14,8 % deutlich stärker vertreten als auf dem Land (7,0 %). Insofern haben ländliche Grundschulen wahrscheinlich auch weniger damit zu kämpfen, zunächst Sprachdefizite von Schülern auszugleichen. Weiter fällt auf, dass beide Gruppen offensichtlich weniger mit ihren Eltern („Erwachsene") deutsch sprechen als mit ihren Geschwistern.

Tabelle 11

Situation der Familien

	städtisch (3.761 Familien)	ländlich (3.022 Familien)
Berufstätigkeit des Vaters		
Vollzeit	2.312	2.083
Teilzeit	62	30
Sonstiges	491	355
Berufstätigkeit der Mutter		
Vollzeit	735	525
Teilzeit	1.242	1.168
Sonstiges	980	804
Finanzielle Situation		
Sehr wohlhabend	185	76
Wohlhabend	547	432
Durchschnittlich	1.692	1.554
Eher arm	373	316
Arm	317	197
Jährliches Familieneinkommen (in US-Dollar)		
< 20.000	613	335
20.000 – 29.999	555	492
30.000 – 39.999	626	538
40.000 – 49.999	403	347
50.000 – 59.999	258	246
60.000 und mehr	303	269
Anzahl Bücher im Haushalt		
0 – 10	433	192
11 – 25	881	682
26 – 100	1.161	1.041
101 – 200	530	466
> 200	471	458
Computer	2.839	2.474
Tageszeitung	2.054	1.849
Eigener Schreibtisch	3.222	2.695
Eigene Bücher	3.269	2.763
Wann spricht der Schüler zu Hause deutsch?		
immer / fast immer	3.049	2.711
manchmal	481	188
nie	49	18
Wann spricht der Schüler zu Hause mit Erwachsenen deutsch?		
immer / fast immer	2.933	2.665
manchmal	564	217
nie	82	33

Unterteilt man die Haushalte, aus denen die Schüler kommen – wie in Tabelle 11 geschehen – nach der Anzahl der vorhandenen Bücher[9], so ergibt sich ein interessantes Bild. Für deutsche Grundschüler stellt sich heraus, dass die Familien auf dem Land durchweg eine größere Anzahl an Büchern ihr Eigen nennen als die Familien in den Städten. Darüber hinaus sind auch Computer und Tageszeitung sowie ein eigener Schreibtisch und eigene Bücher für die Grundschüler bei Familien auf dem Land häufiger vertreten als in den Städten.

Sowohl auf dem Land als auch in den Städten haben nahezu alle untersuchten Grundschüler auch den Kindergarten besucht. Kinder aus ländlichen Familien waren jedoch häufiger (75,8 %) auch länger als zwei Jahre dort. In den Städten ist dies mit 70,8 % etwas weniger der Fall. Gleichzeitig werden die Kinder auf dem Land auch etwas öfter (69,8 %) mit sechs Jahren eingeschult als in den Städten (30,0 %). Dort erfolgt die Einschulung häufiger später.

Tabelle 12

Lage der Schulen (PISA 2000 und 2003)

	Anzahl 2000	Anzahl 2003
„bis 3.000 Einwohner“	14	11
„bis 15.000 Einwohner“	53	52
„bis 100.000 Einwohner“	83	76
„bis 1.000.000 Einwohner“	34	50
„im Zentrum einer Millionenstadt“	4	25
„anderswo in einer Millionenstadt“	9	

Die Einkommenssituation der Familien ist durchaus differenziert zu sehen. Die Väter sind auf dem Land nur geringfügig häufiger (85,6 %) berufstätig als in den Städten (82,9 %), und auch häufiger in Vollzeitstellen beschäftigt (84,4 % vs. 80,7 %). Die Mütter sind überwiegend in Teilzeit beschäftigt, wobei diese Form der Erwerbstätigkeit auf dem Land noch etwas stärker (46,8 %) ausgeprägt ist als in den Städten (42,0 %), die Unterschiede sind statistisch jedoch nicht signifikant.

Die persönliche Einschätzung der finanziellen Lage zeigt eine größere Homogenität auf dem Land. Die Extrempositionen „sehr wohlhabend“ und „arm“ sind mit 3,0 % und 7,7 % deutlich geringer besetzt als in den Städten (5,9 % und 10,2 %). Dass Armut in den Städten ein größeres Problem darstellt, wird auch an den Angaben zum Einkommen deutlich, die höchste Einkommenskategorie ist jedoch – in

[9] Die Variable „Bücher im Haushalt“ wird in bildungsökonomischen Untersuchungen in aller Regel als Proxyvariable für die Bildungsaffinität der Eltern genutzt. Vgl. u. a. *Wößmann* (2004), *Gundlach / Wößmann* (2004), *Schütz* et al. (2005).

Kontrast zur *Einschätzung* der finanziellen Lage – schwächer besetzt (11,0%) als auf dem Land (12,1%). Dies mag auch mit der Größe der Kategorie zusammenhängen.

2. Die weiterführenden Schulen

Der PISA 2000 Datensatz enthält für Deutschland 5.073 Schüler an 219 Schulen.[10] Bei der zweiten Welle 2003 wurden 4.660 Schüler an 216 Schulen getestet und interviewt. Die hier angegebenen Zahlen beziehen sich, wenn nicht anders angegeben, wegen der etwas größeren Fallzahlen stets auf PISA 2000.

a) Schulen

In PISA 2000 (und 2003) wird den Schulleitern unter anderem die Frage gestellt, in was für einer Gemeinde Ihre Schule liegt. Die Antworten für 197 Schulen (PISA 2000) bzw. 204 Schulen (PISA 2003) sind in Tabelle 13 dargestellt. Die Einteilung ist also weniger genau und mit der aus PIRLS 2001 auch nur bedingt vergleichbar.

Tabelle 13

Probleme mit der Schulinfrastruktur

	städtisch (130 Schulen)	ländlich (67 Schulen)
Wie sehr leidet der Unterricht unter schlechter Bausubstanz?		
gar nicht	68	48
ein wenig	39	10
teilweise	19	8
sehr	3	1
Wie sehr leidet der Unterricht unter zu wenig bzw. zu kleinen Unterrichtsräumen?		
gar nicht	60	37
ein wenig	36	20
teilweise	25	8
sehr	9	2
Wie sehr leidet der Unterricht unter zu wenig Unterrichtsmaterial?		
gar nicht	57	37
ein wenig	48	20
teilweise	23	9
sehr	2	1

10 PISA steht für *Programm for International Student Assessment.* Eine Übersicht findet sich u. a. bei *Artelt* et al. (2001).

Als ländlich sollen im Weiteren die 67 PISA-2000-Schulen und die 63 PISA-2003-Schulen bezeichnet werden, die in Städten mit weniger als 15.000 Einwohnern liegen.

Sowohl die durchschnittliche (hoch signifikant: 491 vs. 720 Schüler) als auch die Medianschülerzahl (454 vs. 627) sind an ländlichen Schulen geringer als an städtischen Schulen. Dabei streut die Größe städtischer Schulen (52 bis 2.976) jedoch erheblich und statistisch signifikant stärker als diejenige ländlicher Schulen (130 bis 1.174). Die Schulklassen sind auf dem Land durchschnittlich um einen (in Mathematik und den Naturwissenschaften) oder zwei (im Fach Deutsch) Schüler kleiner. Die insgesamt in Deutschland maximale Schülerzahl von 35 wird auf dem Land weder in Deutsch noch in den Naturwissenschaften erreicht.

Die durchschnittliche Schule auf dem Land beschäftigt 20 Vollzeit- und 14 Teilzeitlehrkräfte. In den Städten sind beide Zahlen mit 32 und 18 deutlich höher. Qualifikatorische Unterschiede unter den Lehrern gibt es zwischen Stadt und Land nicht, Fortbildungsmaßnahmen werden von Lehrern ländlicher Schulen in größerer Zahl wahrgenommen.

Die Grundschulempfehlung – oder bspw. in Bayern das Übertrittszeugnis – spielt auf dem Land auf den ersten Blick eine wichtigere Rolle als in den Städten. Gleichzeitig scheint der Wunsch der Eltern seltener relevant für die Aufnahme in die jeweilige weiterführende Schule zu sein. Die Unterschiede sind jedoch nicht signifikant.

Tabelle 14

Extrakurse für schwache Schüler

	städtisch (3.039 Schüler)	ländlich (1.543 Schüler)
Extrakurse in Deutsch		
Nie	2.698	1.309
Zeitweise	175	134
Regelmäßig	54	38
Lerntraining		
Nie	2.688	1.326
Zeitweise	193	135
Regelmäßig	37	31

Was die Infrastruktur der Schulen angeht, weist Tabelle 13 deutlich bessere Gebäude und auch eine geringere Raumnot für die ländlichen Schulen aus. 71,2 % bzw. 55,2 % der Schulleiter sehen die beiden Punkte als völlig unproblematisch an. In den Städten sind dies nur 52,7 % bzw. 46,2 %. Statistisch signifikant ist dieser Unterschied jedoch nur für die Einschätzung der Gebäudesituation. Ebenfalls wird auf dem Land die Versorgung mit Unterrichtsmaterialien häufiger (55,2 %) als unproblematisch eingeschätzt als in den Städten (43,8 %), ein Ergebnis, das so bereits auch für die Grundschulen (Tabelle 4) gezeigt werden konnte, für die weiterführenden Schulen jedoch statistisch nicht signifikant ist.

Tabelle 15

Wie hemmen Lehrer Lernerfolge ihrer Schüler?

	städtisch (130 Schulen)	ländlich (67 Schulen)
Schlechtes Verhältnis zwischen Schülern und Lehrern		
Gar nicht	24	10
Wenig	93	47
Etwas	12	9
Sehr	1	1
Wechsel von Lehrkräften		
Gar nicht	42	16
Wenig	70	37
Etwas	17	12
Sehr	1	2
Lehrer stellen sich nicht auf individuelle Probleme von Schülern ein		
Gar nicht	11	3
Wenig	87	39
Etwas	31	23
Sehr	0	2
Lehrer wehren sich gegen Veränderungen		
Gar nicht	42	12
Wenig	63	38
Etwas	23	16
Sehr	2	1

Das Angebot für unterdurchschnittliche Schüler unterscheidet sich zwischen Stadt und Land durchaus. Während für besonders begabte Schüler nahezu die Hälfte der Schulen spezielle Kurse anbietet, gibt es für die Nachzügler in Deutsch das bessere Angebot auf dem Land (52,2 % vs. 42,3 %), der Unterschied ist jedoch statistisch nicht signifikant. Räume, in denen die Schüler ihre Hausaufgaben unter Aufsicht und Betreuung erledigen können, sind in den Städten knapp signifikant häufiger (28,5 %) als auf dem Land (17,9 %). Die Ausstattung mit Computern ist für die weiterführenden Schulen in den Städten und auf dem Land ähnlich. Insgesamt verfügen die städtischen Schulen zwar durchschnittlich über sechs Rechner mehr als die ländlichen Schulen, die Anzahl der Computer, die den Schülern zur Verfügung steht, ist mit 20 jedoch identisch. Die Anbindung an das Internet und ein internes Schulnetz ist in den Städten geringfügig besser.

Tabelle 16

Wie hemmen Schüler Lernerfolge ihrer Mitschüler?

	städtisch (130 Schulen)	ländlich (67 Schulen)
Fehlende Unterstützung der Schüler durch die Eltern		
Gar nicht	3	0
Wenig	25	11
Etwas	79	39
Sehr	22	17
Stören im Unterricht		
Gar nicht	8	1
Wenig	56	23
Etwas	57	38
Sehr	8	5
Schüler bleiben dem Unterricht fern		
Gar nicht	18	16
Wenig	77	39
Etwas	32	11
Sehr	3	1
Schüler haben zu wenig Respekt vor Lehrern		
Gar nicht	22	10
Wenig	85	40
Etwas	21	13
Sehr	2	4
Mobbing und Einschüchterung unter Schülern		
Gar nicht	18	8
Wenig	97	45
Etwas	15	13
Sehr	0	1

Betrachtet man die Aussagen der Schulleiter zu diversen Umständen, die den Lernerfolg der Schüler behindern könnten, so ergibt sich in Tabelle 16 und Tabelle 17 wieder ein unterschiedliches Bild für Stadt und Land. Auf dem Land wird ein schlechtes Verhältnis zwischen Schülern und Lehrern öfter als Grund für Probleme genannt. Der (häufige) Wechsel von Lehrkräften ist auch eher an ländlichen Schulen ein Problem als an städtischen. Dies verwundert, da aus anderen Antworten eher eine höhere Zufriedenheit und ein größeres Engagement der Lehrer auf dem Land herauszulesen war. Fehlende Unterstützung der Schüler durch ihre Eltern wird von mehr als einem Viertel der Schulleiter in ländlichen Schulen als großes Problem eingeschätzt.

Auf dem Land bemängeln die Schulleiter signifikant stärker als in den Städten, dass ihre Lehrer sich Veränderungen verweigern. Dies ist lediglich in 17,9 % der ländlichen Schulen kein Problem, aber für 32,3 % der städtischen Schulen unproblematisch.

Tabelle 17

Einstellung der Lehrer

	städtisch (3.039 Schüler)	ländlich (1.543 Schüler)
Lehrer sagt den Schülern, dass sie besser werden können		
Nie	406	133
Manchmal	1.187	532
Meistens	859	494
Jede Stunde	512	350
Lehrer ist interessiert, dass jeder Schüler lernt		
Nie	646	264
Manchmal	1.121	592
Meistens	668	323
Jede Stunde	493	315
Lehrer tut viel, um Schülern zu helfen		
Nie	433	166
Manchmal	1.086	533
Meistens	854	444
Jede Stunde	589	366
Wenn ich zusätzliche Hilfe brauche bekomme ich sie vom Lehrer		
Lehne stark ab	327	158
Lehne ab	933	440
Stimme zu	1.313	683
Stimme sehr zu	374	226

Störungen im Unterricht werden bei den weiterführenden Schulen auf dem Land in deutlich größerem Ausmaß als Problem gesehen als in den Städten. Umgekehrt wird fehlender Respekt der Schüler vor den Lehrern und stärker noch das „Schwänzen" des Unterrichts eher in den Städten als Lernhindernis identifiziert. Mobbing und Einschüchterung unter Schülern wird in 20,9 % der ländlichen, aber nur in 11,5 % der städtischen Schulen als „etwas" oder „sehr" hemmend eingeschätzt. Der Unterschied ist aber nur knapp signifikant. Diese Ergebnisse stehen in starkem Kontrast zum Verhalten der Grundschüler. Möglicherweise zeigt sich hier eine gewisse Negativselektion an den weiterführenden Schulen. Diese könnte dadurch bewirkt sein, dass es sich bei den weiterführenden Schulen auf dem Land in größerem Umfang um Hauptschulen und in den Städten in größerem Umfang um Gymnasien handelt.[11]

Wie schon für die Grundschulen, zeigt sich auch für die weiterführenden Schulen hoch signifikant, dass die Schüler auf dem Land die *braveren* sind. 37,6 % der

[11] Von den ländlichen Schulen im Datensatz bieten 14 ein elftes Schuljahr an, in den Städten trifft dies auf 67 Schulen zu. Damit sind die (vermuteten) Gymnasien auf dem Land mit einem Anteil von 20,9 % deutlich seltener vertreten als in den Städten (51,5 % der weiterführenden Schulen). Ob dies der Realität entspricht oder durch eine Stichprobenschichtung erfolgte ist unerheblich. Einzig der Anteil an der Stichprobe ist hier interessant.

Schüler geben an, dass es im Unterricht nie zu Lärm und Durcheinander kommt, in den Städten können das nur 33,2 % behaupten.

Befragt nach der Einstellung ihrer Lehrer, zeichnen die Schulleiter in Stadt und Land ein vergleichbares Bild. In beiden Gruppen wird der Aussage, die Moral der Lehrer an der Schule sei hoch, zu über 90 % teils stark zugestimmt. Der Enthusiasmus der Lehrkräfte und ihr Stolz auf die eigene Schule werden auf dem Land als etwas geringer eingeschätzt als in den Städten. Allerdings wird den Lehrern auf dem Land von ihren Schulleitern eine höhere Wertschätzung schulischer Leistungen zugesprochen.

Tabelle 17 zeigt zum Teil erhebliche Unterschiede im Engagement der Lehrer. Die Schüler in den Städten geben hoch signifikant öfter (13,7 %) an, dass ihr Lehrer sie „nie“ motiviert, besser zu werden. Auf dem Land teilen nur 8,8 % der Schüler diese Einschätzung. Auch dass der Lehrer „nie“ Interesse daran zeigt, dass jeder Schüler etwas lernt, ist in der Stadt hoch signifikant häufiger (22,1 %) als auf dem Land (17,7 %). Schon fast als logische Konsequenz daraus ergibt sich, dass die Lehrer in Städten auch weniger tun, um einzelne Schüler zu unterstützen und die Schüler wenn nötig zusätzliche Hilfe von ihren Lehrern bekommen.

In PISA 2003 wurden die Schulleiter zusätzlich gebeten, den Anteil der Schüler anzugeben, die eine Klasse wiederholen. Sowohl für den Sekundarbereich I als auch für den Sekundarbereich II geben die Schulleiter auf dem Land etwas geringere Werte an, der Unterschied ist jedoch statistisch nicht signifikant.

b) Schüler und Familien

Die finanzielle Situation der Familien ist in Tabelle 18 dargestellt.[12] Es zeigt sich, dass sich der durchschnittliche Wohlstand zwischen Stadt und Land kaum unterscheidet, dass aber auf dem Land die Verteilung deutlich homogener ist. Auch das Ausmaß der Berufstätigkeit der Eltern unterscheidet sich zwischen Stadt und Land nicht signifikant.

---

12 Der in Tabelle 18 dargestellte Index *Wohlstand der Familie* ist im PISA-2000-Datensatz enthalten und aus den Antworten der Schüler auf Fragen nach der Ausstattung des Haushalts (Geschirrspüler, eigenes Zimmer, Lernsoftware, Internetanschluss, Mobiltelefone, Fernseher, Computer, Autos, Badezimmer) errechnet worden. Siehe dazu auch *Adams* und *Wu* (2002, S. 224).

Tabelle 18

Situation der Familien

	städtisch (3.039 Familien)	ländlich (1.543 Familien)
Berufstätigkeit des Vaters		
Vollzeit	2.477	1.274
Teilzeit	175	94
Sonstiges	240	108
Berufstätigkeit der Mutter		
Vollzeit	1.045	539
Teilzeit	1.113	536
Sonstiges	805	427
Wohlstand der Familie (Index)		
Minimum	–5,05	–2,93
Durchschnitt	0,23	0,22
Maximum	3,38	3,38
Anzahl Bücher im Haushalt		
Keine	32	15
1 – 10	175	86
11 – 50	499	338
51 – 100	623	357
101 – 250	650	346
251 – 500	536	219
>500	457	146
Computer	2.687	1.363
Eigener Schreibtisch	2.883	1.468

Mögliche Gründe dafür, dass ein Schüler die Schule wechselt, sind laut Tabelle 19 in Stadt und Land ebenfalls unterschiedlich ausgeprägt. Ländliche Schulen verlieren ihre Schüler eher wegen guter Leistungen oder besonderer Lernanforderungen, an städtischen Schulen sind es häufiger schlechte Leistungen, die zum Schulwechsel führen. Der Schulwechsel geht, wie schon die Schulwahl, in den Städten auch häufiger auf den Wunsch der Eltern zurück. An den weiterführenden Schulen sind sowohl in den Städten als auch auf dem Land etwa 90 % der Schüler im Inland geboren. Für die Eltern gibt es geringe Unterschiede, beide sind auf dem Land zu etwa 87 % in Deutschland geboren, in den Städten sind es nur etwa 82 %. 95,4 % der Schüler auf dem Land und 93,0 % der Schüler in den Städten geben an, dass zu Hause meistens Deutsch gesprochen wird.

Bei PISA 2003 gaben die Schulleiter den Anteil der Nicht-Muttersprachler unter ihren Schülern an. Schulen, in denen Schüler für die Deutsch nicht Muttersprache ist, weniger als 10 % ausmachen, sind auf dem Land mit 76,2 % sehr viel häufiger anzutreffen als in den Städten (56,4 %). Der statistisch signifikante Unterschied zeigt sich auch bei den Schulen, die einen Anteil von 40 % und mehr haben. Diese Schulen sind auf dem Land viel seltener (9,5 %) als in den Städten (14,3 %).

Tabelle 19

Gründe für einen Schulwechsel

	städtisch (130 Schulen)	ländlich (67 Schulen)
Schlechte Leistungen		
Unwahrscheinlich	52	36
Wahrscheinlich	43	18
Sehr wahrscheinlich	35	11
Gute Leistungen		
Unwahrscheinlich	107	49
Wahrscheinlich	18	15
Sehr wahrscheinlich	4	2
Besondere Lernanforderungen		
Unwahrscheinlich	86	45
Wahrscheinlich	22	14
Sehr wahrscheinlich	21	6
Wunsch der Eltern		
Unwahrscheinlich	46	26
Wahrscheinlich	60	30
Sehr wahrscheinlich	24	9

Beim Schwänzen einzelner Stunden oder ganzer Schultage sind die Unterschiede gering, beides ist auf dem Land jedoch etwas seltener. Am größten und hoch signifikant ist der Unterschied bei der Häufigkeit, mit der Schüler „in den letzten beiden Schulwochen" zu spät kamen. 78,2 % der Schüler auf dem Land, aber nur 72,0 % in den Städten waren immer pünktlich.

Bei den Gefühlen, mit denen die Schüler täglich in die Schule gehen, bestehen zwischen Stadt und Land keine nennenswerten Unterschiede. Die übergroße Mehrheit in beiden Gruppen findet an der Schule schnell Freunde und fühlt sich dazugehörig.

Für die Familien der Schüler an weiterführenden Schulen lässt sich im Gegensatz zu den Ergebnissen für die Grundschüler durchaus feststellen, dass in den Städten eine hoch signifikant größere Zahl von Büchern vorhanden ist (Tabelle 18). Die Kategorien „251 – 500" und „>500" sind auf dem Land mit 14,5 % und 9,7 % dünner besetzt als in den Städten (18,0 % und 15,4 %). Die Kinder aus Haushalten mit mehr Büchern (mit einer größeren Bildungsaffinität) besuchen möglicherweise häufiger das Gymnasium, und das nächste Gymnasium liegt oft in der nächsten Stadt. Daher werden diese Haushalte im PISA-Datensatz der Stadtbevölkerung zugerechnet.

Nachhilfeunterricht ist laut PISA 2000 auch kein typisch ländliches Phänomen. Der regelmäßige Besuch von Nachhilfeschulen ist vielmehr in den Städten teils hoch signifikant häufiger als auf dem Land, dies gilt für Deutsch und andere

Fächer gleichermaßen. Schüler, die noch nie private Nachhilfestunden hatten sind an ländlichen Schulen signifikant häufiger vertreten.

Über einen Computer im Haushalt und einen eigenen Schreibtisch für den Schüler verfügen die Haushalte beider Gruppen in nahezu identischem Ausmaß.

Auch mit dem PISA-2003-Datensatz kann man Unterschiede im Kindergartenbesuch ausmachen. Der Kindergartenbesuch ist auf dem Land signifikant häufiger (96,6 % vs. 95,1 %) und dauert dann auch signifikant länger an als in der Stadt: 85,7 % der Schüler auf dem Land geben eine Kindergartenzeit von mehr als einem Jahr an, in den Städten sind dies nur 81,0 %.

Tabelle 20

Welchen Abschluss erwartest Du zu erreichen? (PISA 2003)

	städtisch (3.052 Schüler)	ländlich (1.371 Schüler)
Haupt- / Realschulabschluss	1.468	993
Lehre	147	116
Abitur	1.487	408
Abitur und Lehre	243	145
Meister / Techniker	73	28
(Fach)hochschulabschluss	694	159

Bei den Erwartungen an die Zukunft sind die Unterschiede zwischen Schülern auf dem Land und Schülern in der Stadt ausgesprochen deutlich. Tabelle 20 zeigt mit PISA-2003-Daten die Abschlüsse, die die Schüler noch erreichen wollen. Mehrfachnennungen waren in der Fragestellung explizit zugelassen. Einen Hochschulabschluss trauen sich 24,0 % der Kinder in den Städten, aber nur 11,9 % der Schüler der ländlichen Schulen zu. Auch in den anderen Kategorien (mit Ausnahme „Meister / Techniker") sind die Unterschiede hoch signifikant, eine Interpretation ist jedoch schwierig. Beispielsweise gaben nur 50,8 % der Kinder in den Städten an, dass sie wohl einen Haupt- oder Realschulabschluss erreichen werden. Wo es sich bei den befragten Schülern um Gymnasiasten handelt, haben diese möglicherweise nicht berücksichtigt, dass das von ihnen angestrebte Abitur einen Abschluss der Sekundarstufe I durch die Versetzung in die elfte Klasse ja bereits beinhaltet.

II. Schlussfolgerungen

Grundsätzlich sind weiterführende Schulen für die Grundschüler auf dem Land ähnlich gut zu erreichen wie in den Städten. Die vorhandenen Daten geben jedoch keinen Aufschluss darüber, ob dies speziell auch für Realschulen und Gymnasien gilt. Dass auf dem Land möglicherweise weniger Kinder das Gymnasium besuchen, kann also durchaus der Erreichbarkeit geschuldet sein. Da bei den verwendeten Daten die Stadt-Land-Einteilung jedoch anhand der Lage der Schule erfolgt, ist hier eine Verzerrung zu erwarten, die Gymnasiasten zu oft der Stadtbevölkerung zurechnet.

Die Schulen auf dem Land sind in der Regel kleiner als diejenigen in den Städten. Auf eine für die Betreuung der Schüler günstigere Klassengröße hat dies jedoch keine Auswirkungen. Dennoch mag eine kleinere Schule eine stärkere Integration bewirken, wie eingangs von Cotton (1996) angeführt.

Die Ausstattung der ländlichen Schulen ist gänzlich unproblematisch. Sowohl Schulbibliotheken als auch Computer sind in gleichem Maß vorhanden wie in den Städten; die Befürchtung, dass Kinder vom Land um ihre Bildungschancen gebracht werden, ist also unbegründet. Vielmehr könnten manche städtische Schulen hier noch aufholen.

Während an den Grundschulen auf dem Land die Kinder sehr viel braver und engagierter sind als in den Städten, kehrt sich diese Beobachtung für die weiterführenden Schulen um. Auch die durchweg positive Einstellung zur eigenen Schule verliert sich zwischen dem neunten und 15. Lebensjahr. Personalsorgen sind auf dem Land weniger ein Problem als in den Städten. Die Lehrerkollegien auf dem Land werden von den Schulleitern wie von den Schülern durchweg als motivierter, engagierter, fortbildungswilliger und offener für Veränderungen beschrieben. Die befragten Grundschullehrer geben auf dem Land auch selbst eine größere Zufriedenheit an.

Die demografische Zusammensetzung und die Qualifikation des Lehrpersonals unterscheiden sich nur für die Grundschulen ein wenig. Hier sind auf dem Land häufiger Lehrer ohne Hochschulabschluss beschäftigt als in den Städten. Weiter gilt für die ländlichen Grundschulen, dass der Klassenlehrer die gleiche Klasse über einen kürzeren Zeitraum betreut. Ob dies mit häufigerem Personalwechsel erklärt werden kann, ist unsicher, da nur für die weiterführenden Schulen bekannt ist, dass der häufige Wechsel als Problem genannt wird.

Aus den Antworten der Schulleiter der Grundschulen lässt sich zunächst eine größere Mobilität der Familien in den Städten und damit verbunden häufigere Schulwechsel der Kinder in den Städten ableiten. Weiter lässt sich für die Bevölkerung auf dem Land eine größere Homogenität bei den Einkommen feststellen, insbesondere sind sehr geringe Einkommen selten vertreten. Sowohl die Grund- als auch die weiterführenden Schulen haben auf dem Land also wahrscheinlich weniger Probleme mit Kindern aus armen Familien, in denen Ausgaben für Lernmittel zurückgestellt werden. Gleiches gilt für Kinder mit Lernschwächen.

Kinder mit Migrationshintergrund und Kinder, die zu Hause selten Deutsch sprechen, sind ebenfalls häufiger an städtischen als an ländlichen Schulen anzutreffen. Dies sollte dazu führen, dass an den Schulen auf dem Land weniger auf Sprachdefizite Rücksicht genommen werden muss und die entsprechenden Ressourcen für den Regelunterricht eingesetzt werden können. Darüber hinaus ist für die Lesefähigkeiten der Grundschüler auf dem Land auch eine größere Homogenität feststellbar, was den Unterricht zusätzlich einfacher machen sollte.

Die Unterstützung der Grundschüler durch ihre Eltern ist auf dem Land weitestgehend gegeben. An den weiterführenden Schulen scheint sich diese Unterstützung zu reduzieren. Insbesondere konnte eine größere Bildungsferne für die Eltern von Grundschülern auf dem Land nicht bestätigt werden. Dies manifestiert sich beispielsweise auch in der Lesefertigkeit, die die Kinder bei der Einschulung haben.

Auf dem Land trauen sich die Schüler an den weiterführenden Schulen deutlich weniger zu als in den Städten. Ein Hochschulabschluss wird von ihnen signifikant seltener angestrebt. Dies mag aber – wie einige andere Ergebnisse nahe legen – auch an der erwähnten Selektion der guten Schüler in die städtischen Gymnasien liegen.

Alles in allem brauchen sich die Schulen auf dem Land nicht zu verstecken. Insbesondere im Primarbereich liefern sie oft das bessere Lernumfeld und bieten ihren Schülern durchaus alle Chancen. Einige Ansatzpunkte für die Regionalpolitik ließen sich aber vielleicht doch ausmachen:

Zum Ersten könnte es sich als vorteilhaft erweisen, höher qualifizierte Lehrkräfte an die ländlichen Grundschulen zu holen um die Arbeit dort noch weiter zu verbessern.

Zum Zweiten könnte eine längere Grundschuldauer die Vorteile der ländlichen Regionen weiter stärken und gleichzeitig auch in den Städten für eine größere Gleichheit der Bildungschancen sorgen. Diverse Untersuchungen zeigen, dass eine spätere Selektion die Chancen für Kinder aus bildungsfernen Schichten erhöht (Ammermüller 2005, Schütz et al. 2005, Pekkarinen 2006).

Zum Dritten könnten dort, wo die Schülerzahlen nicht mehr ausreichen, um Haupt-, Realschulen und Gymnasien zu rechtfertigen, verschiedene Formen von Gesamtschulen angeraten sein. Dies wird in einigen deutschen Bundesländern bereits praktiziert[13] und bspw. vom BLLV (2007, S. 5 f.) mit der Regionalen Modellschule auch für Bayern gefordert.

Zum Vierten könnte die Gründung von mehr Gymnasien auf dem Land die Bildungschancen der Kinder dort weiter verbessern. Solche Maßnahmen müssten möglicherweise auch mit der Bereitstellung zusätzlicher Busse und Bahnen einhergehen.

---

13 Für eine Übersicht siehe u. a. BLLV (2007) oder umfassender *Birkenfeld/Hanafy* (2007).

Literaturverzeichnis

Adams, R. / *Wu,* M. (Hrsg.) (2002): PISA 2000 Technical Report, Paris.

Ammermüller, A. (2005): Educational Opportunities and the Role of Institutions / ZEW, (05–44).

Artelt, C. / *Baumert,* J. / *Klieme,* E. / *Neubrand,* M. / *Prenzel,* M. / *Schiefele,* U. / *Schneider,* W. / *Schümer,* G. / *Stanat,* P. / *Tillmann,* K.-J. / *Weiss,* M. (Hrsg.) (2001): PISA 2000. Zusammenfassung zentraler Befunde, Berlin.

Bayerischer Lehrer und Lehrerinnenverband (Hrsg.) (2007): Schulsterben auf dem Land? http: // www.bllv.de/include/_pdffiles/standpunkte/reden/dannhaeuser/20070302_Noerdlingen.pdf.

Bayerisches Landesamt für Statistik und Datenverarbeitung (Hrsg.) (2006): Bayerische Schulen im Schuljahr 2005 / 06. Eckzahlen sämtlicher Schularten nach kreisfreien Städten und Landkreisen, München.

Birkenfeld, F. / *Hanafy,* S. (2007): Wie zentral sind die Abschlussprüfungen an deutschen Schulen wirklich? Universität Passau, unveröffentlichtes Manuskript.

Bundesamt für Bauwesen und Raumordnung (Hrsg.) (2005): Indikatoren und Karten zur Raumentwicklung. CD-Rom.

Cotton, K. (1996): Affective and Social Benefits of Small-Scale Schooling, in: ERIC Clearinghouse on Rural Education and Small Schoolshttp: //www.ericdigests.org/1997–2/small.htm.

Dahrendorf, R. (1968): Bildung ist Bürgerrecht. Plädoyer für eine aktive Bildungspolitik, Hamburg.

Döbert, H. (2002): Deutschland, in: Döbert, H. / Hörner, W. / Kopp, B. V. / Mitter, W. (Hrsg.): Die Schulsysteme Europas, Hohengehren, S. 92–114.

Freie Planungsgruppe Berlin GmbH (2004): Übertragung des Modellsansatzes ‚Kleine Schulen im Ländlichen Raum' auf die Modellregion Ostthüringen, Berlin.

Gonzalez, E. J. / *Kennedy,* A. M. (Hrsg.) (2003): PIRLS 2001 User Guide for the International Database, Boston.

Gregory, T. (1992): Small is Too Big: Achieving a Critical Anti-Mass in the High School, in: Hubert H. Humphrey Institute of Public Affairs (Hrsg.): Source Book on School and District Size, Cost and Quality, Minneapolis.

Gundlach, E. / *Wößmann,* L. (2004): Family Background, Schooling Resources, and Institutional Features: What Determines Student Performance in East Asian Countries?, in: East Asian Economic Perspectives 15, S. 17–31.

Herzog, M. J. R. / *Pittman,* R. B. (1995): Horne, Family and Community: Ingredients in the Rural Education Equation / Western Carolina University – Department of Administration, Curriculum and Instruction.

Hosenfeld, I. / *Schrader,* F.-W. (2006): Schulische Leistung. Grundlagen, Bedingungen, Perspektiven. Münster / New York / München / Berlin.

Lith, U. van (1985): Der Markt als Ordnungsprinzip des Bildungsbereiches. Verfügungsrechte, Ökonomische Effizienz und die Finanzierung schulischer und akademischer Bildung, München.

Lüdeke, R. (2002): Klärendes zur PISA-Studie: Von kaum jemandem studiert, aber in aller Munde, in: ifo-Schnelldienst 55, Nr. 5, S. 14 – 17.

Mullis, I. V. / *Martin,* M. O. / *Kennedy,* A. M. / *Flaherty,* C. L. (2002) (Hrsg.): PIRLS 2001 Encyclopedia. A Reference Guide to Reading Education in the Countries Participating in IEA's Progress in International Reading Literacy Study (PIRLS), Boston.

Nash, R. (1980): Schooling in Rural Societies, London.

Pekkarinen, T. (2006): Gender Differences in Educational Attainment: Evidence on the Role of the Tracking Age from a Finnish Quasi-Experiment / IZA, (1897).

Richter, R. (1999): Soziokulturelle Entwicklungspotenziale im ländlichen Raum, in: Wytrzens, H. K. (Hrsg.): Funktionsfähigkeit des Ländlichen Raumes, Kiel, S. 23 – 42.

Schütz, G. / *Ursprung,* H. W. / *Wößmann,* L. (2005): Education Policy and Equality of Opportunity / IZA, (1996).

Statistische Ämter des Bundes und der Länder (Hrsg.) (2006): Internationale Bildungsindikatoren im Ländervergleich, Wiesbaden.

Wößmann, L. (2004): How Equal Are Educational Opportunities? Family Background and Student Achievement in Europe and the United States / CESifo. (1162).

Notwendigkeit, Probleme und Chancen betrieblicher Weiterbildung in peripheren Regionen

Von Stefan Bauernschuster

I. Einleitung

Während in Zeiten von Taylor und Ford physisches Kapital und Arbeitskraft als zentrale Wachstumsmotoren angesehen wurden, gewinnt in unserer wissensbasierten Gesellschaft Humankapital immer mehr an Bedeutung. Florida (1995) spricht von einer *knowledge revolution* und führt an, dass das menschliche Gehirn die Hauptquelle von Wachstum in wissensintensiven marktwirtschaftlichen Systemen darstellt. Die endogene Wachstumstheorie sieht Humankapital als wesentlichen Produktionsfaktor, der technischen Fortschritt erklärt, aufgrund von Spillover-Effekten nicht dem Gesetz der positiven, aber abnehmenden Skalenerträge unterliegen muss und so nachhaltiges Wachstum begründen kann (vgl. Romer 1990). Dabei ist zu bedenken, dass Humankapital nicht nur durch schulische Bildung akkumuliert wird. Vor allem in Zeiten rapiden technisch-organisatorischen Wandels sinkt die Halbwertszeit des Wissens. Somit wird es notwendig, eine voranschreitende Entwertung des Humankapitals durch lebenslanges Lernen in Form von Fort- und Weiterbildung zu vermeiden und Wissen und Fähigkeiten stets neuen Herausforderungen anzupassen. Die betriebliche Weiterbildung stellt einen Weg dar, den Wachstumsfaktor Humankapital nachhaltig zu beeinflussen. Dabei besteht jedoch aufgrund von externen Effekten und *moral hazard* die Gefahr einer Unterinvestition in Humankapital. Vor allem in peripheren Regionen, in denen Unternehmen oft nicht die kritische Größe erreichen, selbständig Weiterbildungsmaßnahmen organisieren zu können, ist Weiterbildung an sich mit Realisierungsproblemen behaftet. Der folgende Beitrag zeigt, dass nicht zuletzt aufgrund des demografischen Wandels mehr denn je die Notwendigkeit des Humankapitalausbaus auch in peripheren Regionen besteht. Zwar sehen sich periphere Regionen bei der Organisation betrieblicher Weiterbildung einerseits mit speziellen Problemen konfrontiert. Andererseits lassen sich jedoch durchaus bestimmte Faktoren identifizieren, die eine besondere Chance für kleine und mittlere Betriebe in peripheren Regionen zur Etablierung von Weiterbildungsaktivitäten darstellen.

Abschnitt II. behandelt die Problematik einer drohenden Verschärfung von Qualifikationsproblemen auf dem Arbeitsmarkt in Deutschland. Dabei wird auf Arbeitsangebotsseite auf die gegenwärtige und für die Zukunft prognostizierte quantitative und qualitative Entwicklung der Bevölkerung im Allgemeinen und des Erwerbspersonenpotenzials im Speziellen eingegangen. Auf Arbeitsnachfrageseite wird der technisch-organisatorische Wandel mit seinen Auswirkungen auf die Arbeitsnachfrage der Unternehmen behandelt. Schließlich wird abgeleitet, welche Auswirkungen sich aus der nicht aufeinander abgestimmten Entwicklung der beiden Marktseiten ergeben können und wie man diesen Problemen begegnen könnte. Da der betrieblichen Weiterbildung in diesem Zusammenhang eine zentrale Rolle zukommt, gibt Abschnitt III. zunächst einen Überblick über theoretische Erkenntnisse zur Weiterbildung auf vollkommenen und unvollkommenen Arbeitsmärkten. Nach dieser allgemeinen Betrachtung folgt in Abschnitt IV. eine Fokussierung auf periphere Regionen. In einem ersten Schritt wird dabei beispielhaft Ostbayern als insgesamt periphere Gegend dargestellt sowie Herausforderungen an und Probleme für die betriebliche Weiterbildung in dieser Region herausgearbeitet. Anschließend werden Chancen für Weiterbildungsaktivitäten aufgezeigt, die sich speziell in peripheren Regionen ergeben und die es zu nutzen gilt.

II. Drohende Verschärfung des Qualifikationsproblems auf dem Arbeitsmarkt in Deutschland

Während der Faktor Humankapital in unserer Wissensgesellschaft an Bedeutung gewinnt und Unternehmen verstärkt Höherqualifizierte nachfragen, wird das Erwerbspersonenpotenzial aufgrund des demografischen Wandels immer kleiner und im Durchschnitt älter. Zudem werden bei den nachrückenden Generationen Bildungsprobleme diagnostiziert. Betrachtet man die teils gegenläufige Entwicklung der Arbeitsangebots- und der Arbeitsnachfrageseite, so droht der deutschen Wirtschaft eine Angebotslücke an qualifizierten Arbeitskräften, die sich in einer Erhöhung der Preise für qualifizierte Arbeit niederschlägt. Im internationalen Wettbewerb wäre dies für Deutschland, das sich als entwickeltes Land auf qualifizierte Arbeit spezialisiert, ein schwerwiegender Standortnachteil. Diesem Problem kann jedoch unter anderem durch vermehrte Bildungsanstrengungen schon im Schulbereich und im Anschluss vor allem durch betriebliche Fort- und Weiterbildung begegnet werden, um so die drohende Angebotslücke qualifizierter Arbeit zu verringern oder sogar zu schließen.

1. Die Arbeitsangebotsseite: Quantitative und qualitative Entwicklung des Erwerbspersonenpotenzials

Demografische Prognosen gelten allgemein als sehr verlässlich (vgl. Kleinhenz 2004, S. 76). Folgerichtig sagen die Bevölkerungsprognosen verschiedener Forschungsinstitute übereinstimmend ein Schrumpfen und Altern der Bevölkerung industrialisierter Staaten und mithin auch der deutschen Bevölkerung voraus. Diese Entwicklung wird einen nachhaltigen Einfluss auf die zukünftige Wirtschafts- und Arbeitswelt sowie das gesamtgesellschaftliche Gefüge insgesamt haben.

Die 11. koordinierte Bevölkerungsvorausberechnung des Statistischen Bundesamtes (2006) beispielsweise berechnet das Spektrum der Bevölkerungsentwicklung Deutschlands bis zum Jahr 2050 in zwölf Varianten. Drei Faktoren haben hierbei wesentlichen Einfluss auf die demografische Entwicklung: die Geburtenziffer, die Lebenserwartung und die jährliche Nettozuwanderung. Während für die ersten beiden Variablen in Deutschland über lange Jahre hinweg stabile Trends zu erkennen sind, ist die Entwicklung der Nettomigration mit mehr Unsicherheit behaftet, da sie nicht nur durch politische Entscheidungen beeinflussbar ist, sondern auch von der wirtschaftlichen und sozialen Attraktivität der Herkunftsländer einerseits und Deutschlands andererseits sowie von internationalen demografischen Veränderungen abhängig ist (vgl. Statistisches Bundesamt 2006, S. 44). Die Annahmen zur jährlichen Nettomigration sind daher als langjährige Durchschnittswerte zu verstehen.

Tabelle 1

Varianten der Bevölkerungsprognose des Statistischen Bundesamtes

	Annahmen		
	Geburtenhäufigkeit (Kinder je Frau)	Lebenserwartung	Jährlicher Wanderungssaldo (Personen)
„mittlere“ Bevölkerung, Untergrenze	annähernd konstant bei 1,4	Basisannahme: Anstieg bei Jungen um 7,6 und bei Mädchen um 6,5 Jahre	100.000
„mittlere“ Bevölkerung, Obergrenze	annähernd konstant bei 1,4	Basisannahme: Anstieg bei Jungen um 7,6 und bei Mädchen um 6,5 Jahre	200.000
„relativ junge“ Bevölkerung	steigend ab 2025 bei 1,6	Basisannahme: Anstieg bei Jungen um 7,6 und bei Mädchen um 6,5 Jahre	200.000
„relativ alte“ Bevölkerung	fallend bis 2050 auf 1,2	Hoher Anstieg bei Jungen um 9,5 und bei Mädchen um 8,3 Jahre	100.000

Quelle: Statistisches Bundesamt (2006, S. 13).

Unabhängig von den jeweiligen Annahmen, die in Tabelle 1 für vier zentrale Varianten zusammengestellt sind, lautet das Ergebnis der Bevölkerungsvorausberechnungen, dass die Bevölkerung Deutschlands mittelfristig schrumpfen wird – von 82 Millionen im Jahr 2006 auf knapp 69 bis 78 Millionen im Jahr 2050. Erhöhte Nettomigration und ein Anstieg der Geburtenziffer pro Frau können zwar dazu führen, dass der Trend der Bevölkerungsabnahme abgeschwächt, jedoch nicht umgekehrt wird.

Neben dem Schrumpfen der Bevölkerung wird eine deutliche Verschiebung der Altersstruktur festgestellt. Während die Bevölkerung kurzfristig noch wachsen kann, wobei ein Bevölkerungsrückgang je nach Variante spätestens ab 2020 erkennbar eintritt, ist bereits heute ein Prozess der Alterung der Bevölkerung erkennbar. Bis zum Jahr 2020 werden alle jüngeren Altersgruppen zahlenmäßig abnehmen (mit Ausnahme der Unter-6-Jährigen in der Variante der „relativ jungen" Bevölkerung), während die Gruppen der 45- bis 65-Jährigen und der 65-Jährigen und Älteren absolut wie auch relativ an Bedeutung gewinnen werden. Hier spiegelt sich der Eintritt der in den 50er und 60er Jahren geborenen „Baby-Boomer" in diese Gruppen der Älteren wider. Die Zuwächse in den älteren Altersgruppen können die Abgänge der jüngeren Altersgruppen spätestens ab 2020 nicht mehr kompensieren, sodass die Bevölkerung insgesamt schrumpfen wird.

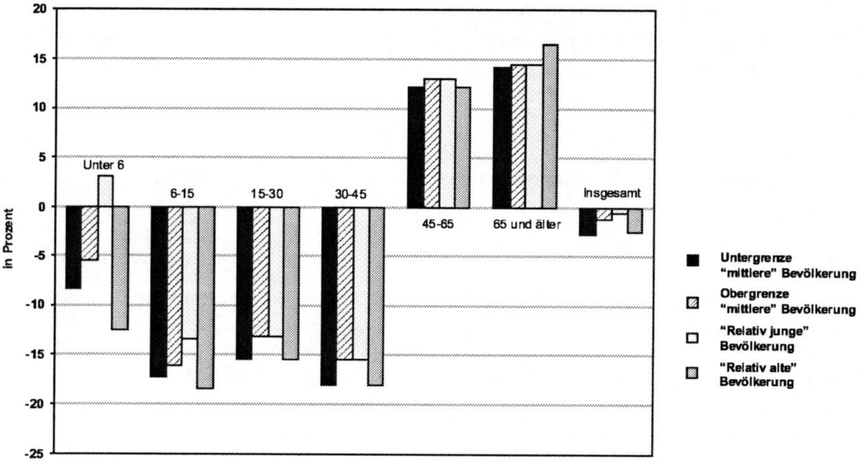

Quelle: Statistisches Bundesamt (2006), eigene Berechnungen.

Abbildung 1: Entwicklung der Altersgruppen 2006 bis 2020

Der demografische Effekt ist der Haupteinflussfaktor der Entwicklung des Erwerbspersonenpotenzials, welches im Endeffekt die Obergrenze des einer Volkswirtschaft zur Verfügung stehenden Arbeitsangebots beschreibt (vgl. Fuchs / Dörfler 2005).[1] Ferner wird das Erwerbspersonenpotenzial durch den Verhaltenseffekt bestimmt, das heißt dadurch, inwieweit Frauen oder Ältere ihre Arbeitskraft am Arbeitsmarkt anbieten. Fuchs / Dörfler (2005) nehmen an, dass die Beteiligungsquoten beider genannter Gruppen weiter steigen werden. Der Migrationseffekt wird von Fuchs / Dörfler (2005) als dritte Einflussgröße getrennt vom demografischen Effekt ausgewiesen. Für realistisch wird dabei eine jährliche Nettomigra-

1 Das Erwerbspersonenpotenzial setzt sich zusammen aus Erwerbstätigen, Erwerbslosen und der Stillen Reserve.

tion von 100.000 bis 300.000 Personen gehalten. Fuchs / Dörfler (2005) kommen zu dem Resultat, dass sich die demografischen Effekte nicht bremsen lassen und auf das Erwerbspersonenpotenzial durchschlagen werden. Letztendlich sind auch für das Erwerbspersonenpotenzial die beiden Trends feststellbar, die schon für die Entwicklung der Gesamtbevölkerung angeführt wurden: So wird auch das Erwerbspersonenpotenzial spätestens ab 2015 schrumpfen. Während das Erwerbspersonenpotenzial im Jahr 2004 noch 44,5 Millionen umfasste, werden im Jahr 2050 nur noch 31,5 bis 39,4 Millionen Erwerbspersonen als Arbeitskraft zur Verfügung stehen. Zum anderen wird ebenso wie die Gesamtbevölkerung auch das Erwerbspersonenpotenzial altern. Berechnungen von Börsch-Supan (2001) zufolge wird das Durchschnittsalter eines Arbeitnehmers, das im Jahr 2000 noch 29 Jahre betrug, bis zum Jahr 2035 stetig auf 42,5 Jahre steigen, um auf diesem Niveau zu stagnieren, bis es schließlich bis 2050 um ein weiteres Jahr steigt.

Die Beschäftigungsfähigkeit bzw. die Produktivität der Arbeitskräfte wird, neben Anzahl und Durchschnittsalter der Erwerbspersonen aber maßgeblich von der Bildungsqualität und deren zukünftiger Entwicklung bestimmt. Im internationalen Vergleich liefern Auswertungen der PISA-Studie (vgl. Deutsches PISA-Konsortium 2001) eher ernüchternde Ergebnisse hinsichtlich des Bildungsstands deutscher Schülerinnen und Schüler. Reinberg / Hummel (2003) finden außerdem Anhaltspunkte, dass die jungen Altersgruppen nicht nur zahlenmäßig abnehmen werden, sondern dass diese auch nicht mehr unbedingt besser qualifiziert sein werden als die älteren Generationen. Die einstige Bildungsexpansion hat Anfang der 90er Jahre des letzten Jahrhunderts an Dynamik verloren. Zwar stieg der Anteil der Hochqualifizierten seitdem weiterhin leicht an und der Anteil der Personen ohne Berufsabschluss nahm leicht ab. Die Erwerbspersonen mit Lehr- / Fachschulabschluss konnten hingegen ihren Anteil nicht mehr wie in den 80er Jahren ausbauen. Eher ist für diese Qualifikationsgruppen eine gewisse Bildungsstagnation erkennbar. Einer Angebotsprojektion der Bund-Länder-Kommission für Bildungsplanung und Forschungsförderung (2002) zufolge werden im Jahr 2015 nicht mehr die jüngeren Altersgruppen der Erwerbspersonen die beste Qualifikationsstruktur aufweisen, sondern vielmehr die Gruppe der 50- bis 64-Jährigen. Wenn diese auch zahlenmäßig relativ große Altersgruppe schließlich sukzessive ins Rentenalter eintritt, verliert der Arbeitsmarkt wertvolles Humankapital. Ein Ersatz an qualifizierter Erwerbsbevölkerung könnte nur erfolgen, wenn die nachrückenden geburtenschwachen Jahrgänge entsprechend besser qualifiziert wären als die aus dem Erwerbspersonenpotenzial austretenden „Baby-Boomer", was jedoch keineswegs als sicher gilt (vgl. Reinberg / Hummel 2006). Vor diesem Hintergrund wird deutlich, welch großen Bedeutungszuwachs insbesondere auch das Wissen, die Erfahrung und die Fähigkeiten älterer Arbeitskräfte in Deutschland erlangen werden. Deshalb gilt es, das Humankapital Älterer nicht zu vernachlässigen, sondern sicherzustellen, dass Arbeitskräfte sich auch im fortgeschrittenen Alter noch an neue Entwicklungen im technologischen und organisatorischen Bereich anpassen können.

2. Die Arbeitsnachfrageseite: Qualifikationsverzerrter technisch-organisatorischer Wandel

Nachdem angeführt wurde, dass sich die Arbeitsangebotsseite im Zuge des demografischen Wandels im Verbund mit einer vermeintlichen Bildungsstagnation in den nächsten Jahrzehnten quantitativ und qualitativ erheblich verändern wird, soll nun im folgenden Abschnitt näher auf die Arbeitsnachfrageseite eingegangen werden.

Neben der Rolle internationalen Handels wird bei der Analyse der Einflussfaktoren auf die betriebliche Arbeitsnachfrage insbesondere auch der Einfluss technisch-organisatorischen Wandels beleuchtet. Während zwischen Kapital und hochqualifizierter Arbeit in der Regel ein komplementäres Verhältnis angenommen wird (vgl. Griliches 1969), ist die Beziehung zwischen Kapital und geringqualifizierter Arbeit eher substitutiver Natur. Einfache Tätigkeiten können in entwickelten Ländern häufig kostengünstiger durch Maschinen erledigt werden, sodass diese Arbeitsplätze im Zuge von Technisierung und Robotisierung oft verloren gehen oder in Schwellenländer ausgelagert werden, die einen komparativen Vorteil im Bereich geringqualifizierter Arbeit besitzen. Technologischer Wandel wird getrieben durch den Wettbewerb als Prozess der schöpferischen Zerstörung (vgl. Schumpeter 1942). Konkurrierende Unternehmen werden stets versuchen, durch Produktinnovationen eine temporäre Monopolstellung oder durch Prozessinnovationen Kostenvorteile zu erreichen, die ökonomische Gewinne ermöglichen. Wenn nun Innovation und Qualifikation als Komplemente angesehen werden (vgl. Acemoglu 1997) haben Unternehmen einen Anreiz hochqualifizierte Mitarbeiter zu beschäftigen. Zumindest für das 20. Jahrhundert gilt, dass technologischer Wandel „skill-biased“ ist, d. h. dass Produkt- und Prozessinnovationen nicht qualifikationsneutral ablaufen, sondern qualifizierte Arbeitskräfte bevorzugen, was sich in den USA in einer Spreizung der qualifikationsspezifischen Löhne und in Europa in einer Divergenz qualifikatorischer Arbeitslosenquoten niederschlägt.[2] Acemoglu (2002) diskutiert die Möglichkeit, dass sich die Technologieentwicklung auch an die Qualifikationsstrukturentwicklung der Arbeitskräfte anpassen könnte, was bei einem Ende der Bildungsexpansion möglicherweise eine dämpfende Wirkung auf die Nachfrage nach Hochqualifizierten haben könnte. Grundsätzlich zeichnen sich moderne Arbeitsplätze heute jedoch durch einen hohen Grad an computerunterstützten Informations-, Kommunikations- und Produktionstechniken aus, was die Anforderungen an die Qualifikation der Arbeitskräfte erhöht. Chennells / Van Reenen (1999) geben einen breiten Überblick über empirische Studien zu den nicht qualifikationsneutralen Effekten technologischen Wandels auf Entlohnung und Beschäftigung. Neben technologischen können auch organisatorische Veränderungen einen Einfluss auf die Struktur der Arbeitsnachfrage ausüben, wobei sich beide Veränderungen, wie Bellmann et al. (2002) zeigen, gegenseitig beeinflussen können. Neue Organisationsformen zeichnen sich durch flache Hierarchien, Dezentralisierung von Entscheidungen und Verantwortung, Teamarbeit und der Einrichtung von

---

2 *Krugman* (1994) spricht hierbei von zwei Seiten derselben Medaille.

Profit Centers aus. Auch diese Tendenz zu „holistischen“ Organisationsstrukturen führt dazu, dass die Tätigkeitsfelder komplexer und vielfältiger sind als zu Zeiten „Tayloristischer“ Organisationsformen und höhere Anforderungen an die Fähigkeiten der Beschäftigten stellen. Bellmann / Pahnke (2006) finden für Deutschland empirische Belege, dass eine Reihe von organisatorischen Veränderungen qualifikationsverzerrt wirken, d. h. formal Höherqualifizierte zu Lasten Geringqualifizierter bevorzugen.

Laut IAB-Prognos-Projektion zur Entwicklung der Tätigkeitslandschaft bis 2010 wird die Nachfrage nach Hochqualifizierten weiterhin steigen und der Bedarf an Geringqualifizierten weiter zurückgehen (vgl. Dostal / Reinberg 1999). Während einfache Tätigkeiten immer weniger nachgefragt werden und auch die Zahl der Arbeitskräfte, die Tätigkeiten mit mittlerem Anforderungsprofil ausüben, bis 2010 leicht abnehmen wird, dürfte im selben Zeitraum der Anteil der Arbeitskräfte, die Tätigkeiten mit hohen Anforderungen leisten, in Deutschland auf ca. 40 Prozent steigen (1985: 28 Prozent; 1995: 35 Prozent). Zu diesen Tätigkeiten mit hohen Anforderungen zählen neben Forschung und Entwicklung Führungsaufgaben, Organisation und Management, aber auch Betreuung, Beratung und Lehren. In einer etwas längerfristigen Projektion bis 2015 kommt die Bund-Länder-Kommission für Bildungsplanung und Forschungsförderung (2002) auf vergleichbare Ergebnisse. Die Anforderungen an die Qualifikationen der Arbeitskräfte werden somit auch weiterhin steigen.

3. (Drohender) Fachkräftemangel und Implikationen

Eine Gegenüberstellung der beiden Marktseiten lässt erkennen, dass bereits auf kurze Sicht die Struktur des Arbeitsangebots und die Struktur der Arbeitsnachfrage voneinander abweichen. Dieses Problem wird sich in den nächsten Jahrzehnten weiter verstärken. Reinberg / Hummel (2003) stellen fest, dass man aufgrund der dargestellten Entwicklungen auf Arbeitsangebots- und Arbeitsnachfrageseite in Deutschland mit einem Mangel an Fachkräften rechnen muss, wenn die aktuellen Qualifizierungstrends anhalten. Dabei ist Fachkräftemangel wohl so zu verstehen, dass es aufgrund einer Angebotslücke an Fachkräften dazu kommt, dass die Preise für qualifizierte Arbeit steigen. Dadurch würde sich zwar letztlich bei unbeschränkter Mobilität der Arbeitskräfte ein neues Gleichgewicht einstellen; Angebot und Nachfrage nach Fachkräften wären wieder im Ausgleich, was jedoch nur dadurch erreicht wird, dass qualifizierte Arbeit teurer wird. Im internationalen Wettbewerb würde Deutschland dadurch ceteris paribus an Standortattraktivität verlieren. Wie Holzer (2008) in diesem Band anführt, nehmen Marin (2004) wie auch Clement / Natrop (2004) an, dass das nicht ausreichende Angebot an qualifizierten Arbeitskräften bereits heute ein Grund für Unternehmen ist, Teile der Wertschöpfungskette ins Ausland zu verlagern. Demnach wäre das Problem des Fachkräftemangels kein drohendes Problem der Zukunft, sondern bereits heute für bestimmte Branchen in bestimmten Regionen Realität.

Der Königsweg aus dieser Krise wäre natürlich eine weitere Bildungsexpansion, um die Nachfrage nach hochqualifizierten Arbeitskräften bedienen zu können. Doch neben der Tatsache, dass diese Lösung, wenn überhaupt, nur in sehr langfristiger Perspektive möglich erscheint, macht auch der dynamische technisch-organisatorische Wandel mit seinen vielfältigen Auswirkungen auf das Tätigkeitsprofil der Arbeitskräfte deutlich, dass die schulische Ausbildung zwar ein wichtiger Grundstock ist, es aber nicht ausreicht, alleine diese Primärbildung voranzutreiben. Dadurch dass die Halbwertszeit des Wissens immer kürzer wird, entsteht die Notwendigkeit, Wissen über das ganze Leben hinweg ständig zu erweitern, zu aktualisieren und umzuschichten. Schultz (1962) stellt treffend fest, dass dem Menschen nicht alle Fähigkeiten, die er im Leben braucht, bei Geburt oder nach Abschluss der Schulausbildung gegeben sind. Nur lebenslanges Lernen kann garantieren, dass der einmal angeeignete Wissensschatz nicht im Laufe der Zeit veraltet, sondern sich dynamisch und flexibel an neue Anforderungen anpasst. Die betriebliche Weiterbildung ist eine zentrale Möglichkeit der bedarfsorientierten Humankapitalbildung nach Schulabschluss und spielt damit bei der Forderung nach lebenslangem Lernen eine wesentliche Rolle. Black / Lynch (1996) zeigen, dass betriebliche Weiterbildung ebenso wie formale Schulbildung einen produktivitätssteigernden Effekt mit sich bringt und sich somit in dieser Hinsicht durchaus mit Schulbildung vergleichen lässt. Insbesondere in Zeiten, in denen einerseits Unternehmen immer mehr auf ältere Beschäftigte angewiesen sind und in denen andererseits ein rapider technologisch-organisatorischer Wandel vorherrscht, gewinnt die Weiterbildung über das gesamte Berufsleben weiter an Bedeutung. Wenn aufgrund demografischer Entwicklungen das Erwerbspersonenpotenzial einer Volkswirtschaft sinkt, wird es zudem für Unternehmen schwieriger, auf diesem externen schrumpfenden Arbeitsmarkt geeignete Fachkräfte zu finden. Einerseits steigen die bei der Rekrutierung entstehenden Suchkosten, andererseits führt ein Nachfrageüberschuss nach qualifizierten Arbeitskräften zu einer erhöhten Lohnsetzungsmacht der Qualifizierten. Die Weiterbildung der im Unternehmen bereits Beschäftigten stellt vor diesem Hintergrund eine Möglichkeit dar, das interne Potenzial zu nutzen und sich somit etwas unabhängiger vom externen Arbeitsmarkt zu machen. Gerlach et al. (2002) schlagen vor, dass durch betriebliche Weiterbildungsmaßnahmen das durch nicht qualifikationsneutralen technisch-organisatorischen Wandel erforderlich werdende Qualifikationsniveau der Belegschaft erreicht und damit die Nachfrage nach qualifizierten Arbeitskräften etwas gedämpft werden könnte. Durch Weiterbildung könnte man unter Umständen auch weniger qualifizierte Beschäftigte soweit qualifizieren, dass sie gewissen neuen Anforderungen genügen (vgl. Bellmann / Pahnke 2006).

III. Betriebliche Weiterbildung auf vollkommenen und unvollkommenen Arbeitsmärkten

In der Humankapitaltheorie wird Weiterbildung als eine Investitionsentscheidung modelliert. Den Kosten der Weiterbildung stehen im Zeitablauf Erträge gegenüber, die in einer höheren Produktivität der weitergebildeten Arbeitskräfte bestehen. Ein Unternehmen wird in Humankapital investieren, d. h. Weiterbildung seiner Mitarbeiter finanzieren, solange die erwarteten Grenzerträge die Grenzkosten der Weiterbildung übersteigen. Der zentrale Unterschied zwischen einer Investition in physisches Kapital und der Investition in Humankapital besteht hierbei darin, dass an Maschinen, jedoch nicht an Menschen, Eigentumsrechte geltend gemacht werden können. Gary Becker (1962) folgerte hieraus, dass die Erträge aus allgemeiner Weiterbildung (*general training*) auf vollkommenen Arbeitsmärkten voll den weitergebildeten Arbeitnehmern in Form höherer Löhne zugute kommen und die Weiterbildungskosten daher auch von diesen getragen werden. Im Falle betriebsspezifischer Weiterbildung (*specific training*) hingegen sind die Unternehmen bereit, Weiterbildung mitzufinanzieren, da hier der Lohn nach der Weiterbildungsmaßnahme zwischen dem Lohn, den der betriebsspezifisch weitergebildete Arbeitnehmer bei einem anderen Unternehmen verdienen könnte, und dem Wert seiner erlangten Produktivität liegt. Die Erträge aus der Weiterbildungsmaßnahme werden also zwischen Unternehmen und Arbeitnehmer aufgeteilt und konsequenterweise ebenso die Weiterbildungskosten.

In der Realität sind Arbeitsmärkte in der Regel nicht vollkommen. Für Unvollkommenheiten eines Arbeitsmarktes gibt es eine Reihe von Ursachen, wie beispielsweise asymmetrische Informationen, monopsonistische Strukturen, externe Effekte, Immobilität, Transaktionskosten oder bestimmte institutionelle Gegebenheiten. Diese Unvollkommenheiten können dazu führen, dass Unternehmen bereit sind, auch *general training* ihrer Arbeitnehmer zumindest in Teilen zu finanzieren. Ein Merkmal von unvollkommenen Arbeitsmärkten ist die Tatsache, dass im Gegensatz zu einem vollkommenen Arbeitsmarkt hier der Lohn von der bewerteten Produktivität der Arbeitskraft abweichen kann. In ihrem einflussreichen Aufsatz zeigen Acemoglu / Pischke (1999), dass gestauchte Lohnstrukturen, in denen sich der Lohn unterproportional zum Produktivitätsanstieg entwickelt, für Unternehmen Anreize geben, auch *general training* für ihre Arbeitnehmer zu finanzieren. Solche gestauchten Lohnstrukturen entstehen, wenn Transaktionskosten wie beispielsweise Such- und Matchingkosten auf dem Arbeitsmarkt auftreten. Doch auch asymmetrische Informationen zwischen Unternehmen können eine Ursache für eine gewisse Marktmacht des weiterbildenden Unternehmens und damit für gestauchte Lohnstrukturen darstellen. Das weiterbildende Unternehmen kann die Renten aus der Erhöhung der Produktivität seiner Arbeitskräfte teilweise abschöpfen, weil außenstehende Unternehmen die Produktivitätserhöhung der weitergebildeten Arbeitskräfte nicht genau einschätzen können. Acemoglu / Pischke (1999) gehen ergänzend auch auf eine Informationsasymmetrie zwischen Arbeitgeber und Arbeitnehmer ein. Um *moral hazard*[3] zu dämpfen und eine gewisse Motivation zu geben, kann ein Arbeitgeber Effizienzlöhne zahlen, die über der bewer-

3 *Moral hazard* beschreibt eine Verhaltensanpassung nach Vertragsschluss aufgrund asymmetrischer Informationen. Hier könnte *moral hazard* beispielsweise heißen, dass ein Arbeitnehmer nach Unterzeichnung des Arbeitsvertrages seine Arbeitsanstrengungen einschränkt.

teten Produktivität der Arbeitnehmer liegen können. In diesem Fall kann es Anreize für Unternehmen geben, Weiterbildung zu finanzieren, da diese zu einer höheren Produktivität der Mitarbeiter führen, ohne dass zugleich der Lohn entsprechend nach oben angepasst werden müsste. Vergleichbare Effekte können durch bestimmte Arbeitsmarktinstitutionen hervorgerufen werden. So können sich Mindestlöhne positiv auf die Bereitschaft der Unternehmen auswirken, Weiterbildung zu finanzieren. Ebenso können Gewerkschaften durch ihre Lohnpolitik dazu beitragen, dass insbesondere Geringqualifizierte über Produktivität entlohnt werden, und somit hinsichtlich der Weiterbildungsentscheidung der Unternehmen letztendlich die gleiche Wirkung wie Mindestlöhne entfalten. Diese Wirkungen treten natürlich nur dann auf, wenn die Arbeitsplätze der betroffenen Geringqualifizierten nach Einführung eines Mindestlohns oder nach Lohnerhöhungen nicht abgebaut werden, d. h. deren Humankapital nicht durch physisches Kapital substituiert wird. Andererseits könnten Gewerkschaften auch einen positiven Einfluss auf die Bereitschaft der Unternehmen zur Weiterbildungsfinanzierung haben, wenn man annimmt, dass gewerkschaftliche Organisation der Arbeitnehmer positive Auswirkung auf die Motivation am Arbeitsplatz hat und so Fluktuation verringern kann (vgl. Freeman / Medoff 1984). Die Weiterbildungskosten könnten sich unter diesen Umständen ceteris paribus über einen längeren Zeitraum hinweg amortisieren.

Asymmetrische Informationen können wie angesprochen für Unternehmen Anreize geben, auch allgemeine Weiterbildung (*general training*) zu finanzieren. Vor diesem Hintergrund könnte sich eine Zertifizierung von Weiterbildung negativ auf die Bereitschaft der Unternehmen auswirken, Weiterbildung zu finanzieren, weil dadurch Informationsasymmetrie abgebaut wird. Andererseits könnte eine Zertifizierung jedoch dazu führen, dass die Arbeitnehmer selbst eher die Kosten der Weiterbildung übernehmen würden, da sie nun einem potentiellen neuen Arbeitgeber ihre durch Weiterbildung gestiegene Qualifikation und damit Produktivität besser signalisieren können, was ceteris paribus zu höheren Löhnen führt.[4]

Die Rolle der Wettbewerbsintensität ist in dieser Hinsicht ebenso ambivalent zu betrachten. Einerseits werden mit Anstieg des Wettbewerbs die abschöpfbaren Renten, die sich aus dem Auseinanderfallen von Entlohnung und Produktivität ergeben, kleiner, was für Unternehmen negative Anreize für die Weiterbildungsfinanzierung setzt. Periphere Regionen zeichnen sich häufig durch eine geringere Unternehmensdichte aus. Monopsonistische Strukturen können hier dazu führen, dass Unternehmen Anreize zur Weiterbildungsfinanzierung haben (vgl. Brunello / de Paola 2004; Brunello / Gambarotto 2004). Die unter diesen Umständen verminderte Gefahr, dass weitergebildete Arbeitskräfte abgeworben werden, lässt den Zeitraum wachsen, in dem das weiterbildende Unternehmen von der steigenden Produktivität der weitergebildeten Arbeitskräfte profitieren kann. Besteht nämlich eine monopolartige Ausbeutungsstellung, so kann das Unternehmen Renten ab-

4 Näheres zur Signalling-Theorie bei *Spence* (1973).

schöpfen, die dadurch entstehen, dass die bewertete Produktivität stärker steigt als die Entlohnung dieses Arbeitnehmers. Bei erhöhtem Wettbewerb könnte die weitergebildete Arbeitskraft vom Konkurrenzunternehmen abgeworben werden, ehe sich die Investitionskosten amortisiert haben. Weiterbildung wäre hier eine Investition bei unvollständiger Information. Das weiterbildende Unternehmen muss mit opportunistischem Verhalten der weitergebildeten Arbeitskraft rechnen, die sich zwar Weiterbildung finanzieren lässt, um schließlich aber aufgrund höherer Löhne zum Konkurrenzunternehmen zu wechseln. Das abwerbende Unternehmen könnte als Trittbrettfahrer von den positiven externen Effekten der Weiterbildung profitieren. Diese potentielle Ausbeutungsgefahr führt allgemein zu einer Unterinvestition in Humankapital. In Agglomerationsräumen kann jedoch diesem Nachteil einer wahrscheinlicheren Abwerbung der weitergebildeten Arbeitskraft der Vorteil gepoolter Arbeitsmärkte gegenüberstehen (vgl. Krugman 1991), was wiederum mit verstärkten Anreizen zur Finanzierung von Weiterbildung verbunden ist. Implizites Wissen und Ideen werden auf einem dichten lokalen Arbeitsmarkt durch persönliche Kontakte transferiert. Um dieses Wissen auch auffangen zu können, ist es für die Arbeitskräfte von Bedeutung, auf dem aktuellen Entwicklungsstand zu sein. Betriebliche Weiterbildung leistet hierbei einen wichtigen Beitrag.

Hinsichtlich der Unternehmenscharakteristika zeigt sich, dass ein hoher Anteil an hochqualifizierten Beschäftigten zu verstärkten Weiterbildungsangeboten führt. Formal Hochqualifizierte haben bewiesen, dass sie eine gewisse Lernbereitschaft und -fähigkeit besitzen. Dies reduziert die Kosten der Weiterbildung für das Unternehmen und setzt so Anreize für eine verstärkte Weiterbildung dieser Qualifikationsgruppe. Bellmann / Leber (2005) zeigen für Deutschland, dass der Anteil der hochqualifizierten Beschäftigten einen signifikant positiven Einfluss auf die Weiterbildungsaktivität eines Unternehmens ausübt. Ferner steigt in dieser Studie das Weiterbildungsangebot mit der Größe des Unternehmens. Diese Tatsache lässt sich einerseits dadurch erklären, dass größere Unternehmen einfacher Mitarbeiter ersetzen können, die während Weiterbildungsmaßnahmen dem Betrieb nicht zur Verfügung stehen. Zudem sind manche Weiterbildungsveranstaltungen (insbesondere interne Weiterbildungen) erst ab einer bestimmten Anzahl an Beschäftigten organisatorisch durchführbar und effizient. Ein weiterer Grund dafür, dass sich für größere Unternehmen Weiterbildung eher auszahlt als für kleine Unternehmen ist darin zu sehen, dass größere Betriebe oft interne Arbeitsmärkte bilden können, wodurch die Einsatzmöglichkeiten der weitergebildeten Arbeitskräfte ausgeweitet werden. Letztlich sichert oder erhöht dies sogar die Erträge der Investition in Humankapital. Ein weiterer interessanter Aspekt, warum Großbetriebe vor allem in *Industrial Agglomerations* unter Umständen eher bereit sind, Weiterbildung zu finanzieren, ist von Markusen (1996) abzuleiten. Dadurch dass größere Leitbetriebe um ihre Attraktivität für die Beschäftigten der Region wissen, können sie eher davon ausgehen, dass weitergebildete Arbeitskräfte auch im Unternehmen bleiben und sich so die Investition in ihr Humankapital für den Betrieb amortisieren kann.

Aufbauend auf diesen theoretischen Grundlagen soll im folgenden Abschnitt speziell die Situation in peripheren Regionen und ihre Auswirkung auf die Weiterbildungsentscheidung der lokalen Unternehmen näher beleuchtet werden.

IV. Betriebliche Weiterbildung in peripheren Regionen

Das Untersuchungsgebiet Ostbayern besteht aus den drei Regierungsbezirken Niederbayern, Oberpfalz und Oberfranken und ist – trotz regionaler Zentren wie Passau, Regensburg oder Bamberg – als insgesamt ländliche Region einzustufen. Im Folgenden soll zunächst die demografische, qualifikatorische und wirtschaftliche Situation in Ostbayern betrachtet werden, um gezielt Notwendigkeit, aber auch Probleme der betrieblichen Weiterbildung speziell für diese Region abzuleiten. Dadurch dass sich periphere Regionen der *Industrial District* Theorie folgend durch ein intensives sozio-ökonomisches Netzwerk auszeichnen, können sich in diesen Gebieten jedoch auch besondere Chancen in Bezug auf betriebliche Weiterbildungsaktivitäten ergeben.

1. Betriebliche Weiterbildung in peripheren Regionen als Herausforderung

Die Bertelsmann Stiftung (2006) stellt in ihrem „Wegweiser Demografie" Bevölkerungsprognosen für Deutschland auf Ebene der Landkreise und kreisfreien Städte auf, die im Rahmen dieser Arbeit speziell für das vorliegende Untersuchungsgebiet auf Regierungsbezirksebene aggregiert wurden. Wie Tabelle 2 zu entnehmen ist, wird der demografische Wandel in Ostbayern noch schneller vonstatten gehen als in Gesamtbayern. Die Zahl der Unter-18-Jährigen wird den Berechnungen der Bertelsmann Stiftung zufolge im Zeitraum von 2005 bis 2020 in Ostbayern stärker abnehmen als in Bayern, wobei der Regierungsbezirk Oberfranken mit –21,2 Prozent die größten Verluste zu verzeichnen hat. Auch für die Altersgruppe der 18- bis 60-Jährigen ist festzustellen, dass Ostbayern und insbesondere wieder Oberfranken mit einem überdurchschnittlich hohen Rückgang zu rechnen hat. Der Trend des Alterns der Gesellschaft lässt sich auch für Ostbayern bestätigen und ist hier sogar noch stärker ausgeprägt als in Gesamtdeutschland. Während die jüngeren Alterskohorten wie dargestellt schrumpfen, werden die Gruppen der 60- bis 79-Jährigen und der Ab-80-Jährigen wachsen. Für die Gruppe der 60- bis 79-Jährigen sind erhebliche regionale Unterschiede zu erkennen. Während in Niederbayern bis 2020 ein Zuwachs von 22,1 Prozent im Vergleich zu 2005 prognostiziert wird, liegt der entsprechende Wert für Oberfranken bei lediglich 10,5 Prozent. Der Durchschnittswert für Ostbayern ist in dieser Altersgruppe mit dem Wert für Gesamtbayern vergleichbar. Die Gruppe der Ab-80-Jährigen wird in Ostbayern hingegen stärker wachsen als in Gesamtbayern. Das Wachstum der älteren Bevölkerung kann das Schrumpfen der jungen Bevölkerung in Niederbayern und der

Oberpfalz überkompensieren, sodass in diesen Bezirken wie auch in Gesamtbayern bis 2020 noch mit einem Bevölkerungswachstum zu rechnen ist, während in Oberfranken im gleichen Zeitraum ein Bevölkerungsrückgang von 3,2 Prozent vorhergesagt wird, was schließlich für Ostbayern insgesamt zu einer leicht negativen Bevölkerungswachstumsrate führt. Aufgrund der negativen Entwicklungen der Altersgruppen im Erwerbsalter und der Verschiebung der Altersstruktur der Bevölkerung muss für Ostbayern davon ausgegangen werden, dass auch das Erwerbspersonenpotenzial hier noch schneller altert und schrumpft als in Gesamtbayern.[5] Unter diesen Umständen ist es, wie schon in Abschnitt II. angeführt, von Bedeutung, die vorhandenen Humankapitalressourcen durch lebensbegleitendes Lernen zu fördern.

Tabelle 2

Entwicklung der Altersstruktur der ostbayerischen Bevölkerung 2005 – 2020

	Bayern	Ostbayern	Niederbayern	Oberpfalz	Oberfranken
Unter-18-Jährige (in %)	–15,1	–18,8	–17,3	–18,1	–21,2
18- bis 60-Jährige (in %)	–2,2	–5,0	–3,4	–3,5	–8,2
60- bis 79-Jährige (in %)	16,6	16,4	22,1	17,3	10.5
Ab-80-Jährige (in %)	62,1	64,7	65,8	65,1	63,3
Insgesamt (in %)	**1,9**	**–0,2**	**2,0**	**0.7**	**–3,2**

Quelle: Bertelsmann Stiftung (2006); eigene Berechnungen.

Was die gegenwärtige Humankapitalausstattung in Ostbayern betrifft, so muss zwischen Schulbildung einerseits und Qualifikation der Beschäftigten andererseits unterschieden werden. Abbildung 2 zeigt, wie sich die Schüler in Ostbayern und im restlichen Bayern im Schuljahr 2005 / 06 auf die einzelnen Schularten verteilen. Es fällt auf, dass in Ostbayern im Vergleich zum restlichen Bayern der Anteil der Gymnasiasten niedriger lag, während sich die Anteile der Haupt- und Realschüler jeweils etwas über den Werten des restlichen Bayerns befanden. So besuchten in Ostbayern im Schuljahr 2005 / 06 20,9 Prozent der Schüler eine Hauptschule (18,4 Prozent im restlichen Bayern), 17,7 Prozent (16,8 Prozent) eine Realschule und 22,6 Prozent (24,9 Prozent) ein Gymnasium.

Ein mit der vorherigen Darstellung konsistentes Bild ergibt sich, wenn man die Schüler nach Schulabschluss analysiert, wie dies in Abbildung 3 für das Schuljahr 2005 / 06 dargestellt ist. Während der Anteil der Schüler mit Hauptschulabschluss in Ostbayern mit 34,6 Prozent über dem Niveau des restlichen Bayerns (32,11 Prozent) liegt und auch der Anteil der Schulabgänger mit Mittlerer Reife in Ostbayern überdurchschnittlich hoch (40,3 Prozent im Vergleich zu 39,5 Prozent für das restliche Bayern),erlangen nur relativ wenige ostbayerische Schüler die (Fach-)Hochschulreife (17,6 Prozent im Vergleich zu 20,2 Prozent für das restliche Bayern).

5 Dies unter der realistisch erscheinenden Annahme, dass die Erwerbsbeteiligungsquoten nicht wesentlich positiv von den bayerischen bzw. gesamtdeutschen Werten abweichen.

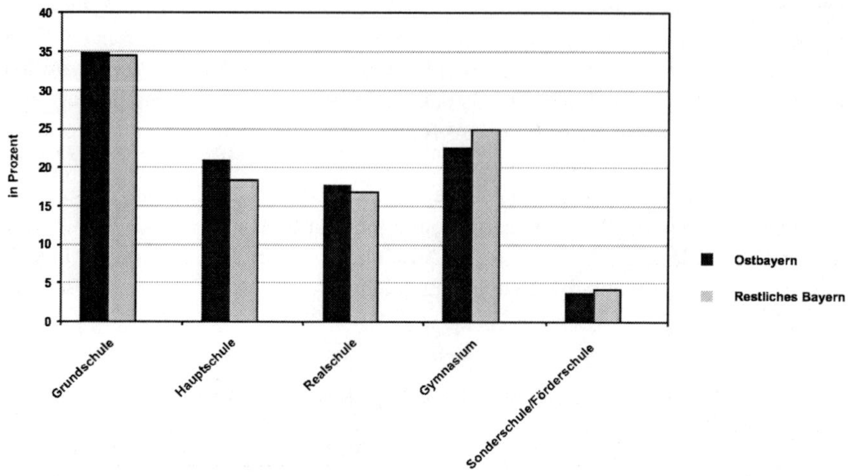

Quelle: Bayerisches Landesamt für Statistik und Datenverarbeitung, eigene Berechnungen.

Abbildung 2: Schüler nach Schulart im Schuljahr 2005 / 06

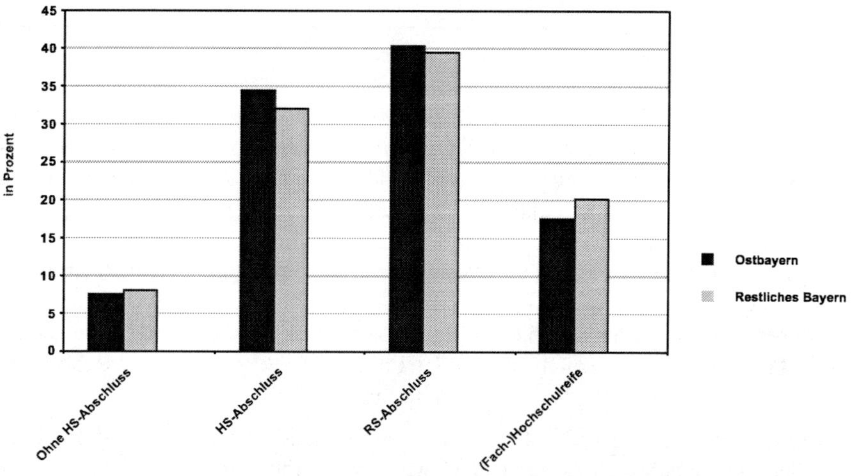

Quelle: Bayerisches Landesamt für Statistik und Datenverarbeitung, eigene Berechnungen.

Abbildung 3: Schüler nach Schulabschluss im Schuljahr 2005 / 06

Der Anteil der Schulabgänger ohne Abschluss liegt in Ostbayern leicht unter dem Niveau des restlichen Bayerns.

Was die Schulbildung betrifft, kann für Ostbayern insgesamt von einer leicht unterdurchschnittlichen Qualifizierung gesprochen werden. Das zukünftige Angebot an Qualifikationen wird also im ostbayerischen Durchschnitt unter den Werten Gesamtbayerns liegen. Allerdings sind hierbei innerhalb Ostbayerns deutliche regionale Unterschiede zu erkennen. Wie Kleinhenz et al. (2006, S. 23 ff.) feststellen konnten, besteht insbesondere in den peripheren Ziel-2-Landkreisen an der Grenze zu Tschechien nach wie vor erheblicher Nachholbedarf im Bildungsbereich.

Auch bei der Qualifikation der Erwerbspersonen sind im Vergleich zum restlichen Bayern Rückstände Ostbayerns zu erkennen. Zwar nahm der Anteil der hochqualifizierten Beschäftigten im in Abbildung 4 dargestellten Zeitraum von 1987 bis 2002 stetig zu, doch liegt er nach wie vor unter dem Niveau des restlichen Bayerns. Dabei ist über diesen Zeitraum keine Konvergenz zwischen Ostbayern und dem restlichen Bayern zu erkennen. Eher kann eine gewisse sich weiter entwickelnde Divergenz konstatiert werden. Beim Anteil der Geringqualifizierten hingegen erkennt man sowohl in Ostbayern als auch im restlichen Bayern, bedingt durch die gesamtdeutsche Arbeitsmarktregulierung, eine stetige Abnahme über die Zeit. Dabei lässt sich außerdem eine Annäherung Ostbayerns an den Wert Restbayerns feststellen. Den größten Anteil der Beschäftigten machen Mittelqualifizierte aus. Während diese Qualifikationsgruppe im Zeitraum von 1996 bis 2002 in Ostbayern noch leichte Zuwächse verzeichnen konnte, ist der Anteil der Mittelqualifizierten an der Gesamtbeschäftigung im restlichen Bayern leicht rückläufig. Dass Ostbayern bei den hochqualifzierten Beschäftigten nicht zum restlichen Bayern aufschließen kann, dürfte neben dem etwas geringeren Anteil an Schulabgängern mit (Fach-)Hochschulreife auch an einem gewissen regionalen *brain drain* aus den peripheren Regionen Ostbayerns in Agglomerationsräume begründet sein. Für periphere Regionen ist es häufig schwierig, nicht nur hochqualifizierte Arbeitskräfte aus anderen Regionen anzuziehen, sondern auch das lokale Potenzial an Hochqualifizierten zu halten.

Die Qualifikationsstruktur der Erwerbspersonen einerseits und der Schüler und Schulabgänger andererseits lässt erkennen, dass Ostbayern als typisches Beispiel einer ländlich geprägten Region beim Faktor Humankapital im Vergleich zu anderen Regionen in Bayern Nachteile besitzt, die sich auch in naher Zukunft nicht beseitigen werden lassen. Berücksichtigt man zudem, dass insbesondere in Deutschland die Schulleistungen von Kindern stark vom Qualifikationsniveau des Elternhauses abhängen (vgl. Wößmann 2007), scheint dieses für periphere Regionen oft typische Qualifikationsproblem unter der gegenwärtigen institutionellen Ausprägung des Schulsystems tief zu sitzen.

Auf Arbeitsnachfrageseite ist Ostbayern wie auch andere periphere Regionen durch eine vornehmlich kleinbetriebliche Struktur gekennzeichnet. Bei unterdurchschnittlicher Unternehmensdichte sind kleine und mittlere Unternehmen das Rückgrat der regionalen Wirtschaft. Diese Betriebe sind größtenteils in eher traditionellen, klassischen Branchen und weniger im modernen Hightech-Bereich tätig. Eine Studie der Prognos AG (2006) kommt zu dem Ergebnis, dass die für Deutschland identifizierten Leit- und Wachstumsbranchen in den ostbayerischen Landkrei-

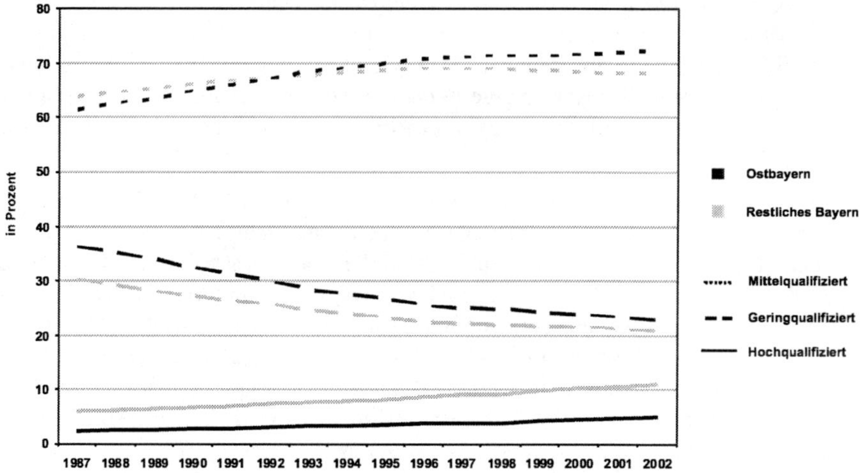

Quelle: Betriebsdatei der Bundesagentur für Arbeit, eigene Berechnungen.

Abbildung 4: Entwicklung der Qualifikationen der Beschäftigten

sen – mit Ausnahme von Stadt und Landkreis Regensburg – eine untergeordnete Rolle spielen. Als Leitbranchen wurden dabei diejenigen Branchen definiert, in denen sich Deutschland spezialisiert hat, d. h. im europäischen Vergleich überdurchschnittlich viele Beschäftigte aufweisen kann. Wachstumsbranchen sind diejenigen Branchen, in denen Deutschland in den Jahren 2000 bis 2004 ein höheres Umsatz- und Beschäftigungswachstum als die EU verzeichnen konnte.[6]

High-Tech Unternehmen, die verstärkt in Forschung und Entwicklung investieren und damit bahnbrechende Innovationen anstoßen, sind wohl überwiegend in Agglomerationsräumen angesiedelt, weil sie dort auf eine entsprechende Infrastruktur zurückgreifen können (vgl. Florida 2002). In peripheren Regionen ist es den meisten Unternehmen nicht möglich, eigenständig Forschung zu betreiben, da ihnen dafür oft die kritische Größe oder der Zugang zu Forschungseinrichtungen fehlt oder die Mitarbeiter nicht die entsprechenden Qualifikationen besitzen. Hier findet man dagegen häufig kleine Unternehmen, die sich auf bestimmte Nischenprodukte spezialisiert haben, in denen sie einen überregionalen, teils sogar globalen Markt bedienen. Neben sehr spezifischem Wissen sind in diesen Unternehmen aber auch allgemeine Fähigkeiten erforderlich, die sich im Zuge globaler Trends ändern können. Insbesondere wenn die in ihrer Produktlinie innovativen Unternehmen auf einem überregionalen oder internationalen Markt bestehen wollen, ist es

6 Zu den von der Prognos AG (2006) identifizierten Leitbranchen gehören Maschinenbau, Metallindustrie, Automobilbau, Chemische Industrie, Elektrotechnik, Medientechnik / Mess-, Steuer-, Regeltechnik / Optik, Kunststoffindustrie, Papier-, Druck- und Verlagswesen. Deutschlands Wachstumsbranchen sind der sonstige Fahrzeugbau, Recycling, Logistik, IT, Forschung & Entwicklung und Unternehmens-Dienstleistungen.

unumgänglich, das Wissen und die Fähigkeiten der Arbeitskräfte ständig an neue Entwicklungen anzupassen, um so Produkt- und Prozessinnovationen durchführen zu können. Neben diesen Unternehmen in der Nischenproduktion findet man in peripheren Regionen aber auch Betriebe, die sich weniger durch innovative Produktneuheiten, sondern eher durch standardisierte Produktion auszeichnen. Auch für diese Unternehmen ist Weiterbildung eine Möglichkeit, die Produktivität der Mitarbeiter und damit die Effizienz der Produktion zu steigern. Zudem ist zu bedenken, dass in kleinen Betrieben das jeweilige Aufgabengebiet der Mitarbeiter oft breiter und weniger spezialisiert ist als in Großunternehmen. Während in Großbetrieben spezielle Abteilungen für Overhead-Aufgaben wie Buchhaltung, IT oder Organisation zuständig sind, werden diese Aufgaben in kleineren Betrieben häufig von Arbeitskräften auf der operativen Ebene selbst erledigt. Mit Anwachsen des Aufgabengebiets erhöht sich jedoch auch der Bereich, in dem neue Entwicklungen stattfinden können, die zu veränderten Anforderungen an die Fähigkeiten und das Wissen der Mitarbeiter führen. Dies verdeutlicht weiter die Notwendigkeit der Weiterbildung auch für kleine Betriebe in peripheren Regionen.

Dass unter anderem aus diesen Gründen auch bei Unternehmen in peripheren Regionen die Ansprüche an die Qualifizierung der Mitarbeiter steigen, wird durch die Regionale Unternehmensbefragung in Ostbayern RUBiO empirisch belegt. Eine genauere Beschreibung dieses Datensatzes findet sich bei Kleinhenz et al. (2006) oder bei Holzer (2008) in diesem Band.

Tabelle 3

Probleme bei Maßnahmen aufgrund des Qualifikationsniveaus der Mitarbeiter (Mehrfachantworten möglich, Angaben in Prozent), *n* = 942

	1 bis 9 Mitarbeiter	10 bis 49 Mitarbeiter	50 bis 249 Mitarbeiter	über 250 Mitarbeiter
Maßnahmen im Einkaufs- und Absatzbereich	4,57	8,95	8,98	6,94
Veränderungen im Produktionsprozess	3,88	7,89	7,78	9,72
Veränderungen in der Verwaltung	9,14	10,00	9,58	8,33
Arbeitsorganisatorische und personalpolitische Maßnahmen	8,73	21,58	18,56	22,22
Keine Probleme	79,92	65,26	70,66	68,06
Total	106,23	1113, 68	115,57	115,28

Quelle: *RUBiO* (2006).

Bereits heute beklagen ostbayerische Unternehmen, dass sie aufgrund der Qualifizierung der Beschäftigten Probleme bei bestimmten Umstrukturierungsmaßnahmen haben. Dabei sind diese Probleme bei Unternehmen aus dem Dienstleistungsgewerbe nicht so verbreitet wie bei Unternehmen aus dem Produzierenden Gewerbe, dem Baugewerbe oder dem Handel. Doch auch bei den Dienstleistern hat immerhin fast ein Fünftel der Unternehmen Probleme bei Restrukturierungsmaßnahmen aufgrund mangelnder Qualifikationen der Mitarbeiter. Bei einem Vergleich der Größenklassen lässt sich feststellen, dass kleine Unternehmen weniger oft mit derartigen Problemen konfrontiert sind. Möglicherweise liegt dies jedoch auch an der Tatsache, dass kleine Unternehmen weniger häufig Umstrukturierungen vornehmen. Am ehesten treten in dieser Gruppe noch Probleme bei Veränderungen in der Verwaltung auf, während bei den kleinen und großen Mittelständlern sowie bei den großen Unternehmen vor allem bei arbeitsorganisatorischen und personalpolitischen Maßnahmen Probleme auftreten. Hier könnte man ein Indiz für den technisch-organisatorischen Wandel sehen, der die Nachfrage nach Höherqualifizierten relativ zu Mittel- und Geringqualifizierten erhöht und zu Qualifikationsproblemen führt, wenn die Mitarbeiter des Unternehmens nicht das nötige Wissen und die nötigen Fähigkeiten aufweisen. Damit kein Stillstand eintritt, sondern Unternehmen sich flexibel an neue Entwicklungen anpassen können, ist eine systematische, laufende Weiterbildung der Beschäftigten von nachhaltiger Bedeutung. Dies umso mehr vor dem Hintergrund, dass der externe Arbeitsmarkt im demografischen Wandel und bei einem Ende der Bildungsexpansion immer umkämpfter wird und es Unternehmen in weniger attraktiven peripheren Regionen allgemein schon eher schwer fällt, hochqualifizierte Arbeitskräfte anzuziehen oder zu halten. Holzer (2008) findet in seinem Beitrag zu diesem Band heraus, dass die mangelnde Qualifikation von Bewerbern bereits heute ein Mitgrund für die Entscheidung von ostbayerischen Unternehmen sein kann, Produktionsprozesse ins Ausland zu verlagern. Das Problem mangelnder Humankapitalausstattung in der Region könnte jedoch durch betriebliche Weiterbildungsmaßnahmen zumindest gedämpft werden.

Zusammengefasst kann also festgehalten werden, dass Unternehmen in peripheren Regionen wie Ostbayern bei Weiterbildungsmaßnahmen erheblichen Problemen gegenüberstehen, auch wenn die Notwendigkeit zur betrieblichen Weiterbildung unausweichlich besteht. Die demografische Entwicklung führt dazu, dass das regionale Arbeitsangebot in peripheren Regionen schneller schrumpft und altert als in anderen Regionen. Ein unterdurchschnittlicher Anteil an Schulabgängern mit Hochschulreife einerseits und das Problem des *brain drain* andererseits führen dazu, dass auf Arbeitsangebotsseite in der Gegenwart gewisse Qualifikationsrückstände gegenüber anderen Regionen Bayerns zu erkennen sind. Es gibt in Ostbayern relativ wenige hochqualifizierte Beschäftigte. Dieses Qualifikationsproblem wird sich wohl auch in Zukunft fortsetzen, wenn man allein die Schülerdaten betrachtet. Die vergleichsweise geringe Humankapitalausstattung macht Weiterbildung der Beschäftigten notwendiger denn je, aber auch teurer. Der relativ niedrige Anteil an hochqualifizierten Beschäftigten in Ostbayern erschwert die regionale betriebliche Weiterbildung insofern, als Arbeitskräfte umso kostengünstiger weitergebildet werden können, je qualifizierter sie sind. Auch die Tatsache, dass Ostbayern sich durch viele kleine und mittlere Unternehmen kennzeichnet, belastet die Aktivität in der betrieblichen Weiterbildung, weil diese im Vergleich zu größeren Unternehmen Mitarbeiter nicht so leicht freistellen können und interne Weiterbildung aufgrund der fehlenden kritischen Größe schwieriger zu organisieren und finanzieren ist. Die peripheren Regionen Ostbayerns zeichnen sich zudem durch eine geringe Unternehmensdichte aus, wobei die Wirkung der regionalen Unternehmensdichte, wie in Abschnitt III. angeführt wurde, theoretisch unklar ist. Brunello / de Paola (2004) sowie Brunello / Gambarotto (2004) konnten jedoch für Italien und das Vereinigte Königreich empirisch zeigen, dass in Regionen mit geringerer Unternehmensdichte die Weiterbildungsaktivität ausgeprägter ist, da die Vorteile aus dem geminderten *Poaching*-Problem (d. h. der geringeren Wahrscheinlichkeit, dass weitergebildete Arbeitskräfte abgeworben werden) die Nachteile eines fehlenden Arbeitskräftepoolings übersteigen. Hierin ist somit durchaus ein komparativer Vorteil peripherer Gebiete zu sehen.

Im folgenden, abschließenden Abschnitt soll insbesondere anhand der Theorie der *Industrial Districts* aufgezeigt werden, welche weiteren Kräfte in peripheren Regionen gegen die erwähnten Probleme wirken und so Chancen für betriebliche Weiterbildung eröffnen, die in Agglomerationsräumen eher schwieriger realisiert werden können.

2. Chancen für betriebliche Weiterbildung in peripheren Regionen

Ein *Industrial District* ist durch ein komplexes Netzwerk mit starken Bindungen zwischen vertikal desintegrierten kleinen und mittleren Unternehmen gekennzeichnet (vgl. Silvestrelli 1982). Becattini definiert ein *Industrial District* als „socio-territorial entity which is characterised by the active presence of both a community of people and a population of firms in one naturally and historically bounded area. In the district (...) community and firms tend to merge" (1992, S. 38). Indem Becattini also betont, dass das Firmen-Netzwerk fest in die lokale Gesellschaft mit ihrem historisch-kulturell gewachsenen Wertesystem eingebettet ist, erweitert er das Verständnis über *Industrial Districts* um eine sozio-ökonomische Komponente. Wie Falck / Heblich (2008) in diesem Band zeigen, können weite Teile Ostbayerns als *Industrial Districts* bezeichnet werden. Ausnahmen bilden die Raumordnungsregionen Regensburg und Landshut mit den BMW-Werken Regensburg, Dingolfing und Landshut.

In *Industrial Districts* können spezifische Probleme kleinbetrieblicher Strukturen, die vor allem auf fehlende Skalenerträge zurückzuführen sind, umgangen werden, indem Unternehmensnetzwerke aufgebaut werden. Betriebliche Weiterbildung ist in einem derartigen kooperativen Netzwerk aufgrund von Größeneffekten leichter und effektiver zu organisieren als dies einzelne kleine und mittlere Unternehmen jeweils für sich könnten. Ist Weiterbildung völlig firmenspezifisch, d. h. sind gewisse Bildungsinhalte tatsächlich nur für ein einziges Unternehmen relevant, so wird dies per definitionem nicht in einem kooperativen Weiterbildungsnetzwerk organisiert werden können. Gibt es jedoch Überschneidungsbereiche bzw. sind die Weiterbildungsinhalte deckungsgleich, so können Unternehmen ein entsprechendes Interesse haben, dass diese Bildungsinhalte in einem kooperativen Weiterbildungsnetzwerk vermittelt werden. Aufgrund von Größeneffekten lassen sich Kurse im Netzwerk kollektiv finanzieren, die für einzelne Unternehmen nicht rentabel sind. Ein bestimmtes Weiterbildungsangebot wird dann von Arbeitskräften verschiedener Unternehmen angenommen werden, sodass sich die Fixkosten zur Entlastung einzelner Akteure auf mehrere Teilnehmer verteilen.

Grundsätzlich herrscht bei dieser Art Weiterbildung, die zumindest teilweise generell ist, jedoch ein Externalitätenproblem, da ein auf Arbeitgeberkosten weitergebildeter Arbeitnehmer zu einem Konkurrenzunternehmen wechseln kann, ehe sich die Investitionen in sein Humankapital amortisiert haben. Aufgrund dieses Unsicherheitsfaktors besteht die Gefahr der Unterinvestition in Humankapital. Die Etablierung eines regionalen Weiterbildungsnetzwerks führt zu einer gewissen Erhöhung der Transparenz im Arbeitsmarkt, da zwischen Arbeitskräften untereinander aber auch zwischen Arbeitskräften und Unternehmen der Region Kontakte geknüpft werden, die zuvor nicht bestanden haben. Informationen können nun schneller und einfacher fließen, die Informationskosten werden gesenkt. Die Reduzierung asymmetrischer Informationen schafft negative Anreize für Unternehmen, Weiterbildung zu finanzieren. Zwar wäre Weiterbildung nun unter Umständen möglich und effizient, weil gemeinsam eine gewisse kritische Größe erreicht wurde; die einzelnen Unternehmen sind jedoch nicht mehr an einer kooperativ regional organisierten Weiterbildung interessiert, da sie Gefahr laufen, weitergebildete Arbeitskräfte an Konkurrenzunternehmen zu verlieren. Dieses Argument vernachlässigt jedoch zum einen wesentliche Aspekte des Netzwerksgedankens. Zudem ist die Gefahr des Abwerbens vor allem in peripheren Regionen als geringer einzustufen. Auf diese beiden Punkte soll im Folgenden näher eingegangen werden.

Ein Weiterbildungsnetzwerk ist als Organisationsform zwischen Markt und Staat mit dem Konzept der *co-opetition* vereinbar. Wie Falck / Heblich (2008) in diesem Band erwähnen, geht es bei diesem Konzept darum, bei regionaler Wissensakkumulation zu kooperieren und trotzdem zugleich in einem Innovationswettbewerb zueinander zu stehen. Um in einem langfristig orientierten Netzwerk erfolgreich teilhaben zu können, ist es für die einzelnen Subjekte notwendig, eine gewisse Reputation aufzubauen und sich dadurch Vertrauen zu sichern. Nur wenn ein Partner als zuverlässig gilt und die Gefahr des Opportunismus ausgeschlossen werden kann, wird eine Kooperation zustande kommen, in die beide Seiten unter relativer Sicherheit und bei Minimierung des Risikos investieren können. Durch die intensiven sozio-ökonomischen Verknüpfungen innerhalb eines *Industrial Districts* ist es möglich, investitionshemmende Unsicherheit zu reduzieren. Die Kooperation ist dabei nicht als *one-shot-game* anzusehen, sondern als langfristiges Spiel, von dem beide profitieren, das jedoch nur so lange aufrechterhalten werden kann, wie beide Spieler einander Vertrauen entgegenbringen. Verletzt ein Akteur das Vertrauen des anderen und beutet diesen aus, so besteht ein Anreiz für den Ausgebeuteten, das

Spiel zu beenden, weil er fürchten muss, auch zukünftig wieder ausgebeutet zu werden. Ein gegenseitiges Besserstellungspotenzial wird aufgegeben und man landet in einem Gleichgewicht, das gewissermaßen als Gefangenendilemma zu sehen ist. Solange die Kooperation jedoch tatsächlich durch ein gegenseitiges Geben und Nehmen charakterisiert ist, werden Anreize bestehen, das Spiel aufrechtzuerhalten. Dohmen et al. (2005) finden in dieser Hinsicht empirische Belege dafür, dass Menschen *homines reciprocantes* sind, d. h. dass reziproke Neigungen eher die Regel als die Ausnahme im menschlichen Verhalten darstellen. Das intensive sozio-ökonomische Netzwerk eines *Industrial District* vermindert die Wahrscheinlichkeit der Ausbeutung weiter. Verhält sich ein Akteur in einem derartigen Netzwerk opportunistisch, so wird er die Reputation nicht nur in einem einzelnen Spiel verlieren, sondern bei regen Informationsfluss im gesamten Netzwerk an Vertrauenswürdigkeit einbüßen. Es drohen soziale Sanktionen und potentielle Kooperationspartner können verloren gehen. Die Kosten eines opportunistischen Verhaltens sind langfristig bedeutend und müssen ins Kalkül aufgenommen werden. Speziell für das Weiterbildungsnetzwerk heißt dies, dass Unternehmen unter Umständen einen Anreiz haben könnten, eher die eigenen Mitarbeiter weiterzubilden als Arbeitskräfte eines im Weiterbildungsnetzwerk kooperierenden Unternehmens abzuwerben. Aber auch der auf Arbeitgeberkosten weitergebildete Arbeitnehmer selbst könnte in diesem Netzwerk Anreize haben, seinem Arbeitgeber gegenüber loyal zu sein. Wechselt er nämlich nach der Weiterbildung zu einem Konkurrenzunternehmen, belastet dies nicht nur die Beziehung zwischen dem früheren Arbeitgeber und dem abwerbenden Unternehmen, sondern das abwerbende Unternehmen weiß, dass der neue Arbeitnehmer eventuell nicht vertrauenswürdig ist und man sich nicht auf seine Loyalität verlassen kann, da dieser ja bereits seinen früheren Arbeitgeber ausgebeutet hat. In einem *Industrial District* kann es auch dazu kommen, dass sich Unternehmen im Fall von Engpässen gegenseitig Arbeitskräfte ausleihen und so flexibel auf Schwankungen im Auslastungsgrad reagieren können (vgl. Falck / Heblich 2008 in diesem Band). Um in diesem Netzwerk langfristig teilnehmen und sich bei Bedarf qualifizierte Arbeitskräfte ausleihen zu können, muss es sich um ein gegenseitiges Geben und Nehmen handeln. Einseitige Ausbeutung würde sozial sanktioniert werden und hätte den Ausschluss aus dem Netzwerk zur Folge. Deshalb hat das einzelne Unternehmen einen Anreiz, seine eigenen Mitarbeiter weiterzubilden, um dem Netzwerk auch selbst qualifizierte Arbeitskräfte zur Verfügung stellen zu können. Diese Überlegungen lassen erkennen, dass in einem sozio-ökonomischen Netzwerk der Grat zwischen Wettbewerb und Kooperation oft schmal sein kann. Zwar ist es unter ökonomischen Aspekten wünschenswert, wenn Marktein- und -austrittsbarrieren vermieden werden, um einen effektiven Wettbewerb zu erzielen. Andererseits jedoch erscheinen vor allem in peripheren Regionen mit einem engen sozio-ökonomischen Netzwerk längerfristige Aspekte durchaus als erwähnenswert.

So bleibt festzuhalten, dass Loyalität zum Arbeitgeber eine gewisse Immobilität der Arbeitskräfte begründet, die jedoch unter Umständen erwünscht sein kann, weil dadurch Unsicherheit und *moral hazard* verringert werden, was schließlich Unterinvestition in Humankapital zur Folge hätte. Wenn sich ein Arbeitnehmer aufgrund von Loyalität zu seinem Arbeitgeber durch Immobilität auszeichnet, ist die Wahrscheinlichkeit, dass dieser Arbeitnehmer das Unternehmen verlassen wird, um etwas höhere Löhne bei einem Konkurrenzunternehmen zu erhalten, eher gering. Dies kann dann für Unternehmen in peripheren Regionen einen Anreiz darstellen, in die Weiterbildung ihrer Arbeitskräfte zu investieren. Somit kann Immobilität ähnlich wie eine geringe Unternehmensdichte (vgl. Abschnitt III.) positive Effekte auf die Bereitschaft der Unternehmen haben, ihre Mitarbeiter auf Unternehmenskosten weiterzubilden. Eine vergleichbare Wirkung könnte auch durch eine starke Heimatverbundenheit der Bevölkerung erreicht werden. Heimatverbundenheit erhöht die Mobilitätskosten und führt so zu einer Präferenz stabiler Beschäftigungsverhältnisse von Seiten der Arbeitskräfte. Vor allem in peripheren Regionen sind die Bewohner häufig in ein starkes lokales, sozio-kulturelles Netzwerk integriert, was zu einer erhöhten Heimatverbundenheit führt. Bei eher geringer Unternehmensdichte und somit größerer räumlicher Distanz zwischen Unternehmen sinkt die Wahrscheinlichkeit, innerhalb der unmittelbaren Heimatregion zu einem Konkurrenzunternehmen wechseln zu können. Dies erhöht die Sicherheit, dass eine weitergebildete Arbeitskraft auch tatsächlich dem weiterbildenden Unternehmen erhalten bleibt und sich die Investition in dessen Humankapital amortisieren kann. Fallen also die Kosten der Weiterbildung und der daraus zu erzielende Nutzen bei ein und demselben Unternehmen an, d. h. werden externe Effekte weitgehend vermieden, so stellt dies einen Anreiz für Unternehmen dar, verstärkt in das Humankapital der eigenen Arbeitskräfte zu investieren.

Wird ein reines Weiterbildungsnetzwerk ausgebaut zu einem Bildungs- und Informationsnetzwerk, in das neben den regionalen Unternehmen auch Hochschulen eingebunden werden, so kann dies dazu führen, dass aus der Region stammende und hier ausgebildete (Hoch-)Qualifizierte eher bereit sind, in peripheren Regionen zu bleiben anstatt in Agglomerationsräume abzuwandern. Das Problem des *brain drain* könnte dadurch also gemindert werden, was letztlich mit positiven Effekten für betriebliche Weiterbildung verbunden ist, da sich höherqualifizierte Arbeitskräfte schneller und kostengünstiger weiterbilden lassen, wie in Abschnitt III. bereits aufgezeigt wurde. In dieser Hinsicht ist es ratsam, auf die Belange der Region abgestimmte Studiengänge zu etablieren. Zum einen meint dies die gezielte Ausrichtung auf bestimmte Branchen, in denen eine Region komparative Vorteile aufweisen kann. Zum anderen erscheint es gerade in stark mittelstandsgeprägten Regionen sinnvoll, die Ausbildung an den regionalen Hochschulen mehr auf eine Beschäftigung in kleinen und mittleren Unternehmen auszurichten als auf eine Beschäftigung in Großbetrieben. Außerdem gilt es, frühzeitig persönliche Kontakte zwischen Hochschülern und den örtlichen Unternehmen herzustellen und die Hochqualifizierten bereits während der Ausbildung beispielsweise in Form von Praktika oder betreuten Abschlussarbeiten in örtliche Unternehmen einzubinden. Darüber sollte gezielt über Beschäftigungsmöglichkeiten in der Region informiert werden. Informationsdefizite über lokale Beschäftigungsmöglichkeiten stellen eine Art Marktversagen dar, das durch politische Maßnahmen, aber auch durch Informationspolitik des regionalen Netzwerkes zumindest teilweise korrigiert werden kann. Wie Coniglio / Prota (2003) in einer empirischen Studie für periphere Regionen Italiens zeigen, erhöhen sowohl ein Studium als auch ein Praktikum in der Region signifikant die Wahrscheinlichkeit, die erste Beschäftigung nach Ende der Ausbildung in dieser Region aufzunehmen.

V. Fazit

Wie die neue Wachstumstheorie zeigt, ist Humankapital der wesentliche Wachstumsfaktor unserer Zeit. Insofern erscheint es wirtschaftspolitisch sinnvoll, Rahmenbedingungen zu schaffen, unter denen die regionale Akkumulation von Humankapital ausgebaut werden kann und gezielt gefördert wird, ohne sich von potentiellen interregionalen Spillovers abschrecken zu lassen (vgl. Mathur 1999) oder vor möglichen *brain drain* Problemen zu kapitulieren. Regionale Weiterbildungsnetzwerke stellen eine Möglichkeit dar, die Akkumulation von Humankapital in einer Region voranzutreiben. Die starken sozialen Bindungen in *Industrial Districts* können bei der Etablierung und Aufrechterhaltung von Netzwerken hilfreich sein, indem sie opportunistisches Verhalten einschränken. Insofern haben periphere Regionen der Theorie der *Industrial Districts* folgend die Chance, erfolgreiche regionale Bildungsnetze zu etablieren, um dadurch Nachteile in anderen Bereichen zu kompensieren. Da Wissens-Spillover meist im direkten Austausch zwischen Personen generiert werden, werden sie größtenteils auch innerhalb derartiger Netzwerke bleiben; externe Effekte werden also größtenteils im Netzwerk internalisiert. Ein zentraler Erfolgsfaktor eines Bildungsnetzes ist dabei der Aufbau einer gewissen Weiterbildungskultur, die Kraatz et al. (2006) zumindest in Westdeutschland immer noch vermissen. Um eine breite Beteiligung an Weiterbildungsaktivitäten in einer Region zu erreichen, erscheint deshalb eine Informationspolitik sinnvoll, durch die Unternehmen einerseits und Arbeitskräfte andererseits über die Notwendigkeit und den Nutzen lebenslangen Lernens vor dem Hintergrund demografischen, technischen und organisatorischen Wandels aufgeklärt werden.

Literaturverzeichnis

Acemoglu, D. (1997): Training and Innovation in an Imperfect Labor Market, Review of Economic Studies, 64, S. 445 – 464.

– (2002): Technical Change, Inequality, and the Labor Market, Journal of Economic Literature, 40, S. 70 – 72.

Acemoglu, D. / *Pischke,* S. (1999): Beyond Becker: Training in imperfect labor markets, Economic Journal, Bd. 109, Nr. 453, S. 112 – 142.

Becattini, G. (1992): The Marshallian industrial district as a socio-economic notion, in: Pyke, F. / Becattini, G. / Sengenberger, W.: Industrial Districts and Inter-Firm Co-Operation in Italy, International Institute for Labour Studies, Genf, S. 37 – 51.

Becker, G. (1962): Investment in human capital: A theoretical analysis, Journal of Political Economy, 70, S. 9 – 49.

Bellmann, L. / *Caliendo,* M. / *Hujer,* R. / *Radic,* D. (2002): Beschäftigungswirkungen technisch-organisatorischen Wandels – eine mikroökonometrische Analyse mit dem Linked IAB-Panel, Mitteilungen aus der Arbeitsmarkt- und Berufsforschung, Jg. 35, H. 4, S. 506 – 522.

Bellmann, L. / *Pahnke,* A. (2006): Auswirkungen organisatorischen Wandels auf die betriebliche Arbeitsnachfrage, Zeitschrift für Arbeitsmarktforschung, 2 / 2006, S. 201 – 233.

Bertelsmann Stiftung (2006): Wegweiser Demografischer Wandel, online unter: http: //www. wegweiserdemographie.de/, 21. 04. 2007.

Black, S. / *Lynch,* L. (1996): Human-Capital Investments and Productivity, The American Economic Review, May 1996, S. 263 – 267.

Brunello, G. / *de Paola,* M. (2004): Training and the Density of Economic Activity: Evidence from Italy, IZA Working Paper, Nr. 1173.

Brunello, G. / *Gambarotto,* F. (2004): Agglomeration Effects on Employer-Provided Training: Evidence from the UK, CESifo Working Paper, Nr. 1150.

Bund-Länder-Kommission für Bildungsplanung und Forschungsförderung (2002): Zukunft von Bildung und Arbeit. Perspektiven von Arbeitskräftebedarf und -angebot bis 2015, Materialien zur Bildungsplanung und zur Forschungsförderung, Nr. 104 / 2002.

Chennells, L. / *Van Reenen,* J. (1999): Has Technology Hurt Less Skilled Workers? An Econometric Survey of the Effects of Technical Change on the Structure of Pay and Jobs, IFS Working Paper, Nr. W99 / 27.

Clement, R. / *Nantrop,* J. (2004): Offshoring – Chance oder Bedrohung für den Standort Deutschland?, Wirtschaftsdienst, 8 / 2004, S. 519 – 528.

Coniglio, N. D. / *Prota,* F. (2003): Human Capital Accumulation and Migration in a Peripheral EU Region: the Case of Basilicata, SNF Working Paper, Nr. 43 / 2003.

Deutsches PISA-Konsortium (2001): PISA 2000 – Basiskompetenzen von Schülerinnen und Schülern im internationalen Vergleich, Opladen: Leske und Budrich.

Dohmen, T. / *Falk,* A. / *Huffman,* D. / *Sunde,* U. (2006): Homo Reciprocans: Survey Evidence on Prevalence, Behavior and Success, IZA Discussion Paper, Nr. 2205.

Dostal, W. / *Reinberg,* A. (1999): Arbeitslandschaft 2010 – Teil 2: Ungebrochener Trend in die Wissensgesellschaft, IAB-Kurzbericht, Nr. 10.

Falck, O. / *Heblich,* S. (2008): Regionen zwischen Starrheit und Flexibilität, in diesem Band.

Florida, R. (1995): Toward the Learning Region, Futures, Bd. 27, Nr. 5, S. 527 – 536.

– (2002): The Rise of the Creative Class, New York: Basic Books.

Freeman, R. / *Medoff,* J. (1984): What do unions do?, New York: Basic Books.

Fuchs, J. / *Dörfler,* K. (2005): Projektion des Arbeitsangebots bis 2050 – Demografische Effekte sind nicht mehr zu bremsen, IAB-Kurzbericht, Nr. 11.

Gerlach, K. / *Hübler,* O. / *Meyer,* W. (2002): Investitionen, Weiterbildung und betriebliche Reorganisation, Mitteilungen zur Arbeitsmarkt- und Berufsforschung, 35 (4), S. 546 – 565.

Griliches, Z. (1969): Capital Skill Complementarity, The Review of Economics and Statistics, 51, S. 465 – 468.

Holzer, A. (2008): Produktionsverlagerungen – Chance oder Herausforderung für die Regionalpolitik? Erkenntnisse aus Ostbayern, in diesem Band.

Kleinhenz, G. D. (2004): Bevölkerung und Wachstum – Die Bevölkerungsentwicklung in Deutschland als Herausforderung für Wirtschafts- und Sozialpolitik, Jahrbücher für Nationalökonomie und Statistik, Bd. 224 / 1+2, Stuttgart, S. 74 – 90.

Kleinhenz, G. D. / *Heblich,* S. / *Holzer,* A. / *Bauernschuster,* S. / *Gold,* R. (2006): Probleme der Anpassung des Arbeitsmarktes in den bayerischen Ziel-2-Regionen an der Grenze zu Tschechien – Regionsspezifische Analyse des Aktionsbedarfs und Entwicklung eines Strategie- und Umsetzungskonzepts, Universität Passau, mimemo.

Kraatz, S. / *Rhein,* T. / *Sproß,* C. (2006): Ältere im internationalen Vergleich – Früh krümmt sich, IAB-Forum, Nr. 2 / 06, S. 53 – 57.

Krugman, P. (1991): Geography and Trade: Cambridge: MIT Press.

– (1994): Past and prospective causes of high unemployment, Economic Review, Federal Reserve Bank of Kansas City, Quartal IV, S. 23 – 43.

Marin, D. (2004): A Nation of Poets and Thinkers – Less So with Eastern Enlargement? Austria and Germany, CEPR Discussion Paper, Nr. 3526.

Markusen, A. (1996) Sticky Places in Slippery Space: A Typology of Industrial Districts, Economic Geography, 72, S. 293 – 313.

Mathur, V. K. (1999): Human Capital-Based Strategy for Regional Economic Development, Economic Development Quarterly, Bd. 13, Nr. 3, S. 203 – 216.

Prognos AG (2006): Prognos Zukunftsatlas 2006 – Branchen im Fokus.

Reinberg A. / *Hummel,* M. (2003): Steuert Deutschland langfristig auf einen Fachkräftemangel zu?, IAB-Kurzbericht, Nr. 9.

– (2006): Über fünfzig – Chancenlos am Arbeitsmarkt?, IAB-Forum, Nr. 2 / 06, S. 48 – 52.

Romer, P. (1990): Endogenous Technological Change, Journal of Political Economy, 98, S. 71 – 102.

Schultz, T. (1962): Reflections on Investment in Man, The Journal of Political Economy, Bd. 70, Nr. 5, Part 2: Investment in Human Beings, S. 1 – 8.

Schumpeter, J. A. (1942): Capitalism, Socialism and Democracy, New York: Harper & Brothers.

Silvestrelli, S. (1982): Lo sviluppo industriale delle imprese produttrici di mobile in Italia, Mailand: Franco Angeli.

Spence, M. (1973): Job Market Signaling, The Quarterly Journal of Economics, Bd. 87, Nr. 3, S. 355 – 374.

Statistisches Bundesamt (2006): Bevölkerung Deutschlands bis 2050 – 11. koordinierte Bevölkerungsvorausberechnung, Wiesbaden: Statistisches Bundesamt.

Torre, A. / *Rallet,* A. (2005): Proximity and localization, Regional Studies, 39, S. 47 – 59.

Wößmann, L. (2007): Fundamental Determinants of School Efficiency and Equity: German States as a Microcosm for OECD Countries, Program on Education Policy and Governance Working Paper, Nr. 07 – 02.

Regionen zwischen Starrheit und Flexibilität: Der Einfluss von modernen Standortfaktoren auf das regionale Gründungsgeschehen

Von Oliver Falck und Stephan Heblich

I. Einleitung

„It's all in Marshall!" ist ein Ausspruch, der auf Arthur Pigou zurückgeht. Als Schüler von Marshall lehrte Pigou seinen Studenten Marshalls *Principles of Economics,* die er offenbar als ubiquitär ansah.[1] Tatsächlich beherrschte Marshalls Theorie die ökonomische Denkweise in Großbritannien und vor allem in Cambridge bis in die 1930er Jahre. Zum Ende dieser Ära wurden jedoch auch zunehmend Gegenstimmen laut, die die Marshall-Hörigkeit und Ignoranz der Cambridge-Schule gegenüber anderen Ansätzen kritisierten. Zu den wohl bekanntesten Kritikern Marshalls zählte Lionel Robbins (1971), der in den 1930er Jahren Rektor der London School of Economics (LSE) war.[2] Er bemängelte vor allem die neoklassische Haltung der Cambridge-Schule. Tatsächlich wurde die neoklassische Denkschule entscheidend von Marshall geprägt, und entsprechend schienen seine Schüler in Cambridge auch in eben diesem Denkmuster gefangen zu sein: Offenbar gingen sie davon aus, dass die ökonomische Lehrmeinung mit Marshalls Beiträgen ein pareto-effizientes und damit stabiles Gleichgewicht erreicht hatte und propagierten daher deren Vollkommenheit – *It's all in Marshall!*

Schumpeter (1941, S. 237) zufolge entspricht dieses apodiktische Bekenntnis zur Lehre des Meisters, Marshalls *Principles,* jedoch nicht dem Selbstverständnis Marshalls. Er war sich sehr wohl bewusst, dass seine Gedanken nur eine Momentaufnahme widerspiegeln, ökonomische Theorien im Zeitablauf jedoch einem konstanten Wandel unterliegen – alte und überholte Erkenntnisse werden verworfen und durch neue Überlegungen ersetzt. Hierin kommt deutlich Schumpeters Theorie der schöpferischen Zerstörung zum Ausdruck, welche auch auf Marshalls *Principles* zutrifft. Demnach äußern sich die Qualität und Nachhaltigkeit von

1 „The first time one reads the Principles one is very apt to think it is all perfectly obvious. The second time one has glimpses of the fact that one does not understand it at all. ... When one discovers that one did not really know beforehand everything *Marshall* has to say, one has taken the first step towards becoming an economist!" (*Pigou* 1956, S. 86).

2 Eine genauere Übersicht über die Meinungsverschiedenheiten zwischen Cambridge und der London School of Economics während dieser Zeit bietet *Robbins* (1971, S. 105–106, 132–135).

Marshalls *Principles* nicht in ihrer immerwährenden Vollkommenheit, sondern vielmehr in einer dynamischen Anpassungsfähigkeit, die sie zeitlos macht. So erlebten Marshalls Überlegungen zu externen Erträgen in Agglomerationsräumen vor nicht allzu langer Zeit einen zweiten Frühling, als Krugman (1991) Marshalls Theorie externer Erträge formalisierte und so die „Neue Ökonomische Geographie“ begründete. Vor Krugman hatte sich bereits Becattini (1979) Marshalls Idee der Agglomerationsvorteile bedient und auf dieser Basis eine Theorie zur sozioökonomischen Entwicklung der so genannten *Italienischen Industrial Districts* entwickelt.

Hinsichtlich der externen Erträge betont Marshall die Bedeutung einer produktiven industriellen Atmosphäre. Ist eine Region durch eine bestimmte Industrie geprägt, so hat dies auch Einflüsse auf deren Bewohner. Die allgegenwärtige industrielle Atmosphäre überträgt sich auf alle Bereiche des Alltags, sodass jeder Einzelne die Kenntnisse und Fertigkeiten dieser Industrie quasi mit der Muttermilch aufsaugt. Zu Marshalls Zeiten erlangten die Fabrikarbeiter durch das regionale Umfeld von klein auf ein Verständnis für die Funktionsweise der aufkommenden Massenproduktion und identifizierten sich so frühzeitig mit der heimischen Industrie. In der heutigen wissensbasierten Produktion hat die regionale Atmosphäre zusätzlich an Bedeutung gewonnen, da nicht nur industriespezifische Kenntnisse, sondern auch Wissen, Kreativität und Ideen in der Luft liegen. Letztendlich haben sich also nur die äußeren Gegebenheiten im Laufe der Zeit verändert. Während zu Marshalls Zeiten noch primär qualmende Fabrikschlote die Luft und das Erscheinungsbild industrieller Agglomerationen prägten, so qualmen heute wohl eher im übertragenen Sinne die Köpfe hochqualifizierter Beschäftigter. Denn heutzutage hängt die Leistungsfähigkeit einer Region weniger von der Ausstattung mit natürlichen Ressourcen und Industriearbeitern als vielmehr von der Verfügbarkeit von Wissens- und Humankapital ab.

Auf den Notwendigkeiten einer Informations- und Wissensgesellschaft basiert auch Floridas (2002a) Theorie, die sich mit der wachsenden Bedeutung der Kreativität der Arbeitnehmer beschäftigt. Er unterstreicht, dass das Innovationspotenzial und die damit verbundene Dynamik einer Region von der Möglichkeit abhängen, hochqualifizierte und kreative Personen anzuziehen und dauerhaft an die Region zu binden. Lee et al. (2004) haben Floridas Theorie für die Vereinigten Staaten überprüft und Belege für ihre Gültigkeit gefunden.

Es gibt also offenbar bestimmte Standortfaktoren, die die Verfügbarkeit regionalen Wissens beeinflussen und somit eine conditio sine qua non für die Innovationsfähigkeit und das Wachstum einer Region darstellen können. Falck/Heblich (2008) bezeichnen solche Standortfaktoren als *modern location factors*. Es ist jedoch unwahrscheinlich, dass diese Standortfaktoren für alle Regionen gleich sind. Vielmehr ist zu vermuten, dass das Potenzial der Standortfaktoren von der zugrunde liegenden sozioökonomischen Struktur abhängt. Der Fragestellung nach den qualitativen Unterschieden dieser Standortfaktoren werden wir in diesem Beitrag nachgehen und untersuchen, ob in peripheren (dezentralen) Regionen Wachstumsimpulse von anderen Faktoren ausgehen als in verdichteten oder städtischen Regionen. Dafür werden in Abschnitt II. zunächst einige Agglomerationstheorien überblicksartig vorgestellt. Ausgehend von Marshalls Agglomerationsvorteilen werden hierbei drei Arten regionaler Agglomeration herausgearbeitet, die sich hinsichtlich der zugrunde liegenden sektoralen Struktur, der geographischen Gegebenheiten sowie der vorherrschenden soziologischen Faktoren unterscheiden. Aufbauend auf dieser Differenzierung verwenden wir den in Abschnitt III. beschriebenen umfangreichen Datensatz, um verschiedene Standortfaktoren zu ermitteln und deren Bedeutung für die Dynamik unterschiedlicher Regionen aufzuzeigen. Dafür wird in Abschnitt IV.1. zunächst anhand einer Faktoranalyse überprüft, welche Standortfaktoren in welchen Regionen vorherrschen. In Abschnitt IV.2. wird dann der Einfluss der Standortfaktoren auf die regionale Dynamik getestet. Abschließend werden wir in Abschnitt V. aus den Ergebnissen einige Schlussfolgerungen für eine auf die Bedürfnisse unterschiedlicher Regionen angepasste Regionalpolitik ableiten.

II. Die Entwicklung Regionaler Agglomerationstheorien

Marshalls (1890) Theorie zufolge ballen sich Unternehmen an spezifischen Orten, weil sie von den jeweiligen Agglomerationseffekten profitieren möchten. Hinsichtlich der externeren Effekte unterscheidet Marshall zwischen drei Arten: (1) Skalenerträge, die aus dem Zugang zu einem gemeinsamen Arbeitsmarkt und gemeinsamen öffentlichen Gütern, bspw. Infrastruktur oder Bildungseinrichtungen, entstehen; (2) Skalenerträge, die aufgrund der räumlichen Nähe der Unternehmen entlang der Zuliefererkette entstehen und sich in Form eingesparter Transport- und Transaktionskosten äußern; und (3) Skalenerträge als Folge von Wissensspillovern, da aufgrund der räumlichen Nähe Branchenkenntnisse leichter ausgetauscht werden können. Diese Wissensspillovers entstehen dadurch, dass man an ähnlichen Technologien oder Verfahren arbeitet und daher von der Forschung des anderen profitieren kann (Griliches 1992).

Marshalls Zeit stand im Zeichen der Massenproduktion, die zu Beginn des 20. Jahrhunderts mit der Einführung des Fließbandes im so genannten *Fordismus* schließlich ihre Hochphase erreichte. In dieser Ära entschieden interne Skalenerträge über die Wettbewerbsfähigkeit von Unternehmen. Vertikal integrierte Großunternehmen, die über das notwendige Kapital für Kosten sparende Prozessinnovationen in Form eines spezialisierten Maschinenparks verfügten, produzierten standardisierte Produkte am Fließband und profitierten in der Produktion von ihren Größenvorteilen – den Skaleneffekten. Da Transportkosten zu jener Zeit hoch waren, traten industrielle Agglomerationen vor allem in Regionen auf, die reich an Bodenschätzen waren und zudem in der Nähe von wichtigen Zulieferern, Käufern oder Konsumenten lagen. Das Ausmaß der industriellen Agglomeration bestimmte damit die Möglichkeit, Lokalisierungsvorteile in Form von Transport-

und Transaktionskostenersparnissen zu realisieren. Auf dieser Basis konnten sich Regionen einen komparativen (Kosten-)Vorteil verschaffen.[3] Lokale Monopole wurden daher als erstrebenswerte Marktform erachtet. Diese auf die Effizienz des internen Produktionsprozesses ausgerichtete Sichtweise war wohl letztendlich dafür ausschlaggebend, dass Marshalls Überlegungen zu externen Effekten ihre vollständige Erklärungskraft nicht unmittelbar entfalten konnten. Vor allem potentielle Vorteile aus dem Wettbewerb zwischen Unternehmen wurden in der Ära der Massenproduktion vernachlässigt. Dies änderte sich erst, als die Märkte allmählich mit standardisierten Konsumgütern aus der Massenproduktion gesättigt waren und Konsumenten vermehrt individualisierte Produkte nachfragten.

Die zunehmende Nachfrage nach individualisierten Produkten brachte einschneidende Veränderungen im Produktionsprozess mit sich. Es wurden kleinere Losgrößen produziert und damit verloren die internen Skaleneffekte der standardisierten Massenproduktion an Wirkung. Infolgedessen begannen ehemalige Großunternehmen zunehmend ihre Produktion zu verschlanken und konzentrierten sich nun primär auf ihr Kerngeschäft. Darüber hinausgehende Prozessschritte lagerten sie an Zulieferer aus. Von nun an war die Produktion durch die Flexibilität, sich schnell und kurzfristig an Veränderungen im Nachfrageverhalten anzupassen, und den Weitblick für zukünftige Chancen geprägt. Vor diesem Hintergrund erfuhren externe Skaleneffekte, die sich nun in „coopetition" – Kooperation bei der regionalen Wissensgenerierung bei gleichzeitigem Wettbewerb um Innovationen – äußerten, neue Aufmerksamkeit. Im Vergleich zu Marshalls Zeiten verloren Lokalisierungsvorteile aufgrund der regionalen Ausstattung mit (physischen) Ressourcen sowie kurzer Transportwege oftmals an Bedeutung, da Ressourcen im Zuge der voranschreitenden Globalisierung weltweit verfügbar wurden und Transport- und Transaktionskosten aufgrund des technologischen Fortschrittes vernachlässigt werden konnten. Gleichzeitig nahm die Bedeutung „weicher" Produktionsfaktoren wie an Personen gebundenes Wissen (*tacit knowledge*)[4] zu.

Becker (1975) trug dem erstmalig in seiner Humankapitaltheorie Rechnung. *Humankapital,* verstanden als Resultat vorangegangener Bildungsinvestitionen, kann demnach eine vergleichsweise geringe Ausstattung mit Rohstoffen kompensieren. Wissen wird damit zum elementaren Produktionsfaktor relativ rohstoffarmer Länder. Die endogene Wachstumstheorie schließt daran an und führt *Wissenskapital* als zentrale Wachstumsdeterminante ein (Romer 1986 und 1990). Die enge Verbindung zum Humankapital ist hierbei leicht ersichtlich, da der Aufbau eines regionalen Wissensstocks den Einsatz von Humankapital voraussetzt. Eine zusätzliche Erweiterung stellt das Konzept des Sozialkapitals dar. Putnam (2000) führte diesen in der Soziologie verwurzelten Faktor ein, um die positiven Externa-

---

3 *Krugman* (1991, S. 14 ff.) stellt ein einfaches Modell geographischer Konzentration dar, das auf der Interaktion von steigenden Erträgen, Transportkosten und Nachfrage basiert, die zu komparativen Kostenvorteilen führt.

4 Der Begriff *tacit knowledge* geht ursprünglich auf *Polanyi* (1966) zurück.

litäten sozialer Interaktionen zu beschreiben. Sozialkapital entsteht demnach innerhalb von sozialen Netzwerken, die durch Vertrauen und Reziprozität geprägt sind und somit *spillovers* erleichtern. Putnam sieht im Sozialkapital eine notwendige Ergänzung der „traditionellen Faktoren" Kapital, Arbeit und Wissen, da diese erst innerhalb eines sozialen Netzwerkes ihre volle Wirkung entfalten können. Aufbauend auf dieser Definition des Sozialkapitals führen Audretsch / Keilbach (2004a) den Begriff des *Entrepreneurshipkapitals* ein. Das Entrepreneurshipkapital einer Region ergibt sich aus der Gründungsneigung ihrer Bewohner, welche sich wiederum in Innovation und regionaler Dynamik niederschlägt. Dabei sehen sie eine enge Verbindung zum Sozialkapital, weil die Einbettung in ein soziales Netzwerk produktive Wissensspillovers mit sich bringt.

Offensichtlich ist regionales Wachstum heute in hohem Maße von der Verfügbarkeit von implizitem Wissen (das nach Lundvall / Johnson (1994) *know-how* und *know-who* einschließt) und von Wissensspillovers abhängig. Vor diesem Hintergrund ist das Potenzial einer Region, Humankapital anzuziehen und an sich zu binden, sowie den regionalen Wissensfluss anzuregen, eine wichtige Determinante für die regionale Entwicklung. In diesem Zusammenhang erscheint es nahe liegend, dass sich unterschiedliche Regionen durch verschiedene Gegebenheiten und Vorzüge auszeichnen. So sind für periphere Regionen starke gesellschaftliche Bindungen und Traditionen, günstigere Lebenshaltungskosten sowie landschaftliche Reize charakteristisch. Städtische Regionen zeichnen sich dagegen durch vielfältigere und zum Teil auch bessere Berufs- und Karrierechancen sowie einen vor allem für jüngere Leute attraktiven Lifestyle – ein Mix aus Restaurants, Theatern, Kinos sowie Bars und Clubs – aus.

Der beschriebene Wandel in der Bedeutung der Wachstumsdeterminanten hat gleichzeitig auch zu einem neuen Verständnis von Marshalls Theorie externer Erträge geführt und damit die Entwicklung verschiedener regionaler Agglomerationskonzepte beeinflusst (Markusen 1996). Da das Interesse dieses Beitrages dem Einfluss regionaler und sektoraler Unterschiede auf Wettbewerb und Wachstum gilt, werden im Folgenden drei idealtypische[5] Arten regionaler Agglomerationen – *Industrial Districts, Industrial Agglomerations* und *Urban Agglomerations* – unterschieden. Wie der Beitrag zeigt, lassen sich diese regionalen Agglomerationen (1) anhand verschiedener Standortvariablen charakterisieren, die geographische Besonderheiten, die regionale Firmenstruktur und andere Umfeldfaktoren abbilden und (2) die gegebene Ausstattung mit Standortfaktoren beeinflusst den Entwicklungspfad der jeweiligen Region. Dieser Zusammenhang wird in Abschnitt IV. für Deutschland empirisch überprüft.

5 Die folgenden Charakterisierungen gehen grundlegend auf wichtige strukturelle Merkmale ein, die diese Regionen kennzeichnen. Das kann zum Verständnis der mikroökonomischen Strukturen innerhalb der Regionstypen beitragen. Verständlicherweise ist es dabei aber nicht möglich, diese Strukturen detailgenau über Daten abzubilden. Das erlangte Verständnis kann aber eine gute Grundlage für eine weiterführende datengestützte Analyse bilden.

1. Industrial Districts

Unseres Wissens war Becattini (1979) der erste, der Marshalls Ideen der *Industrial Districts* wieder aufgegriffen hat. Becattini versucht zu Beginn der 1970er Jahre eine Erklärung für die bemerkenswerte wirtschaftliche Entwicklung einiger norditalienischer Regionen zu finden und da Marshalls Überlegungen zu industriellen Agglomerationen dafür äußerst passend erschienen, bezeichnete Becattini sie als italienische *Industrial Districts.*[6] Nachdem die für den Fordismus charakteristische Fließbandproduktion mehr und mehr an Bedeutung verlor, zerfielen vormals vertikal integrierte Unternehmen zunehmend. Hierbei wurden die einzelnen produktiven Einheiten großer integrierter Unternehmen in kleine und mittlere Unternehmen (KMU) aufgespalten (Bianchi 1993). Die neu entstandenen KMU verteilten sich nun entlang der Wertschöpfungskette und begannen, sich in ihren jeweiligen Produktionssegmenten hochgradig zu spezialisieren. Auf diese Weise konnten sie erfolgreich Marktnischen besetzen, die große Firmen nicht abdeckten. Obwohl diese kleinen Unternehmen nun formal unabhängig, d. h. organisatorisch getrennt agierten, bestanden auch weiterhin enge Verbindungen zwischen den vormals integrierten Einheiten beispielsweise durch familiäre Bindungen unter den Mitarbeitern. Die engen gesellschaftlichen Bindungen wirkten dabei wie sozialer Klebstoff (Becattini 1990) und trugen damit zur Stabilisierung wirtschaftlicher Interaktionen bei. Folgt man Granovetters (1973) Überlegungen zu sozialen Bindungen und Strukturen, so bringen diese starken sozialen Verbindungen implizite soziale Institutionen hervor, die einer *freerider* Problematik entgegenwirken können und damit kollektives Handeln erleichtern. Auf diese Weise entsteht „bindendes Sozialkapital" (Putnam 2000), das letztlich als gemeinsames Managementsystem im Umgang mit der Unsicherheit über zukünftige Entwicklungen fungiert. So können im Forschungs- und Entwicklungsbereich gemeinsame Projekte einerseits das Verlustrisiko im Falle eines Scheiterns reduzieren und andererseits den Innovationsprozess beschleunigen. Das wiederum garantiert eine flexible und schnelle Anpassung an aufkommende Trends und damit verbundene Veränderungen auf den Absatzmärkten.

Weiter ermöglichen die engen Verbindungen den KMU des *Industrial Districts* flexibel und ohne hohe Zusatzkosten auf zyklische Schwankungen und Überkapazitäten zu reagieren (Amin / Thrift 1992). Garant dafür sind informale Absprachen zwischen den Unternehmen, sich beispielsweise im Falle von Engpässen die Belegschaften untereinander auszuleihen oder den Maschinenpark eines Unternehmens gemeinsam zu nutzen (Callois / Aubert 2007). Markusen (1996) fasst das wie folgt zusammen: „[Industrial Distics] exhibit frequent and intensive exchanges of personnel between customers and suppliers and cooperation among competitor firms

---

[6] In diesem Zusammenhang stützen *Piore / Sabel* (1984) ihre Arbeit auf die *theory of collaborative economies,* während *Storper* (1993) den Begriff der „flexiblen Spezialisierung" benutzt, um diese Neo-Marshallschen *Industrial Districts* zu beschreiben – nicht nur im Hinblick auf das italienische Phänomen, sondern auch international.

[coopetition] to share risk, stabilize markets, and share innovation". Diese Strukturen des *Industrial Disticts* werden zusätzlich durch eine auf die Bedürfnisse der Branche zugeschnittene Infrastruktur unterstützt. Dies bezieht sich auf die (Aus-) Bildungsinfrastruktur, aber auch auf Finanzdienstleistungen, technische Dienstleistungen und Handels- und Branchenverbände oder Genossenschaften. Starke soziale Bindungen spielen auch hier eine entscheidende Rolle, da die langjährig gewachsenen Beziehungen die Kooperationsbereitschaft zwischen den Geschäftspartnern erhöhen und es ihnen erleichtern, Probleme pragmatisch zu lösen.

All diese Charakteristika der *Industrial Districts* lassen sich letztendlich auf Marshalls Theorie externer Erträge durch funktionale Arbeitsteilung zurückführen. In diesem Zusammenhang verweisen Pietrobelli (2000) sowie Callois / Aubert (2007) darauf, dass starke soziale Bindungen neben den genannten positiven Effekten auf lange Sicht aber auch Gefahren bergen, die sich zu einem Wachstumshemmnis ausweiten können. Dies ist vor allem dann zu befürchten, wenn implizite Normen, die auf Traditionen, Weltanschauungen und Kultur basieren – mit anderen Worten der soziale Klebstoff – aus ökonomischer Sicht notwendige Veränderungen und Entwicklungen behindern und verzögern. Damit geht *der* komparative Vorteil gegenüber Großunternehmen – die Flexibilität – verloren. Verhindern die sozialen Bindungen beispielsweise die Integration von zugezogenen Arbeitskräften, so wird gleichzeitig der Zustrom von neuem, frischem Wissen blockiert. Langfristig ist das mit negativen Folgen für die regionale Wissensproduktion verbunden, da die Kreativität und damit das Potenzial für Neuerungen entscheidend von der Diversität der Ideen abhängt (Lee et al. 2004). In welche Richtung sich ein *Industrial Districts* letztendlich entwickelt, hängt damit entscheidend von seiner Fähigkeit ab, auch ohne formale Organisationsstrukturen schnell und kreativ auf externe Veränderungen zu reagieren. „A fully developed ID [Industrial District] would behave like a collective entrepreneur: It would possess the capacity to redesign process and organization as well as product" (Best 1990, S. 206).

Geographisch ordnen wir die *Industrial Districts* eher ländlichen Regionen zu, weil dort die charakteristischen sozialen Bindungen und kleinbetrieblichen Strukturen vorherrschen. Aufgrund der gewachsenen Strukturen und damit der geringeren Anonymität kennt man sich gegenseitig und Vertrauen sowie soziales Sanktionspotenzial prägen das gesellschaftliche Zusammenleben (Ellickson 1991). Gerade kleine Unternehmen profitieren dabei von der Stabilität der engen sozialen Bindungen, die Transaktionskostenersparnisse und eine erhöhte Flexibilität mit sich bringen. Kleine Unternehmen fällt es somit im Vergleich zu größeren, vertikal integrierten Unternehmen mit formal vorgeschriebenen Prozessabläufen leichter, sich an dynamische Märkte anzupassen. Sie sind nicht so schwerfällig und der Anpassungsprozess ist mit geringeren Transaktionskosten verbunden (Harrigan 1985). In Anbetracht dessen verspüren die kleinen Unternehmen innerhalb eines *Industrial Districts* auch keinen Anreiz, sich organisatorisch zu vergrößern. Mögliche Wachstumspotenziale führen daher eher zu Neugründungen durch frühere Angestellte als zu einer ansteigenden Firmengröße und die regionale Entwicklung ist somit eher durch Firmengründungen gekennzeichnet. Dies geht jedoch mit einem insgesamt nur moderaten Beschäftigungswachstum einher, da aufgrund der kleinbetrieblichen Strukturen durch Neugründungen – wenn sie dann erfolgen – nicht übermäßig viele neue Arbeitsplätze entstehen. Außerdem ist es für ländliche Regionen verhältnismäßig schwierig, Arbeitskräfte von außerhalb anzuziehen. Dies ist wohl nicht zuletzt auch auf die engen sozialen Bindungen zurückzuführen, die die Integration von Außenstehenden erschweren. Vor diesem Hintergrund ist ein prosperierender *Industrial District* wohl primär für Hochqualifizierte aus der Region attraktiv. Das beinhaltet beispielsweise heimatverbundene Absolventen, die nach Beendigung ihrer Ausbildung bzw. ihres Studiums die Möglichkeit sehen, in ihre Heimatregion zurückzukehren und dort eine passende Beschäftigung zu finden.

2. Industrial Agglomerations

Ähnlich wie die zuvor beschriebenen *Industrial Districts* werden auch die *Industrial Agglomerations* von einer Branche dominiert und sind daher eher auf einen Branchenbereich spezialisiert. Im Zuge der vertikalen Desintegration haben sie sich jedoch anders entwickelt. Vormals vertikal integrierte Großunternehmen wurden nicht vollständig desintegriert, sondern es wurden nur bestimmte Produktionsschritte im Sinne einer *lean production* funktional ausgegliedert, während andere Produktionsbereiche unter einem Dach verblieben (Sabel 2002, S. 110).[7] Diese Verschlankung gewährleistet ein flexibleres Produktionssystem, in dem schnell auf veränderte Nachfragebedingungen reagiert werden kann. Die Möglichkeit, bestimmte Prozessschritte an Zulieferer auszulagern, wurde dabei zusätzlich durch kontinuierlich sinkende Transportkosten und eine weltweit vernetzte Kommunikationsinfrastruktur begünstigt. Die voranschreitende Globalisierung ermöglichte es den Unternehmen also grundsätzlich, weltweit die für sie kostengünstigsten Produktionsstätten zu wählen. In realiter nutzten Unternehmen diese Möglichkeit aber nur bedingt aus. Die Produktion standardisierter und arbeitsintensiver Vorleistungen wurde zwar zunehmend in Niedriglohnländer verlagert, kapital- und wissensintensive Produktionsschritte verblieben jedoch hierzulande (wie auch in anderen Industrienationen) regional konzentriert. Dies zeigt sich zum Beispiel deutlich in der Automobilindustrie. Wichtige Systemteillieferanten der ersten und zweiten Stufe siedeln sich auch weiterhin in direkter Nähe zum Endproduzenten (OEM) an, weil die niedrige Fertigungstiefe in dieser Branche eine enge Abstimmung entlang der Zuliefererkette bedingt. Nur so lassen sich die Produktionsprozesse derart

---

7 „Die schlanke Produktion ist ‚schlank', weil sie im Vergleich zur Massenproduktion weniger von allem braucht – die Hälfte menschlicher Anstrengung in der Fabrik, die Hälfte des für die Fertigung benötigten Raumes, die Hälfte der Investitionen in Werkzeuge, die Hälfte der Ingenieursstunden, um ein neues Produkt in der Hälfte der Zeit herzustellen. Darüber hinaus muss man weit weniger als die Hälfte des benötigten Inventars vorhalten, entstehen weniger Defekte und es wird eine größere und weiter wachsende Varietät von Produkten hergestellt" (*Womack* et al. 1990, S. 13).

abstimmen, dass eine *just-in-time* oder *just-in-sequence* Produktion gewährleistet werden kann. Entsprechend liegt auch das Hauptaugenmerk der Zusammenarbeit im Bereich der Prozessoptimierung. Über die mit der reinen Produktion verbundenen Verflechtungen hinaus finden sich in der Nähe dieser Unternehmensnetzwerke auch Universitäten und andere Forschungseinrichtungen sowie verschiedene unternehmensnahe Dienstleister etwa im Bereich der Gebäudereinigung und Logistik, die auch geringqualifizierten Arbeitern Beschäftigungsmöglichkeiten bieten.

Die Organisationsstruktur innerhalb solcher *Industrial Agglomerations* wird von Markusen (1996) als *hub and spoke structure* beschrieben. Ein oder mehrere Leitbetriebe bilden dabei das Zentrum (die Narbe), um das sich kleinere Zulieferer wie Speichen formieren. Der Erfolg der Zulieferer hängt also in einem hohen Maße vom Erfolg des Leitbetriebes ab, welcher wiederum extern von der Entwicklung des Absatzmarktes und intern von der Qualität des Managements abhängt. Vor diesem Hintergrund erscheint es sinnvoll, die Verbindungen nicht nur vertikal über die Ebenen der Zuliefererkette hinweg, sondern auch horizontal innerhalb der einzelnen Ebenen aufzubauen und zu stärken (vgl. Tichy 1997, S. 251). Andererseits gehen von den Betrieben im Zentrum dieses Netzwerkes positive Externalitäten aus, die auch kleinen und mittleren Unternehmen der Region zugutekommen, die nicht oder zumindest nicht direkt mit dem Leitbetrieb verbunden sind. Der Umfang dieser positiven Externalitäten kann ansatzweise über regionale Multiplikatoren gemessen werden (vgl. Coughlin / Mandelbaum 1991).

Insgesamt stehen die Leitbetriebe also in verschiedener Hinsicht im Zentrum der *Industrial Agglomerations*. Wie Markusen bemerkt, kommt das wohl besonders in einer sehr starken Loyalität gegenüber den Leitbetrieben zum Ausdruck: „Workers' loyalties are to the core firms first, then to the district and only after that to small firms. If jobs open up in hub firms, workers will often abandon smaller employers to get onto the hub firm's payroll" (1996, S. 303). Entsprechend ist die Beschäftigungsentwicklung in den Leitbetrieben entscheidend für die gesamte regionale Entwicklung. Dies führt zu einem regionalen Klima, das primär durch sichere Beschäftigungsverhältnisse in produzierenden Großunternehmen geprägt ist. Da die Unternehmen innerhalb der *Industrial Agglomeration* in erster Line operativ tätig sind, beschränkt sich die Innovationstätigkeit hier vor allem auf Verbesserungen von Bewährtem (*routinized innovations*). Der frische, belebende Wind, den innovative Neugründungen verbreiten und der auch schöpferische Zerstörung bringen kann, zieht dagegen weitestgehend über diese Regionen hinweg. Daher weisen *Industrial Agglomerations* auch eine inhärente Tendenz zu unflexiblen und verkrusteten Strukturen auf, die in einer zunehmend globalisierten Welt ein gewisses Risiko bergen.

Die positiven externen Effekte, die von den *Industrial Agglomerations* ausgehen, haben einen direkten Einfluss auf die regionale Entwicklung. Sie ziehen weitere Unternehmen und auch Arbeitskräfte an, was sich letztendlich in einer zunehmenden Urbanisierung niederschlagen kann. Die Kernstädte in den durch *Industrial Agglomerations* geprägten Regionen wachsen also mit und um eine bestimmte Industrie herum. Sie unterscheiden sich daher deutlich von „historisch gewachsenen“ Städten und Zentren, die auf Basis von *Urban Agglomerations* entstanden sind und als Nächstes betrachtet werden. Da ein Großteil der Bevölkerung aus beruflichen Gründen in die *Industrial Agglomerations* zugezogen ist, fehlt es hier oftmals (noch) an gemeinsamer Tradition und Kultur. Das Leben ist somit eher anonym und es fehlen das Vertrauen und der gesellschaftliche Zusammenhalt, die für die *Industrial Districts* in ländlicheren Regionen charakteristisch sind.

3. Urban Agglomerations

Urban Agglomerations oder Metropolen unterscheiden sich zunächst in wesentlichen Aspekten von den beiden anderen, oben beschriebenen regionalen Agglomerationstypen. So werden sie nicht von *einer* einzigen Fertigungsindustrie dominiert, sondern weisen eine diversifizierte Unternehmensstruktur auf und weiter handelt es sich um historisch gewachsene Zentren, die sich durch ein reichhaltiges kulturelles Leben und andere Vorzüge auszeichnen und einen bestimmten Lebensstil suggerieren. Glaeser et al. (2001) sowie Florida (2002a, 2002b) nennen in diesem Zusammenhang verschiedene Annehmlichkeiten, die zur Steigerung der Lebensqualität beitragen. Dazu zählen die Qualität der öffentlichen Infrastruktur, die sich in der Anzahl der Schulen, Krankenhäuser, Restaurants und Theater widerspiegelt, die landschaftlichen und architektonischen Reize der Region, sowie die sozialen Strukturen, die durch ein hohes Maß an Offenheit und Diversität gekennzeichnet sind. Diese Strukturen erleichtern es zugezogenen Arbeitnehmern, in der Region Anschluss an das regionale soziale Netzwerk zu finden. Grundsätzlich sind *Urban Agglomerations* im Vergleich zu *Industrial Districts* nicht so sehr für ihre stabilen und starren gesellschaftlichen Strukturen bekannt. Das gilt jedoch nur für den Verdichtungsraum als Ganzes, wohingegen innerhalb der Metropole sehr stabile und gewachsene soziale Netzwerke existieren können, beispielsweise innerhalb eines Stadtteils („Kietz“) oder einer Kirchengemeinde. Das Beziehungsgeflecht der gesamten *Urban Agglomeration* baut also im Kern durchaus auf stabile gewachsene Beziehungsstrukturen (*strong ties*) auf. Um diesen kleinräumig gegliederten Kern herum gibt es jedoch eine Vielzahl von eher losen Bindungen (*weak ties*), die es neu Zugezogenen ermöglichen, an die regionale Gemeinschaft Anschluss zu finden. Die *strong ties* im Kern gewährleisten also eine gewisse Stabilität und gleichzeitig unterstützen die *weak ties* den Zustrom und die Verbreitung von neuem Wissen und neuen Ideen und wirken damit Verkrustungstendenzen entgegen („Weltstadt mit Herz“).

Dies führt in den *Urban Agglomerations* zu einer kreativen und diversen Atmosphäre, die gemäß Jacobs (1969) vor allem Urbanisierungsvorteile[8] durch Diver-

---

8 Urbanisierungsvorteile beschreiben die Vorteile aus der regionalen Konzentration *diverser* Branchen, während Lokalisierungsvorteile die regionale Konzentration *einer* Industrie beschreiben (vgl. *Audretsch / Feldman* 2004).

sität und Wettbewerb mit sich bringt. Lokalisierungsvorteile sind dagegen primär in *Industrial Agglomerations* und *Industrial Districts* vorzufinden. Die Lokalisierungsvorteile ergeben sich dabei aus den intra-industriellen *spillovers* innerhalb eines lokalen Branchenmonopols, während sich das Konzept der Urbanisierungsvorteile auf lokale Konkurrenz und inter-industrielle *spillovers* konzentriert. In diesem Zusammenhang warnen Audretsch / Keilbach (2004b) vor einem Missverständnis: „It should be emphasized that by local competition, Jacobs does not mean competition within product markets ... Rather Jacobs is referring to the competition for the new ideas embodied in economic agents [Schumpeter's entrepreneurs]". Da wir uns in diesem Beitrag jedoch nicht näher mit der Unterscheidung zwischen regionaler Diversifikation und Spezialisierung beschäftigen, folgen wir der Unterscheidung von Duranton / Puga (2001). Demnach spiegelt der Unterschied zwischen Diversifikation und Spezialisierung lediglich die räumliche Dynamik des Produktlebenszyklus wider. So finden die frühen, forschungs- und entwicklungsintensiven Phasen des Lebenszyklus eher in *Urban Agglomerations* statt, deren kreatives und diversifiziertes Umfeld ein gutes Innovationsklima bieten. Die anschließende Produktion der Neuerungen findet dagegen in weniger zentralen Regionen statt: „once they have ,innovated' – settled on a product line or process – they move to (district-like) locales specialized in the activities they will continue to pursue" (Sabel 2002).

Markusens (1996) Konzept der „satellite platforms" liefert in diesem Zusammenhang eine gute Beschreibung der Firmenstruktur in *Urban Agglomerations*. Die von Duranton / Puga (2005) identifizierte „funktionale Spezialisierung" verschiedener Regionen führt dazu, dass Managementtätigkeiten und insbesondere die Konzernzentralen multinationaler Unternehmen (MNU) in diversifizierten Metropolen zu finden sind, während die Produktion in kleineren und / oder spezialisierten Städten zu verorten ist.[9] In den Firmenzentralen findet die organisatorische Koordination (Managementtätigkeiten) statt und dort sind auch die Forschungs- und Entwicklungsabteilungen angesiedelt, die den technologischen Fortschritt im Rahmen von Produktinnovationen vorantreiben. Da von dem Output der Forschungs- und Entwicklungsabteilungen oftmals auch Unternehmensexterne in Form von *spillovern* profitieren, sind diese Einrichtungen allgemein für ein innovatives regionales Klima entscheidend. Dieses Klima zeichnet sich dadurch aus, dass Wissensexternalitäten auch in Form von Ausgründungen und / oder Neugründungen kommerzialisiert werden. Audretsch (1995) zufolge sind es dabei gerade diese kleinen Aus- oder Neugründungen, die kontinuierlich für Innovationen und damit für regionales Wachstum sorgen.

Die Vorzüge einer Metropole liegen offensichtlich in einem größeren Kultur- und Freizeitangebot, einer guten infrastrukturellen Vernetzung sowie einer gesunden Mischung aus Tradition und Aufgeschlossenheit im Sinne einer Weltstadt mit

---

9 *Bade* et al. (2003) haben diese Theorie für Deutschland mit Hilfe eines Datensatzes von 1976 – 2002 getestet und konnten diese Ergebnis empirisch bestätigen.

Herz. Diese Mischung an Standortfaktoren macht *Urban Agglomerations* insbesondere für international agierende Konzerne attraktiv. Eine gut ausgebaute Infrastruktur und insbesondere die schnelle Verbindung zu Flughäfen gewährleisten dem Management die notwendige Mobilität. Die Reputation einer prosperierenden Metropole trägt auch zum Image eines ebenfalls gut aufgestellten und dynamischen Unternehmens bei. Die Lebensqualität, Diversität und Offenheit einer Großstadt macht es international agierenden Unternehmen leicht, hochqualifizierte Führungskräfte aus aller Welt anzulocken. Aufgrund dieser Vorzüge ist den *Urban Agglomerations* ein hohes Wachstumspotenzial inhärent und es fällt ihnen verhältnismäßig leicht, weitere Unternehmen anzuziehen.

III. Datenbeschreibung

Auf Grundlage der drei Marshall'schen Dimensionen externer Erträge gibt Abbildung 1 einen Überblick über die Faktoren, die wir für die Entstehung eines produktiven regionalen Umfeldes als wichtig erachten. Unsere Daten stammen aus der deutschen Statistik der sozialversicherungspflichtig Beschäftigten.[10] Jeder Arbeitgeber ist verpflichtet, Informationen wie beispielsweise die erworbenen Qualifikationen seiner sozialversicherungspflichtigen Arbeiter und Angestellten an den Sozialversicherungsträger zu melden. Diese Daten können in eine *Betriebsdatei* umgeformt werden, die Längsschnittdaten zu allen Betrieben und deren Beschäftigten enthält. In der amtlichen Statistik wird als „Betrieb" die örtliche Einheit verstanden, in der die Tätigkeiten eines Unternehmens, d. h. die Produktion von Gütern oder Dienstleistungen, tatsächlich durchgeführt werden (vgl. Bellmann et al. 2002). Betrieb im Sinne der Beschäftigtenstatistik ist demnach eine regional und wirtschaftsfachlich abgegrenzte Einheit, in der sozialversicherungspflichtig beschäftigte Arbeitnehmer tätig sind. Als Betrieb wird immer die Einheit bezeichnet, für die die Arbeitsagentur eine Betriebsnummer vergeben hat. Dabei erfolgt die regionale Abgrenzung auf der Grundlage des Gemeindeschlüssels, sodass sich der Datensatz besonders gut für Regionalanalysen eignet. Jeder Betrieb mit mindestens einem sozialversicherungspflichtig Beschäftigten erhält dauerhaft eine Betriebsnummer. Daher können aus der Betriebsdatei auch Gründungen und Schließungen abgelesen werden. Das erstmalige Auftreten einer Betriebsnummer kann dabei als Gründung interpretiert werden, wohingegen das Verschwinden einer Betriebsnummer aus der Betriebsdatei als Schließung zu werten ist. Betriebe, die im ersten Jahr ihrer Tätigkeit bereits mehr als 20 Beschäftigte haben, werten wir nicht als Gründungen. Infolgedessen wird eine größere Anzahl von neuen Zweigniederlassungen großer Firmen nicht als Firmengründung erfasst. Da der Anteil neuer Betriebe mit über 20 Mitarbeitern im ersten Jahr nach der Gründung jedoch insgesamt eher gering ausfällt (ca. 2,5 %) zieht dies keine signifikanten Veränderungen unserer Ergebnisse nach sich.

---

10 Vgl. für eine Beschreibung des Datensatzes *Fritsch/Brixy* (2004).

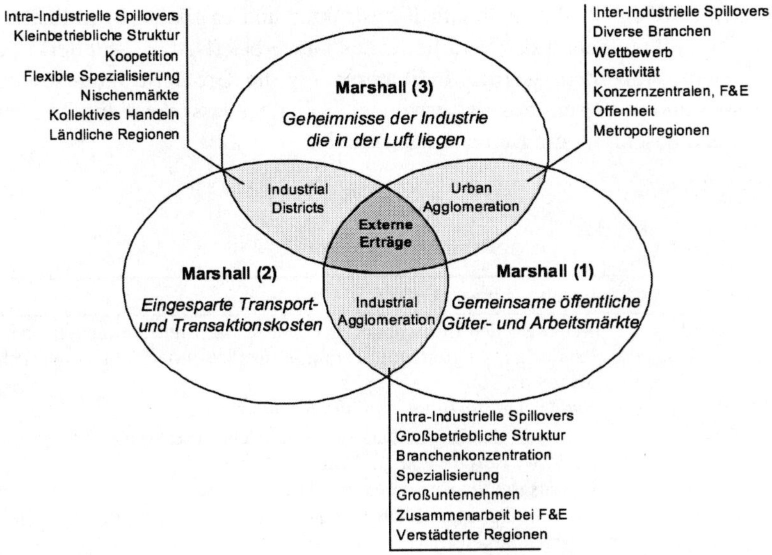

Abbildung 1: Räumliche Verteilung von Marshalls Externen Erträgen

Wir berechnen unsere Indikatoren für 75 westdeutsche Raumordnungsregionen über einen Zeitraum von 1987 bis 2000.[11] Das Konzept der Raumordnungsregionen basiert auf Pendlerdaten. Raumordnungsregionen bestehen aus mehreren Landkreisen und mindestens einer Kernstadt sowie ihrer Umgebung. Wir verwenden einen langfristigen Durchschnitt, da nicht kurzfristige Schwankungen, sondern strukturelle Unterschiede im Fokus unserer Betrachtung stehen. Zusätzlich verwenden wir Daten des Deutschen Patentatlas und des Bundesamtes für Raumordnung, Bauwesen und Städtebau. Der deutsche Patentatlas gibt Aufschluss über die Anzahl an angemeldeten Patenten in einer Raumordnungsregion und unterscheidet zwischen drei Gruppen von Patentanmeldern: Unternehmen, Universitäten und Forschungsinstituten sowie natürliche Personen (vgl. Greif / Schmiedl 2002.). Weiter greifen wir auf mehrere Infrastrukturindikatoren zurück, die das Bundesamt für Raumordnung, Bauwesen und Städtebau veröffentlicht. Diese Indikatoren beziehen sich auf die regionale Verfügbarkeit moderner Transportsysteme und damit die Erreichbarkeit (vgl. Maretzke 2005).

In unsere Analyse gehen auch Indikatoren ein, die den regionalen Arbeitsmarkt, die Verfügbarkeit öffentlicher Güter, das kulturelle Leben und die Verfügbarkeit von unternehmensnahen Dienstleistungen abdecken. Weiter verwenden wir spezi-

11 Wir haben die Untersuchung auf Westdeutschland beschränkt, da Analysen gezeigt haben, dass die wirtschaftlichen Bedingungen in Ostdeutschland in den 1990er Jahren maßgeblich vom Transformationsprozess hin zur Marktwirtschaft beeinflusst waren, was zu Verzerrungen führen würde (vgl. *Fritsch* 2004).

fische Messgrößen für die regionale Infrastruktur und es fließt ein Indikator ein, der für den größten Sektor des Verarbeitenden Gewerbes (NACE 2-Steller) in einer Region steht. Außerdem werden Indikatoren für die Größenstruktur sowie den Wissensbestand in diesem Sektor verwendet. Tabelle 1 fasst diese Indikatoren zusammen und beschreibt die Berechungsmethode.

Tabelle 1

Regionale Indikatoren

Variable	**Beschreibung (*Quelle*)**
Infrastruktur 1	Kehrwert der Erreichbarkeit der drei nächsten nationalen oder ausländischen Agglomerationsräume im Pkw- oder Schienenverkehr (in Minuten), 2004 *Bundesamt für Bauwesen und Raumordnung*
Infrastruktur 2	Kehrwert der Erreichbarkeit europäischer Metropolen im kombinierten Pkw / Luftverkehr (in Minuten), 2004 *Bundesamt für Bauwesen und Raumordnung*
Infrastruktur 3	Ausstattung mit hochrangigen Verkehrsinfrastruktureinrichtungen (Erreichbarkeit in Minuten), 2004 *Bundesamt für Bauwesen und Raumordnung*
Anteil der Künstler	Anteil der Verleger, Musiker, Schauspieler, Maler und Designer an den gesamten sozialversicherungspflichtig Beschäftigten; Durchschnitt über den Zeitraum 1987 – 2000 *Statistik der sozialversicherungspflichtig Beschäftigten*
Wissenstransfer	Anteil der Beschäftigten in Wissenstransfereinrichtungen an den gesamten sozialversicherungspflichtig Beschäftigten; Durchschnitt über den Zeitraum 1987 – 2000 *Statistik der sozialversicherungspflichtig Beschäftigten*
Unternehmensnahe Dienstleistungen	Share of employees in business services an den gesamten sozialversicherungspflichtig Beschäftigten; Durchschnitt über den Zeitraum 1987 – 2000 *Statistik der sozialversicherungspflichtig Beschäftigten*
Patente von Universitäten	Anteil der Patentanmeldungen durch Universitäten und Forschungsinstitute; Durchschnitt über den Zeitraum 1995 – 2000 *Deutscher Patentatlas*
Patente natürlicher Personen	Anteil der Patentanmeldungen durch natürliche Personen; Durchschnitt über den Zeitraum 1995 – 2000 *Deutscher Patentatlas*
Geringqualifizierte Beschäftigte	Anteil der geringqualifizierten Beschäftigten an den gesamten sozialversicherungspflichtig Beschäftigten; Durchschnitt über den Zeitraum 1987 – 2000 *Statistik der sozialversicherungspflichtig Beschäftigten*
Qualifizierte Beschäftigte	Anteil der qualifizierten Beschäftigten an den gesamten sozialversicherungspflichtig Beschäftigten; Durchschnitt über den Zeitraum 1987 – 2000 *Statistik der sozialversicherungspflichtig Beschäftigten*
Hochqualifizierte Beschäftigte	Anteil der hochqualifizierten Beschäftigten an den gesamten sozialversicherungspflichtig Beschäftigten; Durchschnitt über den Zeitraum 1987 – 2000 *Statistik der sozialversicherungspflichtig Beschäftigten*

Ingenieure	Anteil der Ingenieure und Naturwissenschaftler an den gesamten sozialversicherungspflichtig Beschäftigten; Durchschnitt über den Zeitraum 1987 – 2000 *Statistik der sozialversicherungspflichtig Beschäftigten*
Beschäftigte im Verarbeitenden Gewerbe	Anteil der Beschäftigten im Verarbeitenden Gewerbe an den gesamten sozialversicherungspflichtig Beschäftigten; Durchschnitt über den Zeitraum 1987 – 2000 *Statistik der sozialversicherungspflichtig Beschäftigten*
Beschäftigte in der dominanten Branche	Anteil der Beschäftigten in der dominanten Branche an den gesamten sozialversicherungspflichtig Beschäftigten; Durchschnitt über den Zeitraum 1987 – 2000 *Statistik der sozialversicherungspflichtig Beschäftigten*
Abstand zur dominanten Branche	Verhältnis zwischen dem Anteil der Beschäftigten in der größten und der zweitgrößten Branche des Verarbeitenden Gewerbes; Durchschnitt über den Zeitraum 1987 – 2000 *Statistik der sozialversicherungspflichtig Beschäftigten*
Kleinbetriebliche Beschäftigung (dominante Branche)	Anteil der kleinbetrieblich Beschäftigten (Unternehmen mit höchstens 50 Beschäftigten) in der dominanten Branche; Durchschnitt über den Zeitraum 1987 – 2000 *Statistik der sozialversicherungspflichtig Beschäftigten*
Großbetriebliche Beschäftigung (dominante Branche)	Anteil der großbetrieblich beschäfigten (Unternehmen mit mindestens 1.000 Beschäftigten) in der dominanten Branche; Durchschnitt über den Zeitraum 1987 – 2000 *Statistik der sozialversicherungspflichtig Beschäftigten*
Hochqualifizierte Beschäftigte (dominante Branche)	Anteil der hochqualifizierten Beschäftigten in der dominanten Branche; Durchschnitt über den Zeitraum 1987 – 2000 *Statistik der sozialversicherungspflichtig Beschäftigten*
Ingenieure (dominante Branche)	Anteil der Ingenieure und Naturwissenschaftler in der dominanten Branche; Durchschnitt über den Zeitraum 1987 – 2000 *Statistik der sozialversicherungspflichtig Beschäftigten*

IV. Marshalls Skalenerträge und regionale Dynamik

1. Die Suche nach Marshalls Skalenerträge im Raum: Faktorenanalyse

Die große Anzahl an Indikatoren hält in Form ihrer regionalen Varianz eine große Menge an Informationen für unsere Analyse bereit. Allerdings ist es nicht angebracht, alle Indikatoren simultan in eine Regressionsanalyse zur Erklärung regionaler Dynamik einzubeziehen, da viele der Indikatoren sehr ähnliche Gegebenheiten widerspiegeln. Dies würde zu einem hohen Grad an Multikollinearität in einer Regressionsanalyse führen. Der übliche Weg herauszufinden, welche latenten Variablen die Gesamtvarianz der Indikatoren bestimmen, ist eine explorative Faktorenanalyse.

Wir gehen bei der Faktorenanalyse mehrstufig vor. Wir beginnen mit einer einfachen Hauptfaktorenanalyse (vgl. Fabrigar et al. 1999) über alle Regionalindikatoren, wobei alle Indikatoren standardisiert wurden. Tabelle 2 stellt die Ergebnisse der Faktoranalyse dar. Auf Basis des Kayser-Kriteriums und des scree-Tests ergaben sich vier Faktoren, die in die weitere Analyse aufgenommen werden. Alle vier Faktoren haben Eigenwerte größer 1 und im Eigenwertdiagramm flacht die Kurve offensichtlich nach dem vierten Faktor ab. Um die Struktur in den Daten noch klarer herauszuarbeiten, haben wir die vier verbleibenden Faktoren rotiert. Die dabei verwendete *promax* Methode lässt Korrelation zwischen den Faktoren zu. Diese Annahme erscheint insofern zweckmäßig, als alle Standortfaktoren ihren gemeinsamen Kern in Marshalls externen Skalenerträgen haben. Die Ergebnisse der rotierten Faktorenanalyse werden in Tabelle 2 zusammengefasst. Die in der Tabelle dargestellten Faktorladungen entsprechen dabei den Korrelationen zwischen den Indikatoren und Faktoren. Tabachnik / Fidbell (2001) zufolge gilt eine Faktorladung von mindestens 0,32 für eine Variable als zufrieden stellend. Lädt die Variable jedoch auf mehr als einen Faktor mit einer Ladung von mindestens 0,32, so handelt es sich um eine querladende Variable. Costello / Osborne (2005) schlagen in diesem Fall vor, solche Variablen nicht in die Analyse einzubeziehen. Daher schließen wir die Indikatoren *Anteil der Künstler, Wissenstransfer, Unternehmensnahe Dienstleistungen, Patente natürlicher Personen, Ingenieure* und *Großbetriebliche Beschäftigung (Dominante Industrie)* von der weiteren Analyse aus und wiederholen die Faktorenanalyse.[12] Wiederum lassen sich vier Faktoren extrahieren, die mit der *promax* Methode rotiert werden. Die Ergebnisse der zweiten Faktorenanalyse sind in Tabelle 3 dargestellt.

Aus Tabelle 3 geht hervor, dass nun keine Querladungen mehr vorliegen. Der erste Faktor ist positiv mit den zwei Infrastrukturindikatoren, dem Anteil der angemeldeten Universitätspatente und dem Anteil hochqualifizierter Arbeitnehmer, korreliert. Beim Anteil der qualifizierten Arbeiter ist eine negative Korrelation zu beobachten. Damit entspricht dieser Faktor der Marshallschen Dimension, die den Zugang zu einem gemeinsamen, spezialisierten Arbeitsmarkt und die Verfügbarkeit öffentlicher Güter wie Infrastruktur und Universitäten abdeckt. Der zweite Faktor korreliert positiv mit dem Anteil an hochqualifizierten Arbeitnehmern und Ingenieuren in der dominanten Industrie und negativ mit dem Anteil kleinbetrieblicher Beschäftigung in der dominanten Industrie. Faktor drei korreliert mit dem Anteil der Arbeitnehmer in der Verarbeitenden Industrie und dem Anteil der geringqualifizierten Mitarbeiter. Die Faktoren zwei und drei spiegeln damit Mar-

[12] Insbesondere die Variablen Anteil der *Künstler* und *Unternehmensnahe Dienstleistungen* scheinen keine regionalen Alleinstellungsmerkmale darzustellen. Hinsichtlich der *Künstler* könnte das daran liegen, dass Deutschland historisch aus einem Kleinstaatenbund erwachsen ist. Das könnte eine gleichmäßige Verteilung kultureller Einrichtungen in der Fläche bewirkt haben. Die gleichmäßige regionale Verteilung der *Unternehmensnahen Dienstleistungen* in Deutschland könnte sich auf das vorherrschende dreigliedrige Bankensystem zurückführen lassen, das aus Sparkassen, Genossenschaftsbanken und Geschäftsbanken besteht. Banken sind ein wesentlicher Bestandteil unternehmensnaher Dienstleistungen und insbesondere Sparkassen und Genossenschaftsbanken sind typischerweise auch in ländlichen Gebieten gut vertreten.

shalls Theorie der *spillovers* wider, also dem Vorliegen einer industriellen bzw. innovativen Atmosphäre. Hierbei beschreibt Faktor 2 den Innovations- und Faktor 3 den Produktionsbereich. In Anlehnung an Nelson / Winters (1982) Konzept technologischer Regime bezeichnen wir Faktor 2 als *Routinisierung von Innovationen.* Nelson und Winter zufolge sind in routinisierten Regimen in erster Linie große Firmen, die über eigene hochgradig spezialisierte Forschungsabteilungen verfügen, die Treiber für Innovationen. Im Gegensatz dazu gehen in entrepreneurhaften Regimen Innovationen insbesondere auf Neugründungen und kleine Unternehmen zurück. Wir erachten Faktor 3 daher als repräsentativ für die *Industrielle Produktion.* Schließlich korreliert Faktor 4 in hohem Maße mit dem Beschäftigungsanteil der dominanten Industrie der jeweiligen Raumordnungsregion und gleichzeitig mit dem Abstandsindikator zur zweitwichtigsten Industrie. Der Faktor stellt damit ein Konzentrationsmaß dar und wird auch entsprechend mit *Konzentration* bezeichnet. Hinsichtlich der Marshallschen Externalitäten steht dieser damit für Transaktions- und Transportkostenersparnisse, die sich aufgrund der unmittelbaren Nachbarschaft von Unternehmen entlang der Zuliefererkette ergeben.

Tabelle 2

Ergebnisse der Faktoranalyse nach der oblique rotation

Variable	Faktor 1	Faktor 2	Faktor 3	Faktor 4
Infrastruktur 1	0.80	–0.08	0.02	–0.03
Infrastruktur 2	0.76	0.14	–0.18	–0.10
Infrastruktur 3	0.74	–0.15	0.32	0.08
Anteil der Künstler	0.56	0.20	0.42	–0.12
Wissenstransfer	0.30	0.34	0.51	–0.10
Unternehmensnahe Dienstleistungen	0.58	0.10	0.55	0.07
Patente von Universitäten	0.53	–0.20	0.11	0.12
Patente natürlicher Personen	–0.34	–0.33	0.56	–0.06
Geringqualifizierte Beschäftigte	–0.03	–0.10	–0.90	–0.08
Qualifizierte Beschäftigte	–0.78	0.17	0.28	0.04
Hochqualifizierte Beschäftigte	0.72	0.29	0.19	0.01
Ingenieure	0.63	0.36	–0.02	0.13
Beschäftigte im Verarbeitenden Gewerbe	–0.02	0.09	–0.90	0.05
Beschäftigte in der Dominanten Branche	0.02	–0.02	–0.26	0.85
Abstand zur Dominanten Branche	–0.02	–0.12	0.19	0.95
Kleinbetriebliche Beschäftigung (Dominante Branche)	0.10	–0.76	0.16	–0.17
Großbetriebliche Beschäftigung (Dominante Branche)	–0.03	0.56	0.04	0.43
Hochqualifizierte Beschäftigte (Dominante Branche)	0.08	0.92	0.07	–0.15
Ingenieure (Dominante Branche)	0.08	0.89	0.09	–0.11
Eigenwert	6.09	4.67	3.95	2.40
Varianzanteil	0.40	0.30	0.26	0.16

Querladungen sind hervorgehoben.

Tabelle 3

Ergebnisse der Faktoranalyse nach der oblique rotation und einer Variablenreduktion

Variable	Faktor 1	Faktor 2	Faktor 3	Faktor 4
Infrastruktur 1	0.75	–0.02	–0.08	–0.04
Infrastruktur 2	0.74	0.19	0.16	–0.09
Infrastruktur 3	0.73	–0.05	–0.31	0.07
Patente von Universitäten	0.50	–0.12	–0.14	0.11
Geringqualifizierte Beschäftigte	0.01	–0.14	0.91	–0.05
Qualifizierte Beschäftigte	–0.76	0.07	–0.31	0.01
Hochqualifizierte Beschäftigte	0.62	0.32	–0.19	0.02
Beschäftigte im Verarbeitenden Gewerbe	–0.03	0.04	0.85	0.10
Beschäftigte in der Dominanten Branche	0.01	0.00	0.27	0.84
Beschäftigte im Verarbeitenden Gewerbe	–0.03	–0.07	–0.17	0.94
Beschäftigte in der Dominanten Branche	0.03	–0.63	–0.17	–0.19
Abstand zur Dominanten Branche	0.05	0.96	–0.05	–0.07
Ingenieure (Dominante Branche)	0.04	0.93	–0.08	–0.03
Eigenwert	3.60	3.03	2.42	1.86
Varianzanteil	0.38	0.32	0.26	0.20
Bezeichnung	*Infrastruktur und spezialisierter Arbeitsmarkt*	*Routinisierung von Innovationen*	*Industrielle Produktion*	*Konzentration*

Charakteristische Faktorladungen sind hervorgehoben.

Hinsichtlich der oben beschriebenen drei Regionstypen vermuten wir, dass Faktor 1 am stärksten in *Urban Agglomeration* ausgeprägt ist, dass er weniger in *Industrial Agglomerations* wirkt und die geringste Bedeutung in *Industrial Districts* hat. In *Urban Agglomerations,* wo die Forschungseinrichtungen der führenden großen Unternehmen zu finden sind, sollte daher Faktor 2 einen hohen Wert haben, während der Wert des Faktors 2 in *Industrial Agglomerations* und *Industrial Districts* geringer sein sollte. *Industrielle Produktion* und ein damit einhergehender hoher Wert des Faktors 3 sollte in den *Industrial Districts* am stärksten ausgeprägt sein. Der höchste Wert für Faktor 4, und damit ein hoher Grad an industrieller Konzentration, sollte schließlich die *Industrial Agglomerations* charakterisieren.

Abbildung 2 zeigt die Verteilung der drei regionalen Agglomerationstypen in westdeutschen Raumordnungsregionen in einer Karte. Die Raumordnungsregionen werden hierbei mit Hilfe einer Clusteranalyse anhand der vier genannten Faktoren in drei Gruppen unterteilt. Wie zu vermuten war, befinden sich die *Urban Agglomeration* um Metropolregionen wie München, Köln, Hamburg oder um das Gebiet rund um Ludwigshafen (Hauptsitz der BASF und Europas größtes Industriegebiet), welches 2005 offiziell zur Metropolregion ernannt wurde. *Industrial Agglomerations* treten dagegen in jenen Gebieten von Deutschland auf, wo große Produktionsstätten insbesondere der Automobilindustrie zu finden sind. Die *Industrial Districts* sind in ländlicheren Gebieten angesiedelt, in denen eine kleinbetriebliche

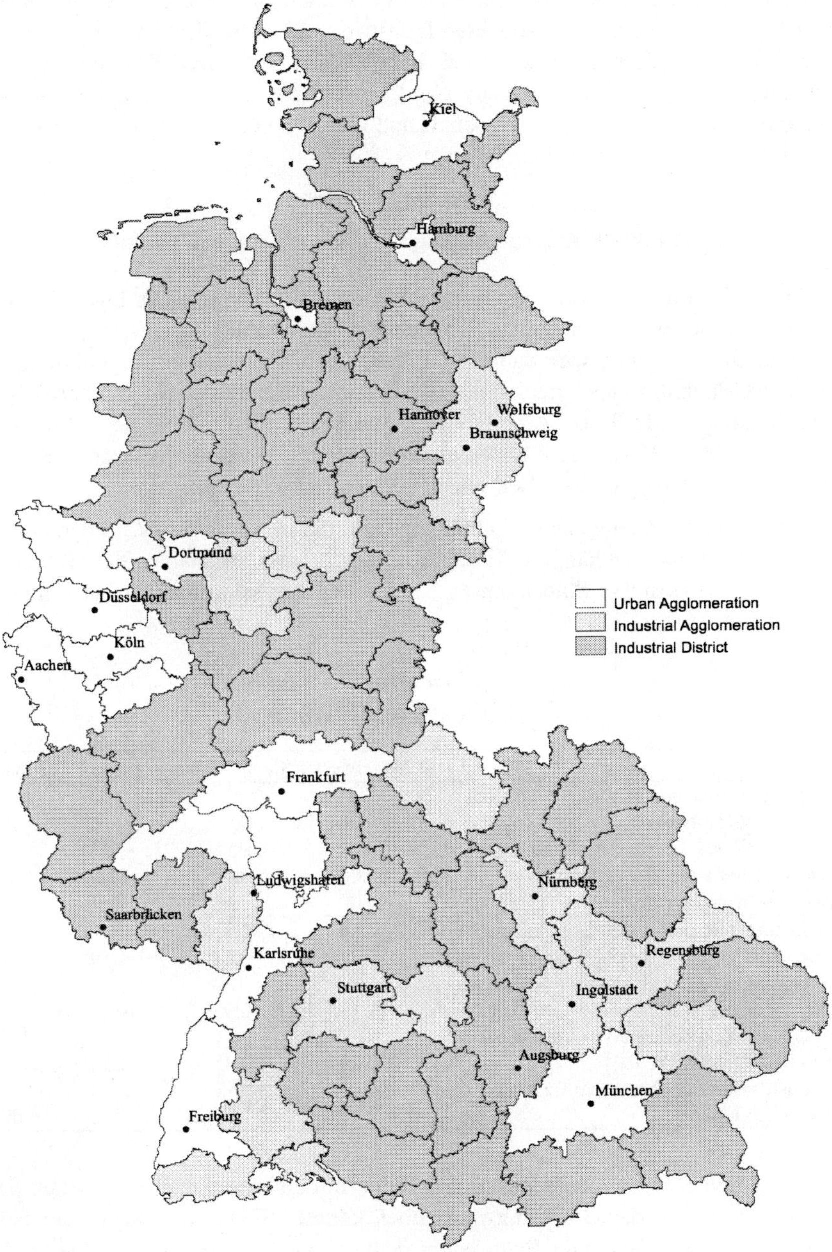

Abbildung 2: Räumliche Verteilung der verschiedenen Regionstypen

Unternehmensstruktur vorherrscht. Klar zu erkennen ist beispielsweise der *Industrial District* der metallverarbeitenden Industrie südlich von Stuttgart, der von Piore und Sabel (1982) und Cooke (1996) bereits analysiert wurde. Ein anderer weitläufiger *Industrial District* ist in Norddeutschland zu finden. Diese flachen Regionen sind durch die Landwirtschaft und kleine Unternehmen, die diese Agrarprodukte industriell verarbeiten, geprägt.

2. Marshalls externe Erträge und die regionale Dynamik

Um den Einfluss der vier extrahierten Faktoren auf die regionale Dynamik besser herausarbeiten zu können, verwenden wir multivariate Regressionsanalysen. Die regionale Dynamik wird dabei als regionales Entrepreneurshipkapital definiert und die Gründungsraten errechnen sich als Anzahl der in der Region ansässigen Neugründungen pro 1.000 Arbeitnehmer. Wir verwenden hierbei den Mittelwert der Jahre 2000–2004. Diese Daten stammen ebenfalls aus der deutschen Sozialversicherungsstatistiken bzw. der dazugehörigen Betriebsdatei.

Die Gründungsraten gehen als abhängige und die in Abschnitt IV.1. abgeleiteten vier Faktoren als unabhängige Variable in die Regressionsanalyse ein. Tabelle 4 zeigt einige deskriptive Statistiken zu den in der Regressionsanalyse verwendeten Variablen.

Tabelle 4

Deskriptive Statistiken

	Mittelwert	Standardabw.	Min	Max
Faktor 1: *Infrastruktur und spezialisierter Arbeitsmarkt*	0.00	0.95	–1.32	3.19
Faktor 2: *Routinisierung von Innovationen*	0.00	0.98	–1.39	3.77
Faktor 3: *Industrielle Produktion*	0.00	0.96	–2.24	2.43
Faktor 4: *Konzentration*	0.00	0.96	–0.89	4.14
Gründungsrate (pro 1.000 Beschäftigte)	7.48	1.27	5.41	10.84
Wachstumsrate der Beschäftigten (%)	–0.27	0.61	–2.08	1.37
Wachstumsrate der geringqualifizierten Beschäftigten (%)	–3.18	0.93	–6.32	–1.58
Wachstumsrate der qualifizierten Beschäftigten (%)	–0.79	0.75	–2.69	1.95
Wachstumsrate der hochqualifizierten Beschäftigten (%)	2.39	1.04	–0.25	6.06

Da es einige nicht-lineare Zusammenhänge in den Beziehungen zwischen den vier Faktoren und der Gründungsrate geben könnte, fließen die Scores der Faktoren auch quadriert in die Regressionsanalyse ein. Darüber hinaus können die Faktoren nach der *oblique rotation* Methode weiterhin korreliert sein (s. Tabelle 5 für die Korrelationsmatrix). Es bestehen ein relativ hoher Zusammenhang zwischen den Faktoren 1 und 2 sowie etwas geringere Zusammenhänge zwischen

Faktor 1 und 3, Faktor 2 und 4 sowie zwischen Faktor 3 und 4. Um Multikollinearitätsprobleme zu vermeiden und um die dominanten Faktoren zu finden, führen wir die Regressionsanalyse in verschiedenen Spezifikationen aus. Ebenfalls könnte ein *simultaneity bias* in unseren Schätzungen vorliegen. Um diesen zu vermeiden, sind alle in die Faktoranalyse eingehenden Indikatoren für den Zeitraum 1987–2000 (Statistik der sozialversicherungspflichtig Beschäftigten) bzw. für den Zeitraum 1995–2000 (Deutscher Patentatlas) berechnet. Die Gründungsraten wurden dagegen für den Zeitraum 2000–2004 berechnet. Lediglich unsere Erreichbarkeitsindikatoren basieren auf dem Jahr 2004. Es kann jedoch angenommen werden, dass sich diese Variablen im Zeitablauf nur sehr langsam verändern.

Tabelle 5

Faktor-Korrelationsmatrix

	Faktor 1	Faktor 2	Faktor 3	Faktor 4
Faktor 1	1.00			
Faktor 2	0.40	1.00		
Faktor 3	–0.29	–0.09	1.00	
Faktor 4	–0.01	0.19	0.25	1.00
Bezeichnung	*Infrastruktur und spezialisierter Arbeitsmarkt*	*Routinisierung von Innovationen*	*Industrielle Produktion*	*Konzentration*

In Tabelle 6 sind unsere Ergebnisse dargestellt. Hierbei wird ein U-förmiger Zusammenhang zwischen der Nettogründungsrate und Faktor 1 sowie zwischen der Nettogründungsrate und Faktor 2 deutlich (siehe Regressionen I und II in Tabelle 6); Faktor 1 und Faktor 2 haben jeweils einen signifikant negativen Einfluss auf die Gründungsrate während die entsprechenden quadrierten Werte der Faktoren einen signifikant positiven Einfluss haben. Nimmt man die beiden Faktoren simultan in die Schätzung auf, so dominiert Faktor 2 über Faktor 1; nur noch Faktor 2 hat einen signifikant von Null verschiedenen Koeffizienten. Die Faktoren 3 und 4 haben beide einen signifikant negativen Einfluss auf die Nettogründungsrate (siehe Regressionen III und IV in Tabelle 6).

Hohe Gründungsraten sind somit in *Urban Agglomerations* mit hohen Werten des Faktors 2 und in *Industrial Districts* mit niedrigen Werten des Faktors 2 zu finden. Dies belegt, dass Gründungen in *Urban Agglomerations* und *Industrial Districts* einen unterschiedlichen Ursprung haben. Wie im zweiten Abschnitt bereits theoretisch erläutert, sind Neugründungen in *Urban Agglomerations* wohl eher Ausgründungen aus den Forschungsabteilungen etablierter Großunternehmen und daher wissensintensiv und aus dem High-Tech-Bereich.[13] Im Gegensatz dazu

---

13 *Acs* et al. (2004) präsentieren in diesem Zusammenhang ein Wachstumsmodell, das Neugründungen, die den Wissensfilter zwischen der Schaffung und Ausbeutung von Wissen

sind die Neugründungen in *Industrial Districts* eher Ausgründungen mit dem Ziel, die etablierten Unternehmen klein und flexibel zu halten. Weiterhin gehen hohe Werte der Faktoren 3 und 4 in *Industrial Agglomerations* mit moderaten Gründungsraten einher. Diese Regionen mit einer sehr speziellen Produktion bieten wohl besonders hochqualifizierten Arbeitnehmern gute Verdienstmöglichkeiten. Hierbei zeigt sich, dass gute Verdienstmöglichkeiten in großen etablierten Firmen zu einem *crowding out* von Entrepreneurship führen können.

Tabelle 6

Regressisonsergebnisse, abhängige Variable: Gründungsrate

Variable	I	II	III	IV	V
Faktor 1:	0.41**				–0.28
Infrastruktur und spezialisierter Arbeitsmarkt	(0.20)				(0.21)
Faktor 2:		–0.46**			–0.33*
Routinisierung von Innovationen		(0.19)		(0.18)	
Faktor 3:			–0.60***		–0.49***
Industrielle Produktion			(0.15)		(0.14)
Faktor 4:				–0.67**	–(0.17)
Konzentration				(0.32)	(0.10)
Quadrierter Faktor 1:	0.37***				0.19
Infrastruktur und spezialisierter Arbeitsmarkt	(0.12)				(0.15)
Quadrierter Faktor 2:		0.20**			0.11*
Routinisierung von Innovationen		(0.08)			(0.06)
Quadrierter Faktor 3:			–0.07		
Industrielle Produktion			(0.13)		
Quadrierter Faktor 4:				0.12	
Konzentration				(0.09)	
N	75	75	75	75	75
R^2	0.11	0.21	0.09	0.09	0.32

Robuste Standardfehler in Klammern.
*** Statistisch signifikant auf dem 1% Niveau.
** Statistisch signifikant auf dem 5% Niveau.
* Statistisch signifikant auf dem 10% Niveau.

vermindern, betrachtet. Forschungs- und Entwicklungsaktivitäten führen hierbei zu neuem Wissen, das dann vom eigentlichen Wissensproduzenten oder von einer anderen Firma ausgebeutet werden kann. Sollte der eigentliche Produzent dies nicht tun, und es gibt viele Gründe warum er das nicht wollen könnte, kann das Wissen immer noch abwandern. Beispielsweise dann, wenn eine Person, die früher für das etablierte Unternehmen gearbeitet hat, sich nun selbständig macht und das bislang ungenutzte Wissen auf diese Weise kommerzialisiert.

V. Zusammenfassung und Ausblick

Die empirischen Analysen haben gezeigt, dass verschiedene regionale Agglomerationstypen durch eine unterschiedliche Zusammensetzung von Standortfaktoren gekennzeichnet sind, was sich wiederum auf die industrielle und innovative Atmosphäre einer Region auswirkt. Ländliche Regionen, die durch schlechtere Erreichbarkeitsindikatoren gekennzeichnet sind, weisen eher die Merkmale von *Industrial Districts* auf. Für diesen Regionstyp sind kleine und flexible Unternehmen charakteristisch, die auf qualifizierte Arbeitnehmer angewiesen sind. Die Unternehmen in den peripheren Regionen sind hochgradig spezialisiert und konzentrieren sich auf bestimmte Nischenmärkte. Ihre geringe Größe sowie die wenig komplexe Organisationsstruktur ermöglichen es den Unternehmen dabei, schnell und flexibel auf Veränderungen des Absatzmarktes zu reagieren. Daher sind Neugründungen hier in erster Line das Ergebnis organisatorischer Überlegungen, d. h. mögliches Wachstumspotenzial führt hier zu Ausgründungen.

Industrial Agglomerations sind dagegen durch eine großbetriebliche Struktur geprägt, die durch einen oder mehrere Leitbetriebe maßgeblich bestimmt ist. Diese Großunternehmen ziehen weitere Arbeitnehmer in die Region und tragen somit zur Verstädterung bei, sind aber auch für die ansässige Bevölkerung der Wunscharbeitgeber. Dies liegt wohl nicht zuletzt daran, dass sie im Vergleich zu Kleinbetrieben oder auch einer möglichen Selbstständigkeit verhältnismäßig gut bezahlte und sichere Arbeitsplätze bieten. Infolgedessen weisen diese Regionen nur eine geringe Neigung zur Selbstständigkeit auf, die Großbetrieblichkeit bringt quasi einen *crowding out* von Entrepreneurship mit sich. Bei den Leitbetrieben handelt es sich in erster Linie um Produktionsstätten und damit sind hier vor allem Prozessoptimierungen entlang der Zuliefererkette ein Garant für die regionale Entwicklung.

Die erste Phase des Produktlebenszyklus, in der die Forschung und Produktentwicklung stattfinden, charakterisiert die *Urban Agglomerations*. Neben den Forschungslaboren ist hier in den Konzernzentralen gewöhnlich auch die Unternehmensführung angesiedelt. Diese Regionen sind durch die Diversität und Kreativität der Einwohner sowie durch die *spillovers* aus den Großlaboren und auch wissenschaftlichen Einrichtungen geprägt. Damit bietet dieser Regionstyp den idealen Nährboden für Entrepreneure, die entweder direkt von der Forschung und Entwicklung eines Großunternehmens profitieren und ihre Ideen im Rahmen einer Ausgründung (*spin-off*) umsetzen, oder die indirekt von der wissensgeladenen Atmosphäre profitieren und daraus ihre Ideen und Motivation für eine Unternehmensgründung (*start-up*) beziehen.

Welche Implikationen ergeben sich daraus für eine zielgerichtete Wirtschaftspolitik? Anhand der beschriebenen Ergebnisse liegt eine erste Empfehlung auf der Hand: Offensichtlich gibt es keine einheitlichen, für alle Regionen gleichermaßen geeigneten Maßnahmen. Unterschiedliche Regionen sind durch einen unterschiedlichen Mix an Standortfaktoren gekennzeichnet und das schlägt sich wiederum in unterschiedlichen Entwicklungspfaden nieder. Ländliche Regionen sind in hohem

Maße von zwischenmenschlichen Beziehungen und der im *Industrial District* vorherrschenden Infrastruktur abhängig. Hier steht das regionale Netzwerk also im Mittelpunkt. Für diese Regionen sind Instanzen wichtig, die auf die Bedürfnisse kleiner und mittelständischer Unternehmen zugeschnitten sind und die regionale Vernetzung fördern. Hierzu zählen Industrie- und Handelskammern, die die wechselseitige Kommunikation und Kooperation fördern, aber auch öffentlich finanzierte Weiterbildungseinrichtungen und Ausbildungszentren. Seitens der Politik benötigen diese Regionen insbesondere lokale Entscheidungsträger, die mit der Region und den Bedürfnissen ihrer Einwohner vertraut sind und auch entsprechende Entscheidungskompetenzen haben.

Im Gegensatz dazu sind *Industrial Agglomerations* nicht in dem Maße von öffentlichen Weiterbildungszentren abhängig, da die ansässigen großen Unternehmen entsprechende Leistungen auch intern anbieten können. Weiter sind in diesen Regionen auch bereits Organisationen wie Industrie- und Handelskammern angesiedelt und aktiv. Diese bieten unterschiedliche Beratungsdienstleistungen an. Eine Regionalpolitik für diese Regionen sollte daher eher auf die Bildungsinfrastruktur achten und die lokalen Universitäten fördern. Dies trägt dazu bei, den zukünftigen Bedarf an hochqualifizierten Arbeitnehmern zu decken und sichert einen wichtigen Kooperationspartner. Außerdem gilt es in den *Industrial Agglomerations* darauf zu achten, dass die öffentliche Infrastruktur mit dem Wachstum mithält. Das macht sich in einer angemessenen Zahl und Qualität von Krankenhäusern und Schulen bemerkbar, aber auch im kulturellen Leben und dem Freizeitangebot. Die eher schwach ausgebildeten sozialen Strukturen – größere Teile der Bevölkerung sind berufsbedingt zugezogen und damit gibt es keine längerfristig gewachsenen Verbindungen – können hierbei auch soziale Probleme bergen. Dem könnte die bewusste Förderung des Vereinswesens und anderer Vernetzungsplattformen entgegenwirken.

Urban Agglomerations brauchen im Gegensatz zu den beiden anderen Regionstypen nicht viel politische Aufmerksamkeit, da sie attraktiv und wirtschaftlich prosperierend sind. Das Hauptaugenmerk sollte hier auf einer geeigneten Integrationspolitik und einer Art von Lifestyle-Management liegen. Ansonsten sind diese Regionen bereits aus verschiedenen sozioökonomischen Gründen attraktiv und können auf ihren eigenen Beinen stehen.

Literaturverzeichnis

Acs, Z. / *Audretsch,* D. / *Braunerhjelm,* P. / *Carlsson,* B. (2004): The Missing Link: The Knowledge Filter and Entrepreneurship in Endogenous Growth, CEPR Discussion Paper 4783.

Amin, A. / *Thrift,* N. (1992): Neo-Marshallian Nodes in Global Networks, International Journal of Urban and Regional Research, 16, S. 571 – 587.

Audretsch, D. (1995): Innovation and Industry evolution, Cambridge (MA): MIT Press.

Audretsch, D. / *Feldman,* M. (2004): Knowledge Spillovers and the Geography of Innovation, Handbook of Urban and Regional Economics, 4, S. 2713 – 2739.

Audretsch, D. / *Keilbach,* M. (2004a): Does entrepreneurship capital matter? Entrepreneurship Theory and Practice, 28, S. 419 – 429.

– (2004b): Entrepreneurship Capital and Economic Performance, Regional Studies, 38, S. 949 – 959.

Bade, F.-J. / *Laaser,* C.-F. / *Soltwedel,* R. (2003): Urban specialization in the internet age – empirical findings for Germany, Kiel, Working Paper 1215.

Becattini, G. (1979): Dal Settore Industriale al Distreto Industriale. Alcune consideración sull'unitá di indagine dell economía industriale, Revista di Economia e Politica Industriale, 1, S. 1 – 8.

– (1990): The Marshallian Industrial District as a Socio-Economic Notion, in: Pyke, F. / Becattini, G. / Sengenberger, W. (1990): Industrial Districts and Inter-Firm Cooperation in Italy, Geneva, International Institute for Labour Studies, S. 37 – 51.

Becker, G. (1975): Human Capital: A Theoretical and Empirical Analysis with Special Reference to Education, New York: Columbia University Press.

Best, M. (1990): The New Competition: Institutions of Industrial Restructuring, Cambridge (MA): Harvard University Press.

Bianchi, P. (1993): Innovation Policy at the Local and National Levels: The Case of Emilia-Romagna, European Planning Studies, 1, S. 25 – 41.

Callois, J. M. / *Aubert,* F. (2007): Towards indicators of social capital for regional development issues, Regional Studies, 41.

Cooke, P. (1996): The New Wave of Regional Innovation Networks: Analysis, Characteristics and Strategy, Small Business Economics, 8, S. 159 – 171.

Costello, A. B. / *Osborne,* J. (2005): Best practices in exploratory factor analysis: four recommendations for getting the most from your analysis, Practical Assessment Research & Evaluation, 10.

Coughlin, C. / *Mandelbaum,* T. (1991): A consumer's guide to regional economic multipliers, Review, Federal Reserve Bank of St. Louis, Issue Jan, S. 19 – 32.

Duranton, G. / *Puga,* D. (2001): Nursery cities: Urban diversity, process innovation, and the life cycle of products, American Economic Review, 91, S. 1454 – 1477.

– (2005): From sectoral to functional urban specialisation, Journal of Urban Economics, 57, S. 343 – 370.

Ellickson, R. (1991): Order Without Law, Cambridge (MA): Harvard University Press.

Fabrigar, L. R. / *Wegner,* D. T. / *MacCallum,* R. C. / *Strahan,* E. J. (1999): Evaluating the use of exploratory factor analysis in psychological research, Psychological Methods, 4, S. 272 – 299.

Falck, O. / *Heblich,* S. (2008): Modern Location Factors in Dynamic Regions, European Planning studies, erscheint 2008.

Florida, R. (2002a): The Rise of the Creative Class, New York: Basic Books.

– (2002b): Bohemia and Economic Geography, Journal of Economic Geography, 2, S. 55 – 71.

Fritsch, M. (2004): Entrepreneurship, Entry and Performance of New Businesses Compared in Two Growth Regimes: East and West Germany, Journal of Evolutionary Economics, 14, S. 525 – 542.

Fritsch, M. / *Brixy*, U. (2004): The Establishment File of the German Social Insurance Statistics, Schmollers Jahrbuch / Journal of Applied Social Science Studies, 124, S. 183 – 190.

Glaeser, E. / *Kolko*, J. / *Saiz*, A. (2001): Consumer City, Journal of Economic Geography, 1, S. 27 – 50.

Granovetter, M. (1973): The Strength of Weak Ties, American Journal of Sociology, 78, S. 1360 – 1380.

Greif, S. / *Schmiedl*, D. (2002): Patentatlas Deutschland – Dynamik und Struktur der Erfindertätigkeit, Munich: Deutsches Patent- und Markenamt.

Griliches, Z. (1992): Patent Statistics as Economic Indicator: A Survey, Journal of Economic Literature, 28, S. 1661 – 1707.

Harrigan, K. (1985): Strategies for Joint Ventures, Lexington (MA): Lexington Books.

Jacobs, J. (1969): The Economy of Cities, New York: Random House.

Krugman, P. (1991): Geography and Trade. Cambridge (MA): MIT Press.

Lee, S. / *Florida*, R. / *Acs*, Z. (2004): Creativity and Entrepreneurship: A Regional Analysis of New Firm Formation, Regional Studies, 38, S. 879 – 891.

Lundvall, B.-Å / *Johnson*, B. (1994): The learning economy, Journal of Industry Studies, 1, S. 23 – 42.

Maretzke, S. (2005): Aktualisierung des Infrastrukturindikators für die Neuabgrenzung der Fördergebiete der Gemeinschaftsaufgabe „Verbesserung der regionalen Wirtschaftsstruktur“, Bonn: Bundesamt für Bauwesen und Raumordnung.

Markusen, A. (1996): Sticky Places in Slippery Space: A Typology of Industrial Districts, Economic Geography, 72, S. 293 – 313.

Marshall, A. (1890): Principles of Economics, London: Macmillan.

Nelson, R. / *Winter*, S. (1982): An Evolutionary Theory of Economic Change, Cambridge (MA): Harvard University Press.

Pietrobelli, C. (2000): Competitiveness and its Socio-Economic Foundations: Empirical Evidence on the Italian Industrial Districts, in: Bagella, M. / Becchetti, L. (eds.): The Competitive Advantage of Industrial Districts – Theoretical and Empirical Analysis, Heidelberg, New York (NY): Physica-Verlag, S. 3 – 20.

Pigou, A. C. (1956): Memorials of Alfred Marshall, New York: Kelly & Millman Inc.

Piore, M. / *Sabel*, C. (1984): The Second Industrial Divide. Possibilities for Prosperity, New York: Basic Books Inc.

Polanyi, M. (1966): The Tacit Dimension, London: Routledge & Kegan Paul.

Porter, M. (1990): The Competitive Advantage of Nations, London: McMillan.

Putnam, R. (2000): Bowling Alone: The Collapse and Revival of American Community, New York: Simon and Schuster.

Robbins, L. (1971): Autobiography of an Economist, London: Macmillan & Co.

Romer, P. (1986): Increasing Returns and Long-run Growth, Journal of Political Economy, 94, S. 1002–1037.

– (1990): Endogenous Technological Change, Journal of Political Economy, 98, S. 71–102.

Sabel, C. (2002): ‚Diversity, Not Specialization: The Ties That Bind the (New): Industrial District', in: Curzio, A. / Fortis, M. (eds.): Complexity and Industrial Clusters: Dynamics and Models in Theory and Practice, New York (NY): Physica-Verlag, S. 107–22.

Schumpeter, J. (1941): Alfred Marshall's Principles: A Semi-Centennial Appraisal, American Economic Review, 31, S. 236–248.

Sinn, H.-W. (2007): Can Germany be Saved? The Malaise of the World's First Welfare State, Boston (MA): MIT Press.

Staber, U. / *Morrison,* C. (2000): The Empirical Foundations of Industrial District Theory, in: Holbrook, J. A. / Wolfe, D. (eds.): Innovation, Institutions and Territory: Regional Innovation Systems in Canada, Montreal / Kingston: McGill-Queens Press, S. 19–41.

Storper, M. (1993): Regional ‚Worlds' of Production: Learning and Innovation in the Technology Districts of France, Italy and the USA, Regional Studies, 27, S. 433–455.

Tabachnick, B. G. / *Fidell,* L. S. (2001): Using Multivariate Statistics, Boston: Allyn and Bacon.

Womack, J. / *Jones,* D. / *Roos,* D. (1990): The Machine that Changed the World: The Story of Lean Production, New York: Rawson and Associates.

In der Schwäche ruht die Kraft – Die Einflusssphären wirtschaftspolitischer Entscheidungsträger auf die Regionalentwicklung

Von Robert Gold

I. Regionalisierung von Wirtschaftspolitik

Der weltweite Abbau von Handelsbarrieren und die Intensivierung internationaler Wirtschaftsbeziehungen haben spätestens seit dem Ende des Kalten Krieges zu einer nachhaltigen Dynamik auf den nunmehr globalen Märkten geführt. Mit dem Schlagwort der „Globalisierung" verbinden sich daher gleichermaßen Hoffnungen wie Befürchtungen für die Wohlfahrtsentwicklungen nationaler Volkswirtschaften. Diese Volkswirtschaften können allerdings kaum noch als Entitäten begriffen werden. Die globale Desintegration von Wertschöpfungsketten und die grenzüberschreitende Interdependenz von Input-Outputverflechtungen machen eine nationalstaatliche Abgrenzung von Wirtschaftsprozessen analytisch vielfach unmöglich. Entsprechend schwierig gestaltet sich die Aufgabe, Leitlinien einer nationalen Wirtschaftspolitik zu definieren. Vielmehr ist Wirtschaftspolitik gerade in der „globalisierten" Welt zunehmend auch als Regionalpolitik zu verstehen.

Besonders deutlich wird die tiefgreifende Veränderung der jeweiligen wirtschaftspolitischen Ordnungsrahmen der letzten Jahre innerhalb des Gemeinsamen Binnenmarktes der Europäischen Union. Dessen Freizügigkeiten verstärken den paneuropäischen Wettbewerb weit über die nach wie vor nationalstaatlich definierten Grenzen hinweg. Auf Basis einheitlicher rechtlicher Rahmenbedingungen nehmen Anreize und Fähigkeiten zur Produktionsverlagerung zu (vgl. Holzer 2008 in diesem Band). Die Frage nach dem optimalen Standort gewinnt daher bei strategischen Entscheidungen der Unternehmensführungen zunehmend an Gewicht. Die Unternehmen nutzen folglich ihre Freiheit bei der Standortwahl zur Produktivitätssteigerung und siedeln sich dort an, wo sie die besten Rahmenbedingungen für ihre Geschäftstätigkeit vorfinden.

Diese Rahmenbedingungen sind allerdings weniger national als vielmehr regional bestimmt. Zwar haben in den letzten Jahren vor allem Lohnkostengefälle zu Standortverlagerungen insbesondere bei Unternehmen des produzierenden Gewerbes geführt. Diese Kosten divergieren hauptsächlich inter-national, auch wenn sich bereits intra-national durchaus regionale Unterschiede bei den Arbeitskosten feststellen lassen. Beachtet man bei Verlagerungsentscheidungen zusätzlich auch die

Tiefe des Arbeitsmarktes an den alternativen Standorten sowie den Lohnkostenanteil bei Vorleistungsbezügen, nimmt die Relevanz der regionalen Komponente wiederum zu. Großen Einfluss auf die Standortqualität haben außerdem nach wie vor die verkehrsinfrastrukturellen Rahmenbedingungen, wie sie die einzelnen Regionen zur Verfügung stellen. Zunehmend gewinnen allerdings innovationsförderliche Faktoren wie die regionale Humankapitalausstattung[1] oder die regionale Verfügbarkeit von Wissen insgesamt als Standortfaktor an Bedeutung. Bei der Wahl des optimalen Standortes sind von den Unternehmensführungen daher sehr vielfältige, häufig interdependente Einflussgrößen zu berücksichtigen. *„The attractiveness of any region, and the competitiveness of activities located in it, will depend upon the degree to which its attributes match the need of the investing enterprises in both general and industry-specific terms, relative to those of other possible locations"* (Gray / Dunning 2000, S. 413). Vor diesem Hintergrund ist das „Europa der Regionen" vor allem ein Europa des Wettbewerbs der Regionen, eines Wettbewerbs um attraktive Standortbedingungen und mithin um Unternehmen und Arbeitsplätze.

Die Leistung einer Volkswirtschaft lässt sich folglich auch als Ergebnis der Wertschöpfungsprozesse interagierender regionaler Wirtschaftsräume fassen. Anspruch wirtschaftspolitischer Entscheidungsträger bleibt es hierbei, geeignete Rahmenbedingungen für gesamtwirtschaftliches Wachstum bereitzustellen. Mit dem Bedeutungszuwachs der regionalen Komponente müssen diese aber zunehmend auch die spezifischen Anforderungen regionaler Wirtschaftsstrukturen berücksichtigen. Vor dem Hintergrund der föderalen Gliederung der Bundesrepublik Deutschland stellt sich hierbei die Frage, wie die Kompetenzen zur Regional- und Wirtschaftsförderung im Mehrebenensystem verortet werden können, um die Voraussetzungen für eine effektive Wirtschaftspolitik zu schaffen. Dem Subsidiaritätsprinzip entsprechend kann davon ausgegangen werden, dass Rahmenbedingungen dezentral zu setzen sind, d. h. dass national Leitziele vorgegeben werden, die von den Landesregierungen spezifiziert und im regionalen Kontext angewendet werden. In diesem Zusammenhang ist zu bedenken, dass die Fähigkeit nationaler politischer Entscheidungsträger, durch wirtschaftspolitische Maßnahmen Einfluss auf wirtschaftliche Prozesse zu nehmen, durch Bestimmungen der EG und der EWU zunehmend eingeschränkt wird. Der grundlegende wirtschaftspolitische Ordnungsrahmen wird vielmehr durch die Europäische Kommission auf Basis ihrer Kompetenzen zur Weiterentwicklung des Binnenmarktes determiniert. Mit dem flankierenden Ziel der regionalen Konvergenz rückt die Kommission wiederum die regionale Komponente in den Vordergrund, was eine Orientierung politischer Entscheidungsträger an regionalen Strukturen zusätzlich mit bedingt.

---

[1] Zwar ist Humankapital direkt an den Faktor Arbeit gebunden und unterliegt damit auch grundsätzlich der Freiheit des Binnenmarktes. Allerdings behindern sprachliche, kulturelle aber auch sehr individuelle Barrieren (neben befristeten Restriktionen für Bürger einzelner Staaten) die völlige Freizügigkeit des Faktors Arbeit, wobei mit steigendem Qualifikationsgrad der Arbeitnehmer deren Mobilität tendenziell zunimmt (vgl. Eurofound 2004).

Grundsätzlich wird dem Subsidiaritätsprinzip in der Wirtschaftspolitik durch die Kompetenzverschränkung zwischen Bundesregierung und Landesregierungen Rechnung getragen. Explizit definiert Art. 91a GG darüber hinaus die „Verbesserung der regionalen Wirtschaftsstruktur" als Gemeinschaftsaufgabe von Bund und Ländern. Bei der Entwicklung integrierter Konzepte zur Regional- und Wirtschaftsförderung kommt man aber wohl nicht umhin, auch die Rolle kommunaler politischer wie administrativer Entscheidungsträger mit zu berücksichtigen. Vereinfachend lässt sich sagen, dass EU und Bund Wirtschaftsordnungspolitik betreiben, während die Bundesländer primär für Wirtschaftsgrundlagenpolitik zuständig sind. Eine Stärkung der regionalen Komponente könnte dadurch erreicht werden, dass man nachgeordneten Instanzen Kompetenzen bei der Wirtschaftsstrukturpolitik überträgt. Grundlage entsprechender Konzepte können aber nicht die formalen Grenzen administrativer Einheiten sein. Vielmehr muss sich regionale Wirtschaftsförderung an real vorhandenen Wirtschaftsstrukturen orientieren, welche nur selten kongruent mit territorial abgegrenzten Gebietskörperschaften sein dürften. Diese Wirtschaftsstrukturen bestimmen aber, wie ein Wirtschaftsraum regional abzugrenzen ist, welchen Umfang adäquate Rahmenbedingungen haben müssen und mithin welche wirtschaftspolitischen Entscheidungsinstanzen mit dem Setzen dieser Rahmenbedingungen zu betrauen sind. Die analytische Herausforderung besteht also darin, solche regionalen Wirtschaftsstrukturen zu identifizieren, um auf dieser Basis Empfehlungen für eine regionale Wirtschaftspolitik ableiten zu können.

II. Netzwerkstrukturen als Analyseansatz

Verschiedene regionalökonomische Ansätze zeigen auf, wie Regionen anhand ihrer spezifischen Standortbedingungen trotz des anhaltenden Trends zum *global sourcing* Wettbewerbsvorteile erzielen können.[2] Diese Standortvorteile gründen letztlich auf bereits von Marshall (1890) beobachteten Agglomerationsvorteilen, wie sie Unternehmen durch Kooperation in regionalen Netzwerken erzielen können. Aufbauend auf Marshalls Überlegungen lassen sich auch komplexere Interaktionsbeziehungen heterogener Akteure als Netzwerke erfassen und es lässt sich aufzeigen, wie durch diversifizierte Kooperation in verschiedenen Bereichen unternehmerischen Handelns Fühlungsvorteile genutzt und Skalenerträge erzielt werden können. „Effiziente Netzwerke zeichnen sich besonders durch folgende Eigenschaften aus: Sie erfüllen eine Informationsfunktion, eine Versicherungsfunktion und sie tragen dazu bei, Transaktionskosten zu senken" (Kleinhenz et al. 2006a, S. 194). Die Interaktionsbeziehungen innerhalb von Netzwerken folgen dabei einer Funktionslogik des *quid pro quo.* Die Akteure arbeiten in bestimmten Bereichen wie z. B. Forschung und Entwicklung zusammen und teilen Informationen und Kommunikationskanäle, um in der Summe die Handlungsoptionen für jeden Akteur zu erhöhen. In der langen Frist entspricht für jeden Akteur der *output*

---

2 Einen Überblick über verschiedene Ansätze gibt *Lenke* (2008) in diesem Band.

des Netzwerkes zumindest dem eigenen *input*. „Derartige kooperative Bindungen lassen sich selten kodifizieren. In der Mehrzahl beruhen sie auf nicht vertraglich geregelten Beziehungen zwischen den Kooperationspartnern, die ein gewisses Maß an Vertrauen voraussetzen. Dementsprechend haben Innovationssysteme fast zwangsläufig eine stark regionale Komponente“ (Kleinhenz et al. 2006b, S. 43).

Eine große politische Wirkmacht entfalteten v. a. die Arbeiten von Porter (1990 und 1998). Sie fanden Eingang in Empfehlungen der OECD (siehe OECD 1999) zur Förderung regionaler Wirtschaftsstrukturen und bilden den Hintergrund regionalpolitischer Leitziele in vielen Bundesländern. An Porters Clusteransatz orientiert sich beispielsweise die „Allianz Bayern Innovativ“, eine wirtschaftspolitische Initiative der bayerischen Staatsregierung (siehe StMWIVT 2006). Porter definiert sehr umfangreiche, weitreichende und diversifizierte Netzwerke als *„Cluster“*. Solche *Cluster* sind geographisch abgegrenzte Ansammlungen von – wie auch immer – verbundenen Firmen, spezialisierten Zulieferern, sonstigen Service-Dienstleistern im Umfeld, Unternehmen in verbundenen Branchen und sonstigen Institutionen wie etwa Universitäten, Forschungseinrichtungen oder auch Verbänden, die alle in einem bestimmten Wirtschaftsbereich tätig sind und miteinander sowohl konkurrieren als auch kooperieren (vgl. Porter 1990, S. 198). *Cluster* stellen allerdings eine recht spezielle Art von Netzwerk dar, die heterogene Akteure unterschiedlicher Provenienz sehr raumgreifend miteinander vernetzt.

Kleinhenz et al. (2006a und 2006b) entwickeln in ihren regionalökonomischen Studien einen universelleren Netzwerkansatz zur Analyse regionaler Wirtschaftsstrukturen. Unter Rückgriff auf systemtheoretische Analyseraster stellen sie die ökonomischen Prozesse einer abgrenzbaren Region dergestalt dar, dass sämtliche relevanten Akteure als Knoten und deren Interaktionsbeziehungen als Verbindungslinien eines räumlich beschränkten Netzwerkes erfasst werden. Sie unterscheiden dabei zwischen wirtschaftlichem und sozialem Netzwerk einer Region. Das wirtschaftliche Netzwerk wird hierbei durch seine Verbindungen zum sozialen Netzwerk an eine Region gebunden, wobei beide Teilnetzwerke von Interdependenzen profitieren. „Die sozialen Beziehungen zwischen den Netzwerkknoten ermöglichen überhaupt erst die Entstehung und Verbreitung von implizitem Wissen, das letztendlich den Grund für die geografische Konzentration von Innovations- und Wertschöpfungsprozessen ausmacht. [...] Allgemein gesprochen sind die Stabilität und Dynamik wirtschaftlicher Netzwerke das Ergebnis der Interdependenz zweier regional abgegrenzter Teilnetzwerke, die sich durch Spillover-Effekte gegenseitig befruchten“ (Kleinhenz et al. 2006b, S. 95). Falck / Heblich (2008) unterscheiden in diesem Band unter Berücksichtigung der qualitativen Unterschiede regionaler Strukturen drei Arten von Netzwerken. Auch sie verweisen auf den Zusammenhang von wirtschaftlichem und sozialem Netzwerk, welcher als Ansatzpunkt für politische Maßnahmen zur regionalen Wirtschaftsförderung gesehen werden kann.

Um einen Netzwerkansatz als umfassenden Analyseansatz für regionale Wirtschaftsstrukturen zur Politikberatung operationalisieren zu können, bedarf es einer solchen differenzierteren Unterscheidung verschiedener Arten von Netzwerken. Entsprechend ihrer spezifischen Standortfaktoren können in unterschiedlichen Regionen qualitativ recht verschiedenartige wirtschaftliche Netzwerke entstehen, die in ihrer Reichweite, ihrer Dichte und in der Heterogenität der vernetzten Akteure variieren. Dabei kann davon ausgegangen werden, dass Netzwerkstrukturen grundsätzlich geeignet sind, die wirtschaftliche Entwicklung einer Region zu befördern. Die Netzwerke selbst sind hierbei als Entität zu begreifen. Sie entstehen auf Basis des Gewinnmaximierungskalküls der beteiligten Unternehmen. Die Rolle der politischen Entscheidungsträger bei der Förderung der Entwicklung regionaler Netzwerke wird entsprechend in der Theorie dahingehend formuliert, „geeignete Rahmenbedingungen" für das wirtschaftliche Netzwerk zu schaffen. Wie diese Rahmenbedingungen effektiv ausgestaltet werden können, bleibt allerdings fraglich.

Ziel der folgenden Ausführungen ist es, die Rolle wirtschaftspolitischer Entscheidungsträger bei der Förderung regionaler Netzwerke näher zu beleuchten. Dabei gilt es zu differenzieren, welche regionalen Rahmenbedingungen für qualitativ unterschiedliche Netzwerke geeignet erscheinen. In Abhängigkeit von Struktur und Dichte des zugrunde liegenden Unternehmensnetzwerkes dürften in unterschiedlichen Regionen verschiedene Strategien zielführend sein. Darüber hinaus gilt es zu erörtern, welche politischen Entscheidungsträger bzw. welche administrativen Entscheidungsinstanzen entsprechende Ordnungsrahmen effektiv setzen können. Hierbei ist insbesondere die föderale Gliederung der Bundesrepublik Deutschland zu beachten. Es steht zu vermuten, dass regionale Wirtschaftspolitik verstanden als regionale Netzwerkpolitik dezentralisiert in den politischen Entscheidungsprozess auf mehreren Ebenen eingebunden sein muss, um geeignete Rahmenbedingungen schaffen zu können.

Zunächst wird zur Veranschaulichung nachfolgend eine grobe Differenzierung unterschiedlicher Netzwerkstrukturen vorgenommen. Die Einflusssphären politischer Entscheidungsträger werden anschließend anhand des Fallbeispiels der „Metropolregion Rhein-Neckar" verortet. Aufbauend auf diesen Ergebnissen werden einige allgemeine Implikationen für die Einflussmöglichkeiten politischer Entscheidungsträger auf die Entwicklung von Netzwerken aufgezeigt und es wird dargelegt, welche Unterschiede sich in den Anforderungen an wirtschaftspolitische Rahmenbedingungen in Abhängigkeit von der Zentralität der betrachteten Region ergeben. Abschließend werden einige Überlegungen zu Möglichkeiten der Implementierung an regionaler Netzwerkförderung orientierter wirtschaftspolitischer Entscheidungsstrukturen insbesondere in peripheren Regionen angestellt.

III. Regionen und Netzwerke

Unterschiedliche Regionen lassen sich recht grob nach Zentrum und Peripherie differenzieren. Dabei ist davon auszugehen, dass zentrale Regionen *per se* über eine höhere Unternehmensdichte, über eine größere Branchenvielfalt und über ein sehr viel umfangreicheres Angebot an Infrastrukturleistungen verfügen, was die Entstehung von Netzwerken begünstigt. Allerdings profitieren auch periphere Regionen von der Existenz wirtschaftlicher Netzwerke. Der Vorteil von vernetzten Unternehmen besteht sehr grundsätzlich darin, dass sie durch Kooperation Skaleneffekte nutzen können. Allein aufgrund der räumlichen Ballung verschiedener Unternehmen können diese Kostenvorteile beispielsweise bei der Faktorbeschaffung erzielen. Industrielle Agglomerationen verbessern darüber hinaus den Informationsfluss zwischen den vernetzten Unternehmen, verringern daher Transaktionskosten und erhöhen die regional verfügbare Menge an Wissen und somit die Wahrscheinlichkeit von Produkt- und Prozessinnovationen.

Derartige Lokalisierungsvorteile lassen sich bereits von sehr kleinräumig vernetzten Unternehmen erzielen. Schon die Kooperation von Unternehmen derselben Branche erhöht die Wahrscheinlichkeit intra-industrieller Wissensspillover, also der Diffusion von Wissen zwischen diesen Unternehmen. Regionale Charakteristika sind für die Entstehung kleinräumiger, wenig diversifizierter Netzwerke sekundär, diese können daher auch in peripheren Regionen ent- und bestehen. Ein Beispiel für kleinräumige, relativ homogene Agglomerationen sind die bereits von Marshall beschriebenen *Industrial Districts.* Auf Basis des Konzepts der *Industrial Districts* zeigen etwa Piore / Sabel (1984) oder Becattini (1990) auf, wie u. a. die Textilindustrie in Norditalien ihre Wettbewerbsfähigkeit trotz des Kostendrucks insbesondere aus Asien erhalten konnte. Es ist grundsätzlich davon auszugehen, dass eine periphere Region v. a. dann im „globalen Wettbewerb" bestehen kann, wenn in dieser Region ein Unternehmensnetzwerk als Glied einer weiter gefassten Wertschöpfungskette existiert, welches innerhalb dieser Wertschöpfungskette Agglomerationsvorteile auf der Basis von Netzwerkeffekten nutzen kann.

Voraussetzung für das Entstehen solcher Netzwerke ist die Kooperationsbereitschaft der Unternehmen. Voraussetzung für ihr Bestehen ist die dauerhafte Gewährleistung von Reziprozität für die Akteursbeziehungen, da kooperative Beziehungen häufig auf informellen Vereinbarungen beruhen. Gerade die räumliche Nähe der Unternehmen kann hier dazu beitragen, dass aufgrund interpersonaler Bekanntschaften ein Klima des Vertrauens zwischen den Akteuren entsteht, was derartige Netzwerke stabilisieren hilft und die Verbindlichkeit auch impliziter Regeln erhöht. Die Interaktionsbeziehungen innerhalb kleinräumiger Netzwerke gestalten sich dabei relativ unabhängig von wirtschaftspolitischen Rahmenbedingungen, wobei der positive Einfluss einer gut ausgebauten Infrastruktur natürlich erhalten bleibt. Im Zusammenhang mit dem Entstehen solcher Netzwerke ist aber zu überlegen, ob politische Entscheidungsträger das ursprüngliche Knüpfen dieser Interaktionsbeziehungen aktiv unterstützen können.

Auch sehr weiträumige, diversifizierte Netzwerke wie beispielsweise *Cluster* rekurrieren auf Agglomerationsvorteile. Die Heterogenität der Teilnehmer erweitert jedoch die Funktionen solch komplexer Netzwerke um ein Vielfaches. Insbesondere gewinnen die Wissensspillover zusätzlich an Bedeutung. Diversifizierte

Netzwerke ermöglichen auch inter-industrielle Wissensspillover, was die Innovationsfähigkeit der vernetzten Unternehmen grundlegend verbessert. Jacobs (1969) bezeichnet diese Netzwerkeffekte als „Urbanisierungsvorteile". Insgesamt haben derartig vernetzte Unternehmen Zugriff auf umfangreiches Wissen in vielfacher Gestalt, so etwa auch auf implizites, personal gebundenes Wissen. Von Hippel (1994) bezeichnet dieses Wissen als *„sticky knowledge"* und betont dessen Bedeutung für eine Region. *Sticky knowledge* zirkuliert beständig insbesondere durch die sozialen Netzwerke der regionalen Gemeinwesen und wird durch interpersonale Kontakte weitergegeben. Die regionalen Wissensspillover resultieren vor diesem Hintergrund also aus der engen Verzahnung von sozialem und wirtschaftlichem Netzwerk (vgl. Saxenian 1994). Die Interdependenz dieser Netzwerke wirkt wie ein Wissensmultiplikator, welcher die Menge des in der Region gebundenen Wissens erhöht. Das wiederum hat zur Folge, dass Innovationen gefördert werden und der Produktlebenszyklus beschleunigt wird (Feldman 1994a, 1994b). Diversifizierte Netzwerke bilden daher für die beteiligten Unternehmen wie für sämtliche regionalen Akteure die Basis für eine nachhaltig dynamische Entwicklung.

Die Entwicklung derartiger diversifizierter Netzwerke ist stark von regionalen Faktoren abhängig. Einerseits müssen verschiedene Unternehmen unterschiedlicher Branchen, welche bereit sind, gleichermaßen zu kooperieren wie zu konkurrieren,[3] in ausreichender Zahl vorhanden sein, um ein effektives Netzwerk knüpfen zu können. Außerdem müssen sich zusätzliche, nicht primär erwerbswirtschaftlich orientierte Netzwerkteilnehmer wie Universitäten und Forschungseinrichtungen in räumlicher Nähe befinden, welche dauerhaft für neuen *input* an relevantem Wissen sorgen können. Darüber hinaus muss eine Kommunikationsinfrastruktur bestehen, welche die Interaktionsbeziehungen überhaupt ermöglicht und Reziprozität gewährleisten hilft. Derartige Standortbedingungen werden vornehmlich von urbanen Verdichtungszentren bereitgestellt. Die Entwicklung von heterogenen Netzwerkstrukturen ist somit besonders wahrscheinlich in metropolitanen Regionen.

Wirtschaftspolitisch kann die Entwicklung solcher diversifizierter Netzwerke durch die Bereitstellung entsprechender Infrastrukturen gefördert werden. Natürlich trägt eine gute Verkehrsinfrastruktur stets zur Standortqualität bei. Darüber hinaus können multiple Vernetzungen durch den Ausweis ausgedehnter Gewerbegebiete begünstigt werden, in denen sich eine Vielzahl unterschiedlicher Unternehmen ansiedeln können. Für die Innovationsfähigkeit und Dynamik des Netzwerkes ist aber vor allem auch die Vernetzung mit Bildungs- und Forschungseinrichtungen bedeutsam. Politisch kann die Netzwerkbildung dadurch unterstützt werden, dass insbesondere Hochschulen und staatliche Forschungsinstitute gefördert und den Anforderungen des wirtschaftlichen Netzwerkes angepasst werden. Aber auch allgemeinbildende wie berufsbildende Schulen können Ausbildungsschwerpunkte dementsprechend setzen, dass die praktischen Anforderungen der

3 *Nalebuff/Brandenburger* (1996) prägten für dieses Interaktionsschema den Begriff *„coopetition"*.

regionalen Unternehmen berücksichtigt werden. Hier liegt die Entscheidungskompetenz primär bei den Regierungen der Bundesländer. Regionale politische Entscheidungsträger erfüllen in diesem Zusammenhang eine Informationsfunktion, da sie den Legislativ- und Exekutivorganen der Länder die regionalen Anforderungen vermitteln können. Darüber hinaus können sie aber auch direkt bei Wirtschaftsunternehmen der Region für ein aktives Engagement für Bildung, Ausbildung und Forschung werben.

Insgesamt haben politische Entscheidungsträger einen hohen Einfluss auf das regionale Angebot an Humankapital. Die Bedeutung dieses Produktionsfaktors für das gesamtwirtschaftliche Wachstum ist evident (vgl. Bauernschuster 2008 in diesem Band). Unabhängig von regionalen Anforderungen kann daher Bildungspolitik stets auch als nachhaltige Wirtschaftspolitik verstanden werden. Die Grundlage für den regional verfügbaren Stock an Humankapital bildet hierbei die Schulbildung (vgl. Birkenfeld 2008 in diesem Band). Die Kernaufgabe der Landesregierungen kann darin gesehen werden, diesen Kapitalstock in der Summe zu maximieren, während regionale politische und administrative Entscheidungsträger darauf hinarbeiten können, Humankapital regional zu binden und den Ausschöpfungsgrad durch die Unternehmen zu verbessern. Einerseits kommt ihnen wiederum eine Informationsfunktion gegenüber den Entscheidungsträgern auf Ebene der Bundesländer zu. Andererseits können sie aber auch im Bereich der Aus- und Weiterbildung auf regionaler Ebene koordinierend wirken und sich für eine stärkere Abstimmung der Programme der verschiedenen Träger von Qualifizierungsmaßnahmen einsetzen.

Wie beschrieben fußt der regionale Netzwerkgedanke auf der Interdependenz von wirtschaftlichem und sozialem Netzwerk. Daher tangieren auch Infrastrukturleistungen für das gesellschaftliche Umfeld der Unternehmen die wirtschaftlichen Entwicklungspotenziale einer Region. Vor allem innovative Netzwerke profitieren etwa von der Anzahl und Qualität soziokultureller Veranstaltungen und Einrichtungen. Diese bilden einerseits Foren für informelle Kontakte der Netzwerkteilnehmer, welche zur Pflege von Vertrauensverhältnissen wie für den Wissensaustausch notwendig sind. Darüber hinaus erhöhen solche Veranstaltungen und Einrichtungen die Lebensqualität insbesondere für hoch qualifizierte Arbeitnehmer und können so dazu beitragen, Humankapital regional zu binden (vgl. Florida 2002a und 2002b). Derartige Infrastrukturleistungen werden in gewissem Umfang von den Kommunen bereitgestellt. Hier besitzen die kommunalen bzw. lokalen politischen und administrativen Entscheidungsträger also eine originäre Entscheidungskompetenz, wobei die Dominanz der Landesregierungen auch in diesem Bereich natürlich erhalten bleibt.

Unter der Annahme, dass sich regionale Wirtschaftsstrukturen grundsätzlich zumindest analytisch als Netzwerke darstellen lassen, tut sich an dieser Stelle zur groben Klassifizierung regionaler Netzwerke eine Dichotomie auf: metropolitane Regionen bieten aufgrund ihrer herausragenden Infrastrukturleistungen gute Rahmenbedingungen für die Entwicklung eines kreativen Arbeitsumfeldes. In diesen

Regionen können diversifizierte Netzwerkstrukturen entstehen, die dem von Porter definierten *Cluster* zumindest ähneln. Der Wettbewerbsvorteil dieser ‚Zentrumsregionen' läge mithin vornehmlich in ihrer Innovationsfähigkeit begründet. „Die Transformation von einer Industrie- zu einer Dienstleistungs- und Wissensgesellschaft hat in den meisten Städten und Stadtregionen Voraussetzungen für eine neue ökonomische Dynamik entstehen lassen. Wenn heute von einer Trendwende in der Stadtentwicklung gesprochen werden kann, von einer Renaissance der Städte, dann ist es diese, sich seit einigen Jahren entfaltende neue ökonomische Entwicklungsdynamik in den Städten" (BBR 2006, S. 10). Periphere Regionen verfügen nicht über die entsprechenden Infrastrukturen. Die dort vorherrschenden Wirtschaftsstrukturen machen die Entwicklung diversifizierter Netzwerke eher unwahrscheinlich. Der Vorteil der Netzwerkbildung in peripheren Regionen liegt damit primär in der Nutzbarmachung sehr grundlegender Fühlungsvorteile und im Idealfall auch darin, zumindest intra-industrielle Wissensspillover zu ermöglichen.

Für zentrale wie für periphere Regionen gilt, dass Koordinationsbedarf bei wirtschaftspolitischen Entscheidungen zwischen den verschiedenen föderalstaatlichen Ebenen besteht. Gemäß des Subsidiaritätsprinzips ist davon auszugehen, dass kommunale politische und administrative Entscheidungsträger über vertiefte Kenntnisse der regionalen Anforderungen verfügen und gegenüber den übergeordneten Instanzen daher zumindest eine Informationsfunktion wahrnehmen können. Welche regionalen Akteure in realiter über wirtschaftspolitische Kompetenzen verfügen, lässt sich aufgrund der multiplen Verzahnung politischer und administrativer Strukturen unterhalb der Ebene der Bundesländer allerdings kaum abstrakt feststellen und müsste im konkreten Fall wohl empirisch näher bestimmt werden.

IV. Politische Entscheidungsträger und Netzwerke

In der Regel sind kommunale und gliedstaatliche Entscheidungsprozesse sehr eng miteinander verzahnt, wobei die tatsächliche Entscheidungskompetenz für gewöhnlich bei den Landesregierungen liegt. Es entspricht auch der Funktionslogik des Föderalismus, die Landesregierungen mit der Regionalpolitik zu betrauen. Ebenso entspricht es derselben Funktionslogik, regionale Entscheidungsträger in den politischen Entscheidungsprozess einzubeziehen. Analytische Schwierigkeiten ergeben sich hierbei daraus, dass administrative und politische Strukturen auf Ebene der Regierungsbezirke, Landkreise und Gemeinden nicht trennscharf zu identifizieren sind. Eine institutionelle Verortung von wirtschaftspolitischen Kompetenzen unterhalb der Ebene der Bundesländer ist daher nur schwer möglich. Den regionalen politischen und administrativen Entscheidungsträgern kommt aber ohnehin vielfach eher die Funktion eines Mediators denn eines Entscheiders zu. Sie verfügen über spezifische Kenntnisse der Anforderungen des regionalen Netzwerkes an Infrastrukturleistungen und können diese in den politischen Willensbildungsprozess einbringen. Welchen Einfluss sie zusätzlich auf die Entwicklung regionaler Netzwerke nehmen können, wird Schwerpunkt der folgenden Überlegungen sein. Dabei werden die Landesregierungen als zentrale Entscheidungsinstanz für regionale Wirtschaftspolitik berücksichtigt. Der Einfluss von EU und Bundesregierung wird nicht näher betrachtet. Ihre Rolle wird darin gesehen, den breiten wirtschaftspolitischen Ordnungsrahmen zu setzen, innerhalb dessen sich regionale Wirtschaftspolitik vollzieht.

Den regionalen politischen Akteuren eröffnen sich grundsätzlich drei Dimensionen der Einflussnahme auf die regionale Netzwerkentwicklung, deren Bedeutung in Abhängigkeit von der Zentralität der Region und der Qualität des regionalen wirtschaftlichen Netzwerkes variieren dürfte. Grundsätzlich vermitteln sie im politischen Prozess die Interessen des regionalen Netzwerkes gegenüber hierarchisch übergeordneten Entscheidungsträgern. Diese Informationsfunktion ist vor allem im Zusammenhang mit der Verbesserung der regionalen Infrastrukturbedingungen von Belang. Die Bedeutung dieser Dimension dürfte in peripheren Regionen relativ größer sein. Einerseits sind die dortigen Infrastrukturen i. d. R. weniger ausgebaut, sodass sich ein erhöhter Bedarf auch hinsichtlich der Diversifikation des Infrastrukturangebotes ergibt. Für derartige Maßnahmen stehen Mittel unterschiedlicher Provenienz, zumeist des Bundes und des Landes, häufig aber auch der EU, zur Verfügung. Regionale politische Akteure können hier eine wichtige Rolle bei der Verbesserung der Effektivität des Mitteleinsatzes spielen. Andererseits verfügen politische Entscheidungsträger in Zentrumsregionen meist über eigene Kompetenzen bei der Entscheidung über Infrastrukturleistungen, was ihnen einen gewissen Gestaltungsfreiraum auch gegenüber den übergeordneten Instanzen verschafft.

Die zweite Dimension des politischen Einflusses ergibt sich aus der Vernetzung der regionalen politischen und administrativen Entscheidungsträger selbst. Als Intermediär für Netzwerkbeziehungen können sie ihr Wissen über die Region, ihre Kenntnis der Akteure und insbesondere auch ihre Reputation nutzen, um Kommunikationskanäle zwischen Netzwerkteilnehmern zu eröffnen und neue Netzwerkteilnehmer zu gewinnen. Bei konkreten Maßnahmen zur Regionalentwicklung können sie auf Basis ihrer Kontakte *public-private-partnership* Projekte anstoßen, welche dem wirtschaftlichen wie dem sozialen Netzwerk gleichermaßen zugute kommen. Dies dürfte die wichtigste Dimension in Zentrumsregionen sein. Dort sind politische Akteure multipel mit dem wirtschaftlichen und dem sozialen Netzwerk verbunden. Diese Position können sie nutzen, um Synergien zu stärken und eigenständig Projekte zur Regionalentwicklung zu initiieren. Das Handlungsfeld regionaler politischer Entscheidungsträger in peripheren Regionen ist demgegenüber eher eingeschränkt. Ihre Verbindungen zum wirtschaftlichen Netzwerk sind weniger intensiv, auch wenn sie vielfach umfassendes Wissen über regionale Wirtschaftsstrukturen und -prozesse besitzen.

Diese Kenntnisse können sie allerdings nutzen, um als eine Art Netzwerkverstärker die Entstehung und Entwicklung regionaler wirtschaftlicher Netzwerke aktiv zu unterstützen. Aufbauend auf bestehenden Strukturen können sie daran mitwirken, weitere produktive Verbindungen zu schaffen. Dies kann vor allem kleineren Unternehmen zugute kommen, welche aufgrund ihrer Betriebsstruktur häufig die langfristigen Multiplikatorwirkungen von Netzwerken unterschätzen. Vielmehr neigen sie teilweise dazu, die Input-Outputbeziehungen als Nullsummenspiel zu interpretieren. Unternehmensexterne Netzwerkverstärker können durch gezielte Information einer kollektiven Selbstschädigung der regionalen Unternehmen entgegenwirken und durch das Knüpfen von Kontakten die Basis für ein nachhaltiges endogenes Wachstum des Netzwerkes schaffen. So können „über eine Stärkung der in den Regionen verfügbaren Finanzkraft hinaus im Rahmen der Bundesraumordnungs- und Landesentwicklungspolitik, durch die Bezirke, Kreise und Kommunen durch den Ausbau von Entwicklungs- und Beratungsstellen Informationen vermittelt, regionale Initiativen aufgegriffen oder selbst entwickelt und Modellvorhaben durchgeführt werden. Wie in vielen Bereichen öffentlicher Aufgabenerfüllung ist damit zu rechnen, dass private Organisationen ohne Erwerbscharakter oder private Unternehmen diese Aufgaben (z. B. Unternehmens- und Innovationsberatung) allmählich übernehmen und (qualitativ und quantitativ) ausweiten werden" (Kleinhenz 1981, S. 266). Die Fähigkeit regionaler politischer Entscheidungsträger, diese Funktion zu erfüllen, dürfte allerdings stark von individuellen Charakteristika der handelnden Akteure abhängen.

Die dritte Dimension der politischen Einflussnahme bezieht sich auf die regionale Stabilisierung des Netzwerkes. Diese Dimension steht in enger Verbindung mit der zweiten Dimension. Wie beschrieben lassen sich regionale Netzwerke in wirtschaftliches und soziales Teilnetzwerk untergliedern, wobei politische Entscheidungsträger an den Nahtstellen in beide Subsysteme eingebunden sind. Langfristig können sie darauf hinarbeiten, dass aus der symbiotischen Beziehung dieser Teilnetzwerke identifikationsstiftende Impulse für die regionalen Akteure resultieren. Im Regionalmarketing werden häufig lokale Spezifika als Alleinstellungsmerkmal präsentiert. Auch das wirtschaftliche Netzwerk kann ein Interesse daran haben, sich als Teil einer bestimmten Region zu präsentieren, wenn diese Region über ein entsprechendes, bspw. sehr dynamisches, Image verfügt. Umgekehrt wird auch das soziale Netzwerk ein über das reine Kerngeschäft der Unternehmen hinausgehendes Engagement für die Region mittelfristig honorieren und sich mit „seinen" Unternehmen identifizieren, was die Verbindung der Subnetzwerke dauerhaft stärkt. In Zentrumsregionen dürfte es in diesem Zusammenhang für politische Entscheidungsträger darum gehen, überhaupt identifikationsstiftend zu wirken, während es in peripheren Regionen tendenziell darum geht, die relativ höhere regionale Identifikation der wirtschaftlichen und sozialen Akteure zur Intensivierung der Vernetzung zu erschließen.

Selbstverständlich greift eine rein dichotome Betrachtung von Zentrum und Peripherie zu kurz. Man kann aber wohl davon ausgehen, dass dynamische, innovative und spezifizierte Netzwerke vornehmlich in metropolitanen Regionen entstehen werden. Für periphere Regionen ergeben sich insbesondere dann Chancen, wenn es ihnen gelingt, auf Basis wenig differenzierter Unternehmensnetzwerke wirtschaftliche Verbindungen zu innovativen Zentren aufzubauen. Die Großzahl der deutschen Regionen dürfte aber, wenn man regionale Wirtschaftsräume zur Abgrenzung heranzieht, eine Art Mittelstellung einnehmen. Für diese ‚Mittelregionen' sind grundsätzlich zwei Entwicklungsstrategien denkbar. Einerseits können sie, ähnlich den peripheren Regionen, als produktives Hinterland für dynamische, durch diversifizierte Netzwerke geprägte Zentrumsregionen fungieren. Andererseits können sie aber auch durch umfassende Kooperation politischer, wirtschaftlicher und zivilgesellschaftlicher Akteure darauf hinarbeiten, regional in der Summe ähnliche Infrastrukturleistungen zur Verfügung zu stellen wie metropolitane Regionen, um ebenfalls die Ausbildung innovativer Netzwerke zu ermöglichen. Aufgrund dieser unterschiedlichen strategischen Optionen sollten die grundsätzlichen Einflussmöglichkeiten wirtschaftspolitischer Entscheidungsträger in derartigen Regionen in Mittelstellung wie etwa der „Metropolregion Rhein-Neckar" gut zu identifizieren sein.

V. Die Metropolregion Rhein-Neckar als Fallbeispiel

Die Ministerkonferenz für Raumordnung (MKRO) nahm 1995 einen regionalökonomisch geprägten Ansatz auf und wies in Deutschland zunächst sechs „Europäische Metropolregionen" aus. Heute wird elf Regionen dieser Status attestiert.[4] Sie gelten als „Motoren der wirtschaftlichen, sozialen und kulturellen Entwicklung mit internationaler Bedeutung und Erreichbarkeit" (MKRO 2006, S. 14). Durch die Dynamik der Metropolregionen soll in Deutschland insgesamt ein innovatives Klima erhalten bleiben, was zur nachhaltigen Wettbewerbsfähigkeit der deutschen Wirtschaft und zum volkswirtschaftlichen Wachstum beitragen soll. Wie beschrieben kann diese Innovationskraft als Resultat von regionalen Netzwerkeffekten verstanden werden.

Metropolregionen erfüllen gleichsam eine Entscheidungs- und Kontrollfunktion, eine Innovations- und Wettbewerbsfunktion sowie eine Gateway-Funktion (Blotevogel 2002). Angrenzende Regionen können von diesen Funktionen mit profitieren, wenn es ihnen gelingt, Verbindungen zu den dynamischen Wirtschaftsräumen der Metropolregionen aufzubauen. „Die Verflechtungen zwischen Kern, Umland und Peripherie haben sich in der Vergangenheit deutlich vergrößert und reichen bis in benachbarte Stadtregionen und auch in dünn besiedelte, ländliche Räume hinein" (MKRO 2006, S. 14 – 15). Differenzierte regionalpolitische Konzepte können hierbei dazu beitragen, die multiplen Vernetzungen effizient zu nutzen und auf deren Basis differenzierte Strategien zur Entwicklung unterschiedlicher wirtschaftlicher, administrativer und soziokultureller Teilräume zu erarbeiten und umzusetzen.

---

4 Die „Europäischen Metropolregionen" in Deutschland sind: Hamburg, Berlin-Brandenburg, Frankfurt-Rhein / Main, Stuttgart, München, Rhein-Ruhr, Sachsendreieck, Nürnberg, Hannover-Braunschweig-Göttingen, Bremen-Oldenburg, Rhein-Neckar.

Entsprechend der Überlegungen zur Dynamik von Netzwerken in urbanen Verdichtungsräumen waren die ersten von der MKRO definierten Europäischen Metropolregionen Regionen im Umfeld von Großstädten. Relativ monozentrisch[5] beinhalten sie i. d. R. ein international bedeutsames urbanes Verdichtungszentrum wie München, Hamburg oder Stuttgart. Die drei zentralen Funktionen von Metropolregionen, nämlich Entscheidungs- und Kontrollfunktion, Innovations- und Wettbewerbsfunktion sowie Gatewayfunktion, werden hier vornehmlich von diesen Großstädten erfüllt. Dabei strahlen die eigentlichen Metropolen auch auf ihr Umland aus. Die umgebenden Teilräume werden in wirtschaftliche Netzwerke einbezogen, profitieren so direkt von der städtischen Dynamik und können daher der Metropolregion zugerechnet werden. Unter den 1997 und 2005 ausgewiesenen Europäischen Metropolregionen finden sich indes zumindest drei polyzentrisch strukturierte Metropolregionen, die kein international bedeutsames Verdichtungszentrum beinhalten, nämlich die Metropolregionen Sachsendreieck, Hannover-Braunschweig-Göttingen und Rhein-Neckar. Allerdings befinden sich innerhalb dieser Regionen mehrere Oberzentren, die in der Summe durchaus die Kernfunktionen einer Metropolregion erfüllen können.

Die elf Europäischen Metropolregionen zeichnen heute ein durchweg heterogenes Bild. Dabei betreiben einige von ihnen durchaus aktiv eine mehr oder weniger eigenständige Regionalentwicklungspolitik. Insbesondere innerhalb der länderübergreifenden Metropolregion Rhein-Neckar scheinen *Regional Governance* Ansätze in Grundzügen verwirklicht, die auf einer intensiven Verbindung von wirtschaftlichem und sozialem Netzwerk beruhen. „Normativ, im Sinne von *„Good Governance“* betrachtet, werden mit dem Begriff *„Regional Governance“* besonders Erfolg versprechende Ausformungen von regionalen Steuerungsstrukturen bezeichnet. Konkret geht es dabei um Aussagen über den institutionellen Rahmen (Organisationsstrukturen, Verfahren) einschließlich der Entwicklung von Institutionen, über die geeignete Kombination von Steuerungsinstrumenten sowie über das Prozessmanagement“ (Benz / Fürst S. 14).

Zwar wurde das Rhein-Neckar-Dreieck erst 2005 von der MKRO als Metropolregion ausgewiesen. Die formalen organisatorischen Strukturen haben sich daher empirisch noch nicht entsprechend bewährt, um deren Erfolg dezidiert bewerten zu können. Insgesamt scheinen die strukturellen Rahmenbedingungen in der Metropolregion Rhein-Neckar allerdings geeignet, die für Metropolregionen definierten Kernfunktionen langfristig zu erfüllen, auch wenn der Grad der Zielerfüllung im Vergleich mit den originären Metropolregionen derzeit sicherlich noch Steigerungspotenziale aufweist.[6] Vom Ansatz her scheint die Metropolregion Rhein-Neckar aber v. a. geeignet, zumindest idealtypisch die grundsätzlichen Einflussmöglichkeiten politischer Entscheidungsträger auf regionale Netzwerke aufzuzeigen.

---

5 Ausnahme ist die Metropolregion Rhein-Ruhr.

6 Siehe zum Entwicklungsstand der Metropolregionen und zum Grad ihrer Funktionserfüllung IMK (2006).

1. Strukturen der Metropolregion Rhein-Neckar

Die Metropolregion Rhein-Neckar beheimatet in einem Gebiet von 5.637 km^2 rund 2,4 Millionen Einwohner. Die Städte Ludwigshafen (163.000 Einwohner), Mannheim (308.000 Einwohnern) und Heidelberg (143.000 Einwohner) bilden die wirtschaftlichen und kulturellen Zentren. Über 100.000 Unternehmen haben in der Region ihren Standort, darunter zehn der 100 größten deutschen Unternehmen. Eine Besonderheit der Metropolregion Rhein-Neckar liegt darin, dass sie Gemeinden dreier Bundesländer, nämlich von Rheinland-Pfalz, Hessen und Baden-Württemberg, einschließt. Während die zahlreichen Verflechtungen der Unternehmen einen regional durchaus einheitlichen Wirtschaftsraum schaffen, sind doch unterschiedliche Administrationen für diese Region zuständig. Welche Probleme sich aus einer Divergenz von wirtschaftlichen, administrativen und kulturellen Räumen grundsätzlich ergeben können, beschreibt Frey (1997) sehr anschaulich. Er fordert daher eine grundlegende Umgestaltung föderaler Strukturen unter Orientierung an funktionalen Erfordernissen. Einzelne Jurisdiktionen sollten mit klarer Zweckorientierung und unabhängig von territorialen Ausdehnungen geschaffen werden. Aber auch auf Basis der bestehenden föderalen Gliederung bestehen Möglichkeiten, durch kooperative gebietskörperschaftliche Instanzen zweckorientierte Regionalentwicklung zu betreiben. „Für regionalpolitische Steuerungs- und Entwicklungsaufgaben geht es in der Regel nicht darum, genaue Kompetenzgrenzen von staatlichen Institutionen festzulegen und Konflikte über räumliche Zuständigkeiten zu vermeiden. Vielmehr ist entscheidend, die Zusammenarbeit mit relevanten Akteuren zu erreichen und Interdependenzen zwischen Raumeinheiten zu nutzen bzw. zu regeln“ (Benz / Fürst 2003, S. 17).

Per Staatsvertrag etablierten die Landesregierungen von Rheinland-Pfalz, Hessen und Baden-Württemberg im Jahr 2005 den Raumordnungsverband für die Metropolregion Rhein-Neckar (VRRN) als Körperschaft öffentlichen Rechts. Laut Artikel 3 des Staatsvertrages ist der Verband Region Rhein-Neckar Träger der Regionalplanung und der Regionalentwicklung. Ihm obliegt es, einen grenzüberschreitenden einheitlichen Regionalplan aufzustellen, fortzuschreiben und bei dessen Umsetzung mitzuwirken. Insbesondere werden dem Verband Kompetenzen in folgenden Bereichen übertragen:

1. Trägerschaft und Koordinierung für die regional bedeutsame Wirtschaftsförderung und das regional bedeutsame Standortmarketing,

2. Trägerschaft und Koordinierung für einen regional bedeutsamen Landschaftspark sowie Trägerschaft und Koordinierung von regional bedeutsamen Erholungseinrichtungen,

3. Koordinierung von Aktivitäten im Bereich der integrierten Verkehrsplanung und des Verkehrsmanagements sowie der Energieversorgung auf der Grundlage von regionalen Entwicklungskonzepten,

4. Trägerschaft und Koordinierung für regional bedeutsame Kongresse, Messen, Kultur- und Sportveranstaltungen,

5. Trägerschaft und Koordinierung des regionalen Tourismusmarketing.

Der Willensbildungsprozess innerhalb des Verbandes erfolgt in der Verbandsversammlung mit 96 Mitgliedern. Vertreten sind die Landräte, die Oberbürgermeister und die Bürgermeister von Städten mit mehr als 25.000 Einwohnern. Die Geschäftsführung obliegt dem Verwaltungsrat, dem der Verbandsvorsitzende und 27 Mitglieder der Verbandsversammlung angehören. Darüber hinaus wählt die Verbandsversammlung zwei beschließende Ausschüsse, den Planungsausschuss und den Ausschuss für Regionalentwicklung und Regionalmanagement. Gemäß des Gegenstromprinzips ist für die Durchführung konkreter Projekte eine Abstimmung mit den zuständigen Landesbehörden notwendig. Die drei Landesplanungsbehörden koordinieren sich wiederum in einer paritätisch besetzten Raumordnungskommission, welche wirtschaftspolitische Maßnahmen zur Entwicklung des Rhein-Neckar-Raums aufeinander abstimmen soll.

Der VRRN wird flankiert vom „Zukunft Metropolregion Rhein-Neckar" e.V. (ZMRN). Dem ZMRN gehören mehr als 200 Unternehmen sowie zahlreiche Städte, Gemeinden und Landkreise an. Schwerpunktmäßig führt der Verein Projekte in den Bereichen Wissenschaft und Forschung, Bildung und Erziehung, Gesundheit, Kunst und Kultur, Sport, Völkerverständigung, Regionale Identität und Heimatgedanke sowie Landeskunde durch. Der Verein tritt als Träger wie als Finanzier gemeinnütziger Maßnahmen und Projekte auf, um regionale Netzwerke zu stärken und Multiplikatoreffekte nutzbar zu machen. In Anlehnung an die bereits in den neunziger Jahren definierte „Vision 2015" ist es u. a. erklärtes Ziel des ZMRN, das Rhein-Neckar-Dreieck zur führenden Region in den Sparten *Life Science* und Gesundheit in Deutschland auszubauen. Zu diesem Zweck soll auch auf eine stärkere Vernetzung der Hochschulen mit den Wirtschaftsunternehmen hingearbeitet werden.

Viele Unternehmensführungen engagieren sich recht aktiv im Verein. Für einzelne Projekte werden Themenpaten benannt, die persönlich für die Umsetzung der vorab definierten Ziele verantwortlich zeichnen. Neben der Projektarbeit dient der Verein aber auch als breite Kommunikationsplattform. Im Kuratorium und bei der Mitgliederversammlung kommen Akteure aus Politik, Wissenschaft, Wirtschaft und Kultur zusammen. Auf Basis eines durch den ZMRN unterstützten *know-who* kann, in Verbindung mit dem VRRN, die Responsivität regionalpolitischer Entscheidungen grundsätzlich erhöht, die Interdependenz von wirtschaftlichem und sozialem Netzwerk verstärkt und die Durchführung konkreter Projekte zur Regionalentwicklung erleichtert werden.

Der Verband Region Rhein-Neckar (VRRN) und der Zukunft Metropolregion Rhein-Neckar e.V. (ZMRN) sowie die drei regionalen Industrie- und Handelskammern sind Gesellschafter der Metropolregion Rhein-Neckar GmbH (MRN GmbH). Der Verbandsdirektor des VRRN und der Geschäftsführer des ZMRN üben gemeinsam die Geschäftsführung der MRN GmbH aus. Aufgabe der GmbH ist die operative Umsetzung der Regionalentwicklungskonzepte, insbesondere der „Vision 2015". Bis zum Jahr 2015 soll die Metropolregion Rhein-Neckar demnach zu einer der attraktivsten und wettbewerbsfähigsten Regionen Europas entwickelt werden. Als Oberziele wurden dabei Internationalität, exzellente Bildungseinrichtungen, leistungsfähige Verwaltung, hoher Beschäftigungsgrad und hoher Bekanntheitsgrad definiert. Die GmbH führt in eigener Trägerschaft Projekte durch, die zur Erreichung dieser Ziele beitragen. Beispielsweise veranstaltet sie Symposien für Fachjournalisten, initiiert Netzwerktreffen oder organisiert kulturelle Veranstaltungen. Darüber hinaus ist sie in der Öffentlichkeitsarbeit und im europäischen Standortmarketing aktiv. Die GmbH baut dabei ausdrücklich auf bereits vorhandene regionale Netzwerke. Durch Einbeziehung der natürlich gewachsenen Akteursstrukturen sollen Synergieeffekte genutzt, Ressourcen gebündelt und Verflechtungen innerhalb der Region intensiviert werden.

Die Kooperationsstruktur in der institutionellen Organisation der Metropolregion Rhein-Neckar kann in vielerlei Hinsicht als wegweisend gelten. Der Raumordnungsverband bietet den politischen Entscheidungsträgern unterschiedlicher Jurisdiktionen aus verschiedenen Bundesländern ein Forum, ihre Entscheidungen aufeinander abzustimmen und so die Effizienz regionalpolitischer Regelsetzungen zu erhöhen. Mit der MRN GmbH existiert ein Organ, das in der Lage ist, getroffene Entscheidungen außerhalb bürokratischer Dienstwege umzusetzen. Die Beteiligung zivilgesellschaftlicher und wirtschaftlicher Akteure an der GmbH und am ZMRN gewährleistet eine Rückkopplung politischer Entscheidungen an die ökonomischen Erfordernisse der Region. Insgesamt trägt die gesamte Organisationsstruktur der Metropolregion Rhein-Neckar Züge einer *Public-Private-Partnership.* Die Unternehmen der Region stellen dabei sowohl finanzielle als auch personelle Ressourcen für Regionalentwicklungsprojekte zur Verfügung und arbeiten aktiv an der strategischen Planung von Regionalentwicklungskonzepten wie der „Vision 2015" mit, was den Gestaltungsspielraum der regionalen politischen Akteure erweitert, sie aber auch stärker an die Verfolgung regionaler Interessen bindet.

2. Das wirtschaftliche Netzwerk der Region

Die wirtschaftliche Entwicklung der Metropolregion Rhein-Neckar wird getragen von einer Anzahl recht unterschiedlicher Unternehmen, von denen viele in ihrer jeweiligen Branche zur Weltspitze zu zählen sind. Herausragende Bedeutung hat sicherlich die BASF AG in Ludwigshafen als weltgrößtes Chemieunternehmen. Aufgrund der besonderen Verbundorganisation der Produktion am Standort Ludwigshafen mit ihren immensen *sunk costs* ist das Unternehmen dauerhaft an die Region gebunden. Entsprechend engagiert sich die BASF schon lange für die Regionalentwicklung, da sie direkt von einer gesteigerten Attraktivität des Standortes profitiert. Einerseits setzt das Unternehmen dabei auf intensive wirtschaftliche Vernetzung vor allem mit Unternehmen aus den Bereichen Bio- und Nanotechnologie.[7] Ein weiterer Schwerpunkt liegt bei der Steigerung der regionalen Lebensqualität, insbesondere des kulturellen Angebotes. Über den reinen Marketingeffekt hinaus dient dieses Engagement dazu, die Humankapitalausstattung des Unternehmens dauerhaft abzusichern. Doch auch andere Unternehmen wie SAP oder Heidelberger Cement definieren seit langem ihr Interesse an einer nachhaltigen Entwicklung des Unternehmensstandortes in der Region.

Die Metropolregion kann deshalb auch auf eine gewisse Tradition der Zusammenarbeit zurückblicken. Schon 1951 wurde die „Kommunale Arbeitsgemeinschaft Rhein-Neckar GmbH" gegründet, die als Kooperationsplattform für die Bereiche Raumplanung, Infrastrukturentwicklung und Kultur diente. Aus ihr ging 1969 der „Raumordnungsverband Rhein-Neckar" hervor. Dem Raumordnungsverband gehörten der Regionalverband Rhein-Neckar-Odenwald, die Planungsgemeinschaft Rheinpfalz und der Kreis Bergstraße an. Per Staatsvertrag zwischen den Ländern Baden-Württemberg, Rheinland-Pfalz und Hessen wurde dem Raumordnungsverband schon damals die Kompetenz zur Regionalplanung übertragen. Im Jahr 1998 wurde sein Aufgabenbereich um die Bereiche Wirtschaftsförderung, integrierte Verkehrsplanung u. a. erweitert. Eine einheitliche Raumordnungspolitik konnte der Verband allerdings nicht durchsetzen. Der Raumordnungsplan für den Rhein-Neckar-Raum enthielt Rahmenvereinbarungen, die Teilräume der Länder erstellten aber weiterhin unterschiedliche Regionalpläne.

Vor allem Wirtschaftsverbände und IHKn[8] intensivierten ab den neunziger Jahren ihr Engagement für regionale Kooperationen zur Regionalentwicklung. Mit der „Initiative für Beschäftigung" wurde beispielsweise ein breites Netzwerk für die regionale Beschäftigungsentwicklung geknüpft. Im „Regionalgespräch" wurde von Vertretern aus Wirtschaft und Politik die „Vision 2015" zur Regionalentwicklung entworfen, die zunächst aber nicht umgesetzt werden konnte. Die Zusammenarbeit auf Unternehmensebene wurde auf dieser Basis allerdings verstärkt. Vor allem der BASF-Vorstand Henning Voscherau bemühte sich in der Folge darum, die Vision 2015 doch noch als Leitlinie der Regionalentwicklung zu verankern. Unter seiner Mitwirkung wurde die „Zukunftsinitiative Rhein-Neckar-Dreieck" gegründet, die politische, wirtschaftliche und zivilgesellschaftliche Akteure vereinte. Relativ schnell gelang es, fünfzehn der wichtigsten Unternehmen der Region für die Initiative zu gewinnen. Gemeinsam wurden Projekte zur stärkeren Vernetzung in der Region angestoßen, um Druck hin auf eine einheitliche Regionalentwicklung auszuüben. In der Folge wurde im Juli 2005 der aktuelle Staatsvertrag zwischen den Bundesländern Rheinland-Pfalz, Baden-Württemberg und Hessen unterzeichnet, der es dem Raumordnungsverband der Region Rhein-Neckar ermöglicht, einen länderübergreifend einheitlichen Regionalplan aufzustellen. Vier Monate zuvor war die Region von der MKRO als Europäische Metropolregion ausgewiesen worden.

---

7 Das Biotechnologienetzwerk stellt sich hierbei selbst explizit als *Cluster* mit stark regionalem Bezug, nämlich als „Bioregion Rhein-Neckar-Dreieck e.V.", dar.

8 Die IHK Pfalz, die IHK Rhein-Neckar und die IHK Darmstadt.

3. Einflusssphären politischer Entscheidungsträger in der Metropolregion Rhein-Neckar

Die Organisationsstruktur der Metropolregion Rhein-Neckar scheint grundsätzlich geeignet, effektive Rahmenbedingungen für das regionale Wirtschaftsnetzwerk zu setzen. Die formalen Kompetenzen des Raumordnungsverbandes, zumindest seine Planungskompetenzen, decken relevante Bereiche der Infrastrukturförderung ab, die für die Entwicklung von Netzwerken notwendig sind. Ob diese Kompetenzen vom VRRN effektiv genutzt werden können, hängt dabei wohl stark von der Kooperationsbereitschaft der in diesem Gremium vertretenen Akteure ab. Wenn es gelingt, kleinräumige Egoismen bei der Mittelverwendung zu überwinden und die formalen Strukturen zu nutzen, um sich tatsächliche Kompetenzen auch gegenüber anderen administrativen Ebenen zu erarbeiten, kann diese Instanz zur nachhaltigen regionalen Konvergenz beitragen. Inwieweit dies möglich ist, dürfte aber nicht zuletzt auch eine Frage der Finanzierung sein.

Ein wichtiger Partner bei der Finanzierung regionalpolitischer Maßnahmen in der Metropolregion Rhein-Neckar ist der „Zukunft Metropolregion Rhein-Neckar e.V.“ Vor allem die beteiligten Unternehmen haben ein eigenes Interesse an der Standortentwicklung und mithin auch eine gewisse Zahlungsbereitschaft für Projekte zur Regionalentwicklung. Mit der MRN GmbH steht hierbei eine Institution zur Umsetzung entsprechender *Public Private Partnerships* zur Verfügung. Allerdings müssen nicht zuletzt die politischen und v.a. die administrativen Entscheidungsträger auch offen sein für derartige Gemeinschaftsprojekte unter Beteiligung regionaler Unternehmen. Man kann davon ausgehen, dass die Vernetzung von Unternehmen deren regionale Bindung stärkt. Ihre Beteiligung an Projekten zur Regionalentwicklung kann als Investition in Sozialkapital gewertet werden, welche sich für das Unternehmen langfristig dadurch verzinst, dass es seine regionale Reputation ausbauen, intensive Kontakte zum sozialen Netzwerk knüpfen und so seinen Zugang zu regional gebundenem Wissen verbreitern kann. Das soziale Netzwerk wiederum profitiert von der erhöhten Standorttreue der Unternehmen und von den Verbesserungen der Lebensqualität, die sich auf Basis der *Public Private Partnerships* erzielen lassen. Aufgabe politischer Entscheidungsträger ist es hierbei, grundsätzlich konvergente Interessen auch tatsächlich in Einklang zu bringen und in der Öffentlichkeit für derartige Kooperationen zu werben, auch um eventuelle Ressentiments gegen das Engagement der Unternehmen abzubauen.

Die Rolle der politischen Entscheidungsträger bei dieser Verknüpfung des Unternehmensnetzwerkes mit dem sozialen Netzwerk ist nicht zu unterschätzen. Allerdings beruhen die positiven Wirkungen des regionalen Netzwerkes primär auf Multiplikatoreffekten, die durch das Unternehmensnetzwerk induziert werden. Deren Wirkung lässt sich auf der Ebene gebietskörperschaftlicher Abgrenzungen einzelnen Kommunen nicht klar zuordnen. Für die gesamte Region haben die positiven Entwicklungsbeiträge der Unternehmen somit den Charakter eines Kollektivgutes. Es geht bei der effektiven Netzwerkförderung durch kommunale politische und administrative Entscheidungsträger daher unter anderem auch darum, die kommunalegoistische Funktionslogik, wie sie der derzeitigen Ausgestaltung des deutschen Föderalismus inhärent ist, zu durchbrechen und auf Seite der Entscheidungsträger eine Orientierung an regional definierten Interessen dauerhaft zu implementieren, also die kognitiven Landkarten in Richtung einer regionalen Identitätsbildung zu verändern.

4. Finanzierung regionalpolitischer Maßnahmen

Grundsätzlich stehen in der Bundesrepublik Deutschland vor allem öffentliche Mittel für die Regionalentwicklung zur Verfügung. Die letztgültige Entscheidung über die Mittelverwendung obliegt in der Regel den Regierungen der Bundesländer. Um die Handlungsfähigkeit von kommunal übergreifenden Kooperationen beispielsweise innerhalb von großräumigeren Raumordnungsverbänden zu unterstützen ist hierbei zu überlegen, ob sich *top down* eine stärkere Dezentralisierung der Entscheidungen über die Mittelverwendung gemäß des Subsidiaritätsprinzips erzielen lässt. Die Leitziele gebietsstaatlicher Regionalentwicklungspolitik werden in landesweiten Entwicklungsplänen festgeschrieben. Gemäß den Empfehlungen der OECD und der Europäischen Kommission orientieren sich derartige Pläne häufig explizit auch an der Förderung von wirtschaftlichen Netzwerken. Die Effektivität einer solchen Förderung kann dort erhöht werden wo es gelingt, administrative Rahmen zu schaffen, die sich in ihrer Ausdehnung am in der jeweiligen Region vorhandenen Wirtschaftsraum orientieren. Eine Möglichkeit besteht darin, die Kompetenzen zur Wirtschaftsförderung verstärkt an kooperative Gebietskörperschaften wie den VRRN zu übertragen. Diesen kann explizit die Kompetenz für thematisch abgegrenzte Bereiche wie regionale Wirtschaftsförderung übertragen werden, wobei die kommunale Eigenständigkeit in anderen Bereichen erhalten bleiben kann.

Auf Basis der Landesentwicklungspläne wäre hierbei auch darüber nachzudenken, aus Haushaltsmitteln gespeiste Dispositionsfonds für regionalpolitische Maßnahmen zu etablieren, auf welche solche Körperschaften öffentlichen Rechts zurückgreifen können. Diese Fonds könnten natürlich weiterhin der haushaltspolitischen Kontrolle durch Landesregierungen unterstellt bleiben. Auch eine Zweckbindung wäre möglich. Die im Raumordnungsverband vertretenen Kommunen müssten dann gemeinsam entscheiden, wo in der Region diese Mittel eingesetzt werden. Regional könnte dies zur Steigerung der Effizienz des Mitteleinsatzes beitragen und es könnte langfristig kommunale Egoismen vermindern helfen. Verglichen mit dem VRRN in der Metropolregion Rhein-Neckar wäre hierbei auch nochmals über schlankere Strukturen eines Raumordnungsverbandes nachzudenken.

Flankierend oder alternativ sind auch *bottom up* Strategien zur Finanzierung kommunal übergreifender Projekte durch körperschaftliche Organe denkbar. Da davon auszugehen ist, dass sämtliche Kommunen von der Entwicklung des regionalen Netzwerkes profitieren, ist es nicht abwegig, einen einheitlichen Beitrag der Kommunen zur Finanzierung bspw. von Raumordnungsverbänden heranzuziehen. Dies würde auch den Annahmen zur Interdependenz von wirtschaftlichem und sozialem Netzwerk entsprechen. Der derzeitigen Funktionslogik der föderalen Finanzverfassung liefe ein solches Vorgehen natürlich zuwider. Insgesamt müsste eine Kompetenzverlagerung auf kommunale Ebene von einer Stärkung der Finanzkraft der Kommunen flankiert werden, etwa durch eine Verbesserung deren Möglichkeit, eigenständig Steuern und Abgaben zu erheben. Aus Äquivalenzerwägungen heraus wäre eine solche kooperative Finanzierung regionaler Entwicklung durch die beteiligten und somit auch nutznießenden Kommunen jedenfalls sinnvoll. Zumindest argumentativ lässt sich auch zeigen, dass dies kein Nullsummenspiel für die beteiligten Kommunen wäre.

VI. Implikationen für die Rolle politischer Entscheidungsträger bei der Netzwerkförderung

Auf Basis der Unterscheidung von Regionen nach Zentralität kann die Metropolregion Rhein-Neckar als Region in Mittelstellung gelten, die die Strategie verfolgt, in der Summe durch Kooperation Infrastrukturleistungen bereitzustellen, wie sie für Metropolen typisch und für die Entwicklung eines dynamischen, diversifizierten Wirtschaftsnetzwerkes notwendig sind. Entsprechend konzentriert sich eine Vielzahl konkreter Maßnahmen innerhalb der Region auf den kulturellen Bereich und somit auf eine Diversifikation des sozialen Netzwerks. Schwerpunktmäßig dürften die politischen und administrativen Entscheidungsträger in derartigen Regionen auch mit der Verknüpfung von wirtschaftlichem und sozialem Netzwerk beschäftigt sein. Sie sind bedeutsamer Knoten in beiden Netzwerken und verfügen in beiden Netzwerken über Reputation, welche sie als Ressource zur Intensivierung der Verflechtungen einsetzen können. In der Metropolregion Rhein-Neckar dürfte sich diese Aufgabe aufgrund der großen Kooperationsbereitschaft der regionalen Unternehmen zufriedenstellend erfüllen lassen.

Weiterhin vertreten die regionalen politischen Entscheidungsträger ihre Region gegenüber hierarchisch übergeordneten administrativen Instanzen. Die Aufgabe der Landesregierungen ist in diesem Zusammenhang darin zu sehen, dezentrale Entscheidungsmechanismen zuzulassen und zumindest auf Planungs-, in bestimmten Fällen aber auch auf Entscheidungskompetenz, zu verzichten. So können regionale Akteure gegenüber der Landesregierung bspw. darauf drängen, das Angebot der in der Region vorhandenen Hochschulen stärker auf die Anforderungen der regionalen Unternehmen abzustimmen. Langfristig können zumindest einzelne Studiengänge auch sehr exklusiv den Anforderungen des regionalen Arbeitsmarktes angepasst werden. Hierbei kann auch das wirtschaftliche Netzwerk beispielsweise durch die Einrichtung von Stiftungslehrstühlen zusätzlich eingebunden werden, was wiederum die Kooperationsbereitschaft der Hochschulen erhöhen dürfte.

Darüber hinaus wirken die regionalen politischen Entscheidungsträger identifikationsstiftend insbesondere auf das soziale Netzwerk und hier v. a. auf die Wohnbevölkerung. Während die Infrastrukturleistungen Einfluss auf die Dynamik der Region hatten, tragen diese Maßnahmen zur Stabilität der regionalen Netzwerke bei. Es handelt sich hierbei um ein Regionalmarketing nach innen, welches auf die Etablierung eines regional konvergenten soziokulturellen Umfeldes zielt. In der Metropolregion Rhein-Neckar dürfte sich dieses Unterfangen aufgrund der kulturellen Heterogenität besonders schwierig gestalten, dafür aber auch besonders bedeutsam sein, um die Akzeptanz für die regionale Konvergenz dauerhaft zu sichern. Allgemein dürften die Effekte solcher identifikationsstiftender Maßnahmen recht diffus bleiben. Dennoch tragen sie durch Erhöhung der Stabilität der Verbindung von wirtschaftlichem und sozialem Netzwerk ebenfalls zur Steigerung der regionalen Standortqualität bei.

Grundsätzlich ist davon auszugehen, dass die drei abgeleiteten Dimensionen politischer Einflussmöglichkeiten auf die Entwicklung regionaler Netzwerke interdependent sind. Weiterhin ist davon auszugehen, dass in Zentralregionen das Gewicht hierarchisch übergeordneter administrativer Einheiten abnimmt. Die Kompetenzen regionaler politischer Entscheider nehmen dementsprechend zu. Sie konzentrieren sich hierbei vor allem auf die Verknüpfung der Netzwerke, wobei sie ihre multiplen Verflechtungen nutzen. Da die regionalen Unternehmen selbst ein großes Interesse an der Intensivierung von Netzwerkverbindungen haben, kommt den politischen Entscheidungsträgern hierbei vielmehr eine Vermittlungs- denn eine Steuerungsfunktion zu. In Zentralregionen ist außerdem die Dimension der Identitätsstiftung von geringerer Bedeutung, da urbane Verdichtungszentren gerade von einem eher weltläufigen Flair geprägt sind, das die regionale Dynamik befördert, welches aber kaum die Grundlage für die Entstehung kollektiver Identitäten sein kann.

Man kann also festhalten, dass politische Entscheidungsträger durchaus Einfluss auf die Entwicklung dynamischer Netzwerke in Zentralregionen und in aufstrebenden Mittelregionen haben. In ihrer originären Rolle als Entscheider geht es dabei tatsächlich primär um das Setzen von Rahmenbedingungen v.a. in Form von Infrastrukturbedingungen. Hierbei sind die föderalen Kompetenzverflechtungen zu beachten. Den regionalen politischen Entscheidern kommt darüber hinaus die Rolle von Netzwerkpflegern zu, die selbständig Verbindungen knüpfen und so die Dichte des Netzwerkes erhöhen können. In peripheren Regionen können politische Entscheidungsträger diese Rolle oftmals nur begrenzt erfüllen, da die wirtschaftlichen Netzwerkstrukturen weit weniger entwickelt sind. In dieser Hinsicht besteht wohl gerade in peripheren Regionen ein erhöhter Förderbedarf. Allerdings bestehen auf der Basis sehr stabiler sozialer Bindungen hier häufig enge Beziehungen zwischen den einzelnen Unternehmen und ihrem gesellschaftlichen Umfeld, welche die Grundlage für eine intensivere und vor allem weiträumigere wirtschaftliche Vernetzung bilden können. Fraglich ist, inwieweit politische Entscheidungsträger als Netzwerkverstärker hier Einfluss auf eine ursprüngliche Entwicklung von Netzwerksstrukturen nehmen und dazu beitragen können, dass die Stabilität des sozialen Netzwerkes für die Kooperationen regionaler Unternehmen nutzbar gemacht werden kann.

VII. Implikationen für periphere Regionen

Wie beschrieben, ist die Entwicklung diversifizierter wirtschaftlicher Netzwerke in peripheren Regionen unwahrscheinlich. Dennoch können solche Regionen auch im internationalen Wettbewerb z. B. auf der Basis von *Industrial Districts* bestehen. Derartige Regionen sind mehr von Stabilität denn von Dynamik geprägt. Das soziale Netzwerk ist häufig recht dicht und die Identifizierung mit der Region hoch. Das wirtschaftliche Netzwerk ist personell sehr stark mit dem sozialen Netzwerk verbunden, wodurch die Versicherungsfunktion der Netzwerke verstärkt wird. Allerdings kann die Zersiedelung ländlicher Räume dazu führen, dass wirtschaftliche und vor allem auch soziale Netzwerke sehr eng gefasst sind. Folge kann eine starke Binnenorientierung der Akteure sein, mithin eine gewisse Abschottung des regionalen Netzwerkes, welche auch zum Hindernis für wirtschaftliches Wachstum werden kann, wenn sie Entwicklungspfade hin zu einer raumgreifenderen Vernetzung versperrt. Die Hauptaufgabe politischer Entscheidungsträger liegt in peripheren Regionen sicherlich darin, klassische Infrastrukturen wie Verkehrsinfrastruktur oder auch gut erschlossene Gewerbegebiete auszubauen, um den vorhandenen Strukturen Raum zur Weiterentwicklung zu bieten und Verbindungen zu Beschaffungs- und Absatzmärkten herzustellen. Darüber hinaus können sie aber auch daran mitwirken, innerhalb der Region den unternehmerischen Planungshorizont zu erweitern und durch gezielte Informationskampagnen darauf hinarbeiten, Kooperationen anzustoßen und das wirtschaftliche Netzwerk nach außen zu öffnen.

Wirtschaftliche Netzwerke können nicht durch Dritte implementiert werden. Sie entwickeln sich endogen auf Basis der wirtschaftlichen Beziehungen der Unternehmen. Daher reicht es etwa nicht aus, einen großen Leitbetrieb und eine Universität in einer Kleinstadt anzusiedeln, um automatisch einen *Cluster* zu kreieren. Insgesamt folgt die Netzwerkbildung keiner strukturfunktionalistischen Logik und lässt sich daher nicht, beispielsweise durch einen exzessiven Ausbau der regionalen Infrastrukturen, von politischen Entscheidungsträgern induzieren. Vielmehr ist es gerade in peripheren Regionen besonders wichtig, die regionalen Wirtschaftsstrukturen genau zu analysieren, um adäquate wirtschaftspolitische Strategien zu entwickeln. Ansatzpunkte müssen das endogene Potenzial der regionalen Unternehmen und die zwischen ihnen bereits vorhandenen Netzwerkbeziehungen sein.

Am Ideal der Netzwerkförderung kann also grundsätzlich festgehalten werden. Es gilt aber zu eruieren, wie der Raum für ein regionales Netzwerk anhand der vorhandenen Unternehmensverflechtungen abgegrenzt werden kann. Anknüpfungspunkte können bereits sehr kleinräumig verfasste Kooperativen wie beispielsweise lokale Einzelhandelsverbünde oder auch landwirtschaftliche Genossenschaften sein. Auf Basis der vorhandenen Interaktionsbeziehungen der regionalen Unternehmen gilt es, weitere Netzwerkteilnehmer zu gewinnen, um die die Agglomerationsvorteile für die beteiligten Unternehmen insgesamt zu erhöhen. Ein guter Ansatzpunkt für die Ausweitung der Unternehmensbeziehungen wäre beispielsweise eine verstärkte Kooperation in der Verbundausbildung. Auf Basis ihrer regionalen Vernetzungen wäre es für viele Unternehmen dann eine erfolgversprechende Strategie, Anschluss an dynamische Netzwerke aus anderen Regionen zu finden, um über *spillover Input* an neuem Wissen zur Produktivitätssteigerung zu erhalten. Politische Entscheidungsträger können hierbei unterstützend wirken, indem sie Kontakte zwischen Unternehmensvertretern knüpfen und regionale Foren für den Informationsaustausch zur Verfügung stellen.

Zielsetzung ist es, das endogene Potenzial der Region zu erschließen. Dieses kann u. a. auch auf besonderen handwerklichen Kenntnissen der regionalen Unternehmen, etwa in traditionellen Branchen wie der Glasverarbeitung, oder in Produkten mit Alleinstellungsmerkmal, etwa regionstypischen landwirtschaftlichen Produkten, beruhen. Politische Entscheidungsträger können mit dazu beitragen, solche Alleinstellungsmerkmale nach innen wie nach außen zu stärken und regionale Unternehmen dazu bewegen, entsprechende Marktnischen zu besetzen. Die Unternehmen können hierbei die Versicherungsfunktion des stabilen sozialen Netzwerkes nutzen. Das Risiko, dass mit der Erschließung und der Konzentration auf solche Marktnischen verbunden ist, kann für das vernetzte Unternehmen verringert werden, wenn es auf Basis der sozialen Verflechtungen in Kooperation mit anderen regionalen Unternehmen das Produkt als regionale Besonderheit vermarktet und auch in Forschung und Entwicklung mit diesen Unternehmen zusammenarbeitet. Auch hierbei können regionale politische Entscheidungsträger dadurch unterstützend wirken, dass sie entsprechende Kommunikationskanäle öffnen.

Für periphere Regionen stehen meist umfangreiche Fördermittel der EU, des Bundes und der Länder zur Verfügung, welche nominell auch bereits zur Netzwerkförderung eingesetzt werden. Eine Mittelverteilung nach striktem Territorialitätsprinzip ist hierbei kaum sinnvoll. Der Vorteil von Netzwerken liegt gerade darin, regional Synergieeffekte nutzbar zu machen und Multiplikatorwirkungen zu erzielen. Eine regionale Koordination ist beim Einsatz von Fördermitteln daher unabdingbar. Das gilt nicht nur für administrative Einheiten, sondern auch für zivilgesellschaftliche Akteure. Insbesondere Unternehmensverbände und IHKn können den Austausch von Unternehmensvertretern in einer Region fördern und so Kooperationen ermöglichen. Entsprechend wäre es notwendig, deren Angebote noch klarer auf die regionalen Wirtschaftsräume und deren Anforderungen abzustimmen und die Aufgaben zwischen allen Akteuren effizient aufzuteilen.

Diese Koordinierung der Aktivitäten zur Netzwerkförderung ist wiederum eine Aufgabe, die regionale politische Entscheidungsträger übernehmen können. Ihre Rolle wäre hierbei sehr grundlegend. Als eine Art *network pilot* käme ihnen die Funktion zu, kooperationsbereite Unternehmen sowie Verbände und Institutionen für gemeinsame Projekte zusammenzuführen. Dies gilt insbesondere dann, wenn kein großes Unternehmen als regionaler Leitbetrieb vorhanden ist, welches eigenständig darauf hinarbeitet, sich externe Skalenerträge durch Netzwerkbildung zunutze zu machen. Auf Basis ihrer Expertise könnten regionale politische Entscheidungsträger zur zentralen Anlaufstelle für Aktivitäten zur Netzwerkbildung werden und auf diese Weise die Effizienz des Mitteleinsatzes erhöhen. Kleinhenz et al. (2006a) stellen für die ostbayerischen Grenzregionen zu Tschechien fest, dass die dortigen Landräte sehr gut über wirtschaftliche Strukturen und Entwicklungspotenziale in ihrer Region informiert sind, sodass diese hier als *network pilot* in Betracht kämen. Landräte nehmen regelmäßig viele Termine auf sehr unterschiedlichen Veranstaltungen innerhalb ihres Landkreises wahr, die sie nutzen können, um Kommunikationskanäle zwischen Dritten zu eröffnen. Kleinhenz et al. stellen für die ostbayerische Grenzregionen aber auch fest, dass die Landkreise sehr kleinräumig zugeschnitten sind und wirtschaftliche Netzwerkstrukturen effektiv eher landkreisübergreifend bestehen können, was eine Kooperationsbereitschaft bei der Netzwerkförderung auch der einzelnen Landräte untereinander bedingen würde.

Während Netzwerke, hauptsächlich aufgrund ihrer Informationsfunktion, für die beteiligten Unternehmen Transaktionskosten senken, ist die ursprüngliche Vernetzung selbst gerade für KMU häufig mit prohibitiv hohen Opportunitätskosten verbunden. Die Suche nach Kooperationspartnern und die Information über Besserstellungspotenziale in Netzwerken verursacht Personal- und Zeitaufwand, welcher einen *trade-off* mit dem Kerngeschäft bedingen kann. *Network pilots* können hier die Kosten der Netzwerkbildung senken, indem sie zentral Informationen über regionale Netzwerkaktivitäten anbieten und Unternehmensführungen auch direkt über Perspektiven regionaler Unternehmensnetzwerke informieren. Ohne grundlegendes Interesse der regionalen Unternehmen lässt sich eine solche Netzwerkbildung allerdings nicht forcieren.

Mittelfristig wäre in peripheren Regionen auch darüber nachzudenken, solchen *network pilots* Kompetenzen bei der Entscheidung über die Verwendung von Fördermitteln einzuräumen, insbesondere dann, wenn es gelänge, ein kooperatives Entscheidungsgremium für die gesamte entlang des Wirtschaftsraums zu definierende Region zu etablieren. Grundlage für Maßnahmen zur regionalen Wirtschaftsförderung müssen aber auch in peripheren Regionen stets die gewachsenen Unternehmensstrukturen und deren Verflechtungen sein. Letztlich geht es darum, wirtschaftliche Netzwerkstrukturen durch die Ausbildung administrativer Netzwerkstrukturen zu flankieren. Je nach Ausprägung des wirtschaftlichen Netzwerkes können Entscheidungsträger der Kommunen, der Landkreise oder der Regierungsbezirke damit befasst sein, auf eine Institutionalisierung regionaler Entscheidungskompetenz hinzuarbeiten. Eine solche regionale Institution zur Netzwerkförderung wäre die konsequente Umsetzung der föderalen Leitidee der subsidiären Befassung betroffener Instanzen mit konkreten Maßnahmen bei gleichzeitiger Einbettung in langfristigere Entwicklungsstrategien der Bundesländer, der Bundesregierung und auch der EU.

VIII. Fazit

Anhand eines Netzwerkansatzes ist es grundsätzlich möglich, diversifizierte Konzepte zur regionalen Wirtschaftspolitik zu entwickeln. Konkrete Politikempfehlungen lassen sich jedoch nur auf Basis einer dezidierten empirischen Analyse regional vorhandener Wirtschaftsstrukturen und deren Interdependenzen mit den sozialen Strukturen ableiten. Bezogen auf das rein wirtschaftliche Netzwerk bleibt dabei die Forderung erhalten, politische Entscheidungsträger mögen sich reaktiv auf die Anpassung der Rahmenbedingungen dieses Netzwerkes konzentrieren. Hierbei geht es vornehmlich um die Verbesserung regionaler Infrastrukturbedingungen. Wirtschaftliche Netzwerke erhalten ihren regionalen Bezug jedoch durch ihre Verbindung zum sozialen Netzwerk, welcher für die vernetzten Unternehmen zusätzliche Spillover-Effekte zeitigt. Innerhalb dieses sozialen Netzwerkes spielen politische Entscheidungsträger eine gewichtige Rolle. Ganzheitliche Konzepte zur Regionalpolitik müssen die Interdependenz dieser beiden Netzwerke berücksichtigen. Bei der Vernetzung der Netzwerke können politische Entscheidungsträger eine pro-aktive Netzwerkförderung betreiben, indem sie ihr Wissen um regionale Akteure und Prozesse in das Netzwerk einspeisen und Kommunikationskanäle für andere Netzwerkteilnehmer eröffnen.

Konkrete Handlungsvariablen für einzelne politische Akteure zu identifizieren gestaltet sich allerdings schwierig. Die Konfiguration politischer Institutionen unterhalb der Ebene der Bundesländer ist in Bezug auf deren Bedeutung innerhalb einer bestimmten Region abstrakt kaum zu fassen. Eine klare Unterscheidung in politische Entscheidungsträger und rein administrative Organe ist vielfach nicht möglich, die Kompetenzen sind zwischen den verschiedenen gebietskörperschaftlichen Gliederungsebenen in der Folge nicht genau zu verorten. Empirisch betrachtet ist die Rolle regionaler politischer Akteure im politischen Entscheidungsprozess ohnehin eher gering. Allerdings können sich einzelne Akteure verstärkt in den politischen Willensbildungsprozess einbringen und zumindest potenziell ihre Kompetenzen sukzessive erweitern. Jedenfalls könnte eine weitere Dezentralisierung von Entscheidungskompetenzen zur Steigerung der Effektivität von regionalpolitischen Maßnahmen beitragen. In diesem Zusammenhang wäre es wünschenswert, dass bei den weiteren Diskussionen über die Föderalismusreform und insbesondere über die Reform der Finanzverfassung über eine Aufwertung der kommunalen Entscheidungskompetenzen nachgedacht würde. Dies wäre die Bedingung für einen intensiven Ausbau kooperativer föderaler Strukturen zur regionalen Netzwerkförderung und würde helfen, die dem Subsidiaritätsprinzip inhärenten Vorteile für eine regionale Wirtschaftspolitik eingehender zu erschließen.

Für periphere Regionen ergäben sich vor allem dann Entwicklungschancen, wenn auf Basis kooperativer föderaler Strukturen eine wirtschaftliche Vernetzung vorangetrieben werden könnte, welche die Ausnutzung endogener Potenziale dieser Regionen verbessert. Diese intra-regionale Vernetzung müsste flankiert werden durch die bessere infrastrukturelle Anbindung an innovative Entwicklungszentren, um einen erweiterten Wissenszufluss auch in periphere Regionen zu ermöglichen und um inter-regionale Wirtschaftsbeziehungen zu intensivieren.

Insgesamt zeigt sich, dass sich Netzwerkstrukturen analytisch wohl stets identifizieren lassen. Inwieweit diese in realiter auch vorhanden sind, ist dadurch nicht geklärt. Sämtliche Überlegungen zur Effektivität einer Wirtschaftspolitik auf Basis von Netzwerkförderung werden sich empirisch noch beweisen müssen. Dabei ist absehbar, dass Netzwerkeffekte kein Allheilmittel zur Verbesserung regionaler Wettbewerbsfähigkeit sein können. Allerdings sind die analytischen Konzepte sehr eingängig und auch im politischen Prozess gut zu vermitteln, sodass auf dieser Basis durchaus eine stärker an regionalen Prozessen orientierte Wirtschaftspolitik erwachsen kann.

In letzter Konsequenz kann die Frage nach der Wettbewerbsfähigkeit von Regionen in der „globalisierten" Welt auch nicht an nationalstaatlichen Grenzen enden. Das Europa der Regionen baut sehr explizit auf eine grenzüberschreitende Vernetzung von Regionen. Derartige Projekte werden über Programme wie INTERREG oder den Ausweis von Euregios unterstützt. Ob grenzüberschreitende Vernetzung von Regionen tatsächlich die Ausbildung einer europäischen Identität befördern kann, wie von der Kommission erhofft, ist dabei fraglich. Für die wirtschaftliche Dynamik von dann nicht mehr streng durch administrative Räume bestimmte europäische Regionen wäre eine solche Vernetzung sicherlich förderlich. Durch grenzüberschreitende Kooperationen lassen sich für Unternehmen Skaleneffekte erzielen, die beiderseits der Grenze nutzbar sind. Kulturelle, sprachliche aber wohl vor allem kognitive Schranken sowie Transaktionskosten der Kooperation allgemein behindern jedoch auch auf dem Gemeinsamen Binnenmarkt Vernetzungen v. a. von KMU. Hier können wiederum *network pilots* unterstützend wirken, um potenzielle Netzwerkteilnehmer zusammenzubringen. Auch dies kann eine Aufgabe für vorausschauend agierende Regionalpolitiker beiderseits von Grenzen sein. Auf diese Weise könnten langfristig im nationalen Kontext periphere Regionen eine neue Zentralität nicht nur hinsichtlich ihrer geographischen Lage innerhalb der Europäischen Union gewinnen.

Literaturverzeichnis

BBR – Bundesamt für Bauwesen und Raumordnung (2006): Herausforderungen deutscher Städte und Stadtregionen. Ergebnisse aus der Laufenden Raum- und Stadtbeobachtung des BBR zur Entwicklung der Städte und Stadtregionen in Deutschland, BBR-Online-Publikation Nr. 8 / 2006, URL: www.bbr-bund.de [Zugriff 24. März 2007].

Becattini, G. (1990): The Marshallian Industrial District as an Socio-Economic Notion, in: Pyke, F. / Becattini, G. / Sengenberger, W. (Hrsg.): Industrial Districts and Inter-Firm Cooperation in Italy, Genf: International Institute of Labour Studies, S. 37 – 51.

Benz, A. / *Fürst,* D. (2003): Region – „Regional Governance" – Regionalentwicklung, in: Adamaschek, B. / Pröhl, M. (Hrsg.): Regionen erfolgreich steuern. Regional Governance – von der kommunalen zur regionalen Strategie, Gütersloh, S. 11 – 67.

Blotevogel, H. H. (2002): Deutsche Metropolregionen in der Vernetzung, in: Informationen zur Raumentwicklung, Heft 6/7, S. 345–352.

Eurofound (2004): European Foundation for the Improvement of Living and Working Conditions: Migration trends in an enlarged Europe, Luxembourg: Office for Official Publications of the European Communities.

Feldman, M. P. (1994a): The Geography of Innovation. Boston: Kluwer Academic Publishers.

– (1994b): Knowledge Complementarity and Innovation. Small Business Economics, 6(5), S. 363–372.

Florida, R. (2002a): The Rise of the Creative Class, New York: Basic Books.

– (2002b): Bohemia and Economic Geography. Journal of Economic Geography, 2, S. 55–71.

Frey, B. S. (1997): Ein neuer Föderalismus für Europa: Die Idee der FOCJ, Tübingen.

Gray, P. H. / *Dunning,* J. H. (2000): Towards a Theory of Regional Policy, in: Dunning, J. H. (Hrsg.): Regions, Globalization and the Knowledge-Based-Economy, Oxford: Oxford University Press.

Hippel, E. von (1994): Sticky Information and the Locus of Problem Solving: Implications for Innovation. Management Science, 40, S. 429–439.

IKM – Initiativkreis Europäische Metropolregionen in Deutschland (2006): Regionales Monitoring 2006. Daten und Karten zu den Europäischen Metropolregionen in Deutschland. URL: http: //www.deutsche-metropolregionen.org [Zugriff 28. März 2007].

Jacobs, J. (1969): The Economy of Cities, New York: Random House.

Kleinhenz, G. D. (1981): Leitbilder und Chancen für die Entwicklung des ländlichen Raums, in: Pollok, K.-H. (Hrsg.): Tradition und Entwicklung. Gedenkschrift für Johann Riederer, Passau, S. 247–269.

Kleinhenz, G. D. / *Heblich,* S. / *Gold,* R. (2006b): Das BMW Werk Regensburg. Wirtschaftliche und soziale Vernetzung in der Region, Passau.

Kleinhenz, G. D. / *Heblich,* S. / *Holzer,* A. / *Bauernschuster,* S. / *Gold,* R. (2006a): Probleme der Anpassung des Arbeitsmarktes in den bayerischen Ziel-2-Regionen zu Tschechien. Regionsspezifische Analyse des Aktionsbedarfs und Entwicklung eines Strategie- und Umsetzungskonzepts, Passau, Mimeo.

Marshall, A. (1890): Principles of Economics. An introductory Volume, Bd. 1, London: Macmillan and Co.

MKRO – Ministerkonferenz für Raumordnung (2006): Leitbilder und Handlungsstrategien für die Raumentwicklung in Deutschland, Berlin.

Nalebuff, B. / *Brandenburger,* A. (1996): Coopetition – kooperativ konkurrieren – Mit der Spieltheorie zum Unternehmenserfolg, Frankfurt am Main.

OECD (1999): OECD Proceedings. Boosting Innovation. The Cluster Approach, Organisation for Economic Co-operation and Development (Hrsg.), Paris.

Piore, M. / *Sabel,* C. (1984): The Second Industrial Devide. Possibilities for Prosperity, New York: Basic Books Inc.

Porter, M. E. (1990): The Competitive Advantage of Nations, New York: Free Press.

– (1998): On Competition. Boston: Harvard Business School Press.

Saxenian, A. (1994): Regional Advantage: Culture and Competition in Silicon Valley and Rte. 128. Cambridge (MA): Harvard University Press.

StMWIVT (2006): Bayerisches Staatministerium für Wirtschaft, Infrastruktur, Verkehr und Technologie (Hrsg.): Bayerische Clusterpolitik, München.

Stichwortverzeichnis

Autorenverzeichnis

Bauernschuster, Stefan, MA, Universität Passau, Lehrstuhl für Volkswirtschaftslehre mit Schwerpunkt Wirtschafts- und Sozialpolitik, Innstr. 27, 94032 Passau.

Birkenfeld, Florian, Dipl.-Volkswirt, Universität Passau, Lehrstuhl für Volkswirtschaftslehre mit Schwerpunkt Wirtschafts- und Sozialpolitik, Innstr. 27, 94032 Passau.

Falck, Oliver, Dipl.-Volkswirt Dr. rer. pol., ifo Institut für Wirtschaftsforschung und CESifo, Poschingerstr. 5, 81679 München.

Gold, Robert, MA, Universität Passau, Lehrstuhl für Volkswirtschaftslehre mit Schwerpunkt Wirtschafts- und Sozialpolitik, Innstr. 27, 94032 Passau.

Heblich, Stephan, Dipl.-Volkswirt Dr. rer. pol., Max Planck Institut für Ökonomik, Abteilung Entrepreneurship, Growth and Public Policy, Kahlaischestr. 10, 07745 Jena.

Holzer, Andreas, Dipl.-Volkswirt, Universität Passau, Lehrstuhl für Volkswirtschaftslehre mit Schwerpunkt Wirtschafts- und Sozialpolitik, Innstr. 27, 94032 Passau.

Hübscher, Jutta, Dipl.-Kauffrau Dr. rer. pol., Universität Passau, Lehrstuhl für Volkswirtschaftslehre mit Schwerpunkt Wirtschafts- und Sozialpolitik, Innstr. 27, 94032 Passau.

Lenke, Jakob, Dipl.-Volkswirt, Universität Passau, Lehrstuhl für Volkswirtschaftslehre mit Schwerpunkt Wirtschafts- und Sozialpolitik, Innstr. 27, 94032 Passau.